BIBLIOTHÈQUE CONTEMPOR

DANIEL STERN
(MADAME D'AGOULT)

MES

SOUVENIRS

1806-1833

TROISIÈME ÉDITION

PARIS
CALMANN LÉVY, ÉDITEUR
ANCIENNE MAISON MICHEL LÉVY FRÈRES
RUE AUBER, 3, ET BOULEVARD DES ITALIENS, 15
A LA LIBRAIRIE NOUVELLE

1880

MES SOUVENIRS

1806-1833

CALMANN LÉVY, ÉDITEUR

OUVRAGES

DE

DANIEL STERN

(MADAME D'AGOULT)

Format in-8°

HISTOIRE DES COMMENCEMENTS DE LA RÉPUBLIQUE AUX PAYS-BAS — 1581-1625. . . . . 1 vol.

Format in-18

ESSAI SUR LA LIBERTÉ. . . . . 1 vol.
FLORENCE ET TURIN (art et politique). 1
HISTOIRE DE LA RÉVOLUTION DE 1848 3
NÉLIDA. 1
JEANNE D'ARC, drame historique 1

Paris. — Charles Unsinger, imprimeur, 83, rue du Bac.

MES SOUVENIRS

1806-1833

PAR

DANIEL STERN

(MADAME D'AGOULT)

TROISIÈME ÉDITION

PARIS
CALMANN LÉVY, ÉDITEUR
ANCIENNE MAISON MICHEL LÉVY FRÈRES
RUE AUBER, 3, ET BOULEVARD DES ITALIENS, 15
A LA LIBRAIRIE NOUVELLE
—
1880

Droits de reproduction et de traduction réservés.

A MON AMI

LOUIS DE RONCHAUD

PRÉFACE

Le plaisir de parler de soi, si agréable à la plupart des gens, n'entre absolument pour rien, je puis le dire, dans le dessein que j'ai formé d'écrire mes mémoires. Avec Pascal, j'ai toujours trouvé le *moi haïssable*, et j'ai poussé à cet égard la pudeur de l'âme jusqu'à ce point que plusieurs entre mes amis les plus chers ignorent encore, à cette heure, un grand nombre des événements et des sentiments qui ont animé ou troublé ma vie intime.

Soit fierté, soit besoin impérieux de tenir debout mon courage, je n'ai non plus jamais cherché dans mes chagrins cette compassion attendrie qui nous invite, en quelque sorte, à nous plaindre des injustices du sort, la tendance de mon esprit étant de me considérer dans l'ensemble et non à part des communes tristesses.

Une telle manière de voir, lorsqu'elle nous devient familière, diminue beaucoup l'infatuation qui voudrait entretenir de soi ses proches ou le public.

Cependant, dès ma première jeunesse, un mouvement spontané me portait à écrire, pour en garder la mémoire, mes joies et mes peines. Mon âme était de sa nature recueillie. Elle répugnait à l'oubli et à la dissipation. Un secret instinct d'artiste, qui dès lors s'éveillait en moi, se plaisait aussi, sans doute, à fixer, comme en un tableau, les images fugitives qui se succédaient dans mes journées.

De là, une habitude, prise sans y songer, de me rendre témoignage de mes propres sentiments. De là, une conscience exercée à me juger moi-même ainsi que d'ordinaire on juge autrui. De là aussi, dans les heures tardives, en relisant cette longue suite de souvenirs, où se rencontraient tant de personnes et de choses qui me semblaient de nature à intéresser mes contemporains presque autant que moi, cette question qui m'a tenue longtemps incertaine :

Est-il bon, est-il sage d'ouvrir aux indifférents le livre de sa vie intime? Est-il utile de dire à haute voix ce que nous ont dit tout bas les années? Doit-on ou ne doit-on pas confier au public le dernier mot de son cœur et de son esprit? Est-ce un acte de haute raison, est-ce chose inconsidérée que d'écrire et de publier ses mémoires?

Je ne connais guère, pour ma part, de question plus délicate. Aussi l'ai-je portée en moi l'espace de dix années. Quand j'en avais l'esprit trop fatigué, je l'écartais brusquement. Revenait-elle, je la tranchais tantôt dans un sens, tantôt dans un autre. Mais rien ne pouvait m'en délivrer, et toujours, au bout d'un certain temps, la question obstinée reparaissait. Toutes les fois que je lisais des correspondances ou des confessions — (j'en lisais souvent, ayant un goût prononcé pour ces sortes d'ouvrages, — mes tentations renaissaient avec mes perplexités.

Hormis Goethe, et, dans un rang moindre, Alfieri, qui tous deux ont gardé, avec la sincérité, une bienséance parfaite, les plus illustres entre ces confesseurs d'eux-mêmes et du cœur humain m'inspiraient tout ensemble un vif attrait et des répulsions très-vives. Le premier de tous, saint Augustin, en mêlant aux repentirs de l'homme les scrupules du casuiste, m'attendrissait ensemble et me faisait sourire. — Admirable, mais plein de bassesses, le livre de Rousseau étonnait tous mes instincts. — Dans les aveux de sa noble adepte, de cette femme d'une vertu antique, qui ne connut ni la peur ni le mensonge, j'aurais voulu effacer les pages trop semblables au maître. — Le grand style de Chateaubriand me causait, comme à celle qui lui fut si chère, des *frémissements d'amour* [1]; mais aussitôt le souffle de ses vanités se levait et glaçait mon enthousiasme.

On le voit, c'était à mes yeux une tâche très-difficile que celle d'écrire ses mémoires de manière à n'offenser ni le goût ni la morale. Et pourtant, s'agissait-il des autres, je trouvais pour les y exhorter des arguments qui me paraissaient

[1] Expression de madame de Beaumont.

sans réplique. Avec quelle vivacité, à l'occasion, je pressais l'abbé de Lamennais de nous retracer l'histoire de cette grande révolution de son âme, qui, de prêtre ultramontain et d'émigré royaliste, l'avait fait libre-penseur et républicain populaire! C'était un devoir, lui disais-je, en ce temps d'ébranlement général, pour quiconque avait rompu avec l'ordre ancien, et, devançant le jour d'une société plus vraie et plus libre, avait osé conformer à son sentiment propre plutôt qu'à l'opinion établie les actes de sa vie extérieure, c'était une obligation morale de s'expliquer et de faire sortir une édification supérieure de ce qui avait pu être le scandale des âmes simples. C'était le plus signalé service que l'on pût rendre aux hommes, de leur faire voir, dans une conscience forte, le combat des opinions, des devoirs, des sentiments, des pensées, auquel, plus ou moins obscurément, la plupart ont été en proie à une époque la plus troublée, la plus profondément révolutionnaire qui fût peut-être jamais.

Mais, à mes affirmations positives lorsque je considérais le devoir d'autrui, succédaient, aussitôt que je reportais sur moi ma pensée, des incertitudes sans fin. Je découvrais, comme il arrive, des différences de condition et de situation qui mettaient des différences sensibles dans la morale. J'étais femme, et, comme telle, non obligée aux sincérités viriles. Ma naissance et mon sexe ne m'ayant point appelée à jouer un rôle actif dans la politique, je n'avais aucun compte à rendre à mes concitoyens, et je pouvais garder pour moi seule le douloureux secret de mes luttes intérieures. Je le devais, peut-être, par crainte d'offenser, en étant véridique, ce don de miséricordieux oubli naturel au cœur féminin, et qui semble, bien mieux que la sévère équité, convenir à sa douceur et à sa tendresse. En d'autres moments la voix qui parlait à ma conscience changeait d'accent. Elle trouvait dans mon sexe même une raison décisive de parler.

Lorsqu'une femme s'est fait à elle-même sa vie, pensais-je alors, et que cette vie ne s'est pas gouvernée suivant la règle commune, elle en devient responsable, plus responsable qu'un homme, aux yeux de tous. Quand cette femme, par l'effet du hasard ou de quelque talent, est sortie de l'obscurité, elle a contracté, du même instant, des devoirs virils.

Ce serait une erreur aussi de croire que l'homme seul peut exercer une influence sérieuse en dehors de la vie privée. Ce n'est pas uniquement dans le maniement des armes ou des affaires publiques que se fait sentir l'ascendant d'une volonté forte. Telle femme, en s'emparant des imaginations, en passionnant les esprits, en suscitant dans les intelligences un examen nouveau des opinions reçues, agira sur son siècle d'une autre façon mais autant peut-être que telle assemblée de législateurs ou tel capitaine d'armée. Il peut même arriver qu'une femme, aujourd'hui, ait plus à dire et mérite mieux d'être écoutée que beaucoup d'hommes; car le mal dont nous nous plaignons tous, le mal qui nous inquiète et par qui semble menacée notre société tout entière, la femme l'a senti plus avant dans tout son être.

Soumise ou révoltée, humble ou illustre, la fille, la sœur, l'amante, l'épouse, la mère, a souffert bien plus que le fils, le frère, l'amant, l'époux, le père, dans sa fibre plus délicate et dans sa condition plus asservie, des discordances d'un monde qui n'a plus ni foi, ni traditions, ni mœurs respectées, et où rien ne se tient plus debout, pas même le mensonge.

C'est à cette dernière considération que je me suis à la fin rendue. C'est la raison qui m'a persuadée et qui, après de longues hésitations, m'a mis la plume à la main. Ai-je bien ou mal fait? le lecteur en jugera.

PREMIÈRE PARTIE

PREMIÈRES ANNÉES

> Pourtant un charme reste : au dessus de la vie
> Planent les souvenirs et plus chers et plus beaux.
> LITTRÉ (*La Vieillesse.*)

PREMIÈRES ANNÉES

(1806-1827)

.I

Mon père. — Ses ancêtres. — La bible Guiot de Provins. L'auteur des *Consolations*. — Le vicomte Gratien de Flavigny — Mémoire sur la désertion et sur la peine des déserteurs en France. — Un docteur en Sorbonne. — L'ambassade de Parme. — L'échafaud de 93. — Fouquier-Tinville; la femme Flavigny, ex-comtesse des Vieux.

Mes plus anciens souvenirs se rattachent à la Touraine, où mes parents passaient une partie de l'année. De Paris, où nous demeurions l'hiver, je ne me rappelle presque rien. Les enfants n'aiment pas les villes; ils y vivent trop renfermés et trop réglementés. A la vivacité de leurs instincts il faut, avant tout, la liberté; à leurs jeux, l'espace et la lumière.

Ces premiers souvenirs, en me revenant à l'esprit, vont d'eux-mêmes se grouper autour de la grande figure de mon père. Avant toute autre chose au monde, je l'aimai, je l'admirai, et c'est à lui que je rapporte, avec la plus vive tendresse, toutes les émotions, toutes les imaginations heureuses de mon heureuse enfance.

Je n'ai jamais pu me figurer rien de plus beau, rien de plus aimable que mon père, et je donnerais beaucoup pour qu'il me fût possible de retracer ici son image telle qu'elle m'apparaît, imposante et charmante, au seuil de ma vie.

Il me faut auparavant dire un mot de la race dont il sortait. L'hérédité du sang, ses effets proches ou éloignés, nous sont trop peu connus encore pour qu'on en puisse parler autrement que par conjectures. Cependant un secret instinct nous avertit qu'il y aurait là beaucoup à chercher; et, malgré nos préventions contre toute ancienneté, en dépit de nos ostentations démocratiques, il nous plaira toujours de connaître les aïeux de quiconque nous intéresse [1].

Mon père, cela se voyait tout d'abord, était de bonne race française. Les comtes de Flavigny descendent d'une ancienne famille originaire de la Bourgogne, divisée par la suite en deux branches, dont l'une se transplanta en Lorraine, l'autre en Picardie [2]:

---

1. On n'a encore généralisé aucune des lois de la descendance héréditaire dans leurs rapports avec la formation du caractère, dit Buckle. (*Histoire de la civilisation en Angleterre*, t. I, ch. IV.)

2. Le chef de la branche picarde, Balthazar de Flavigny, acquit

noblesse d'épée, s'il en fût, mais pourtant jamais étrangère aux lettres, distinguée dans l'Église et dans les ambassades.

En langage de blason, les Flavigny *portent échiqueté d'argent et d'azur, à l'écusson de gueules en'abyme.*

Le village et l'abbaye de Flavigny (Flaviniacum) près de Nancy; la petite ville du même nom dans le voisinage de Dijon; les châteaux de *Souhé*, de *Juilly*, près de Semur en Bourgogne, le château de Chambry dans le Laonnois, la terre de Charmes, près La Fère, rappellent encore les divers établissements de ma famille dans ces trois provinces.

Dès le commencement du xiii° siècle, en 1204, un poëme satirique, — la *Bible* de Guiot de Provins — met, par rare exception, au rang des preux chevaliers et des « courtois barons » qui font honneur à leur nom et à leur pays, les *Flavigny* avec les Duchastel, les Courtenay, les d'Aspremont, les Joinville[1].

L'un de nos ancêtres, Jacquemart de Flavigny, était gouverneur de Guise pour le roi Jean. Il figure dans l'année 1360, pour sa part de mille livres, sur la liste des cotisations qui fournirent la rançon royale. Au

---

en l'an 1588 la terre de Chambry près de Laon, qui est encore en la possession de ses descendants. Il était fils de Guillaume de Flavigny, qui fut député aux États de Blois, en 1588.

1. *La Bible Guiot de Provins*, ch. iv, vers 407, dans les ux publiés par Barbazan, Paris, 1808. — Voir l'appendice A, ¹ume.

siècle précédent (de 1227 à 1235) un autre Flavigny, Nicolas, que ses succès dans la chaire avaient porté à l'archevêché de Besançon, écrivait une *Concordance des Évangiles* [1]. En 1518, un Flavigny était lieutenant-général du bailliage de Vermandois. En 1594, Michel Sonins, libraire à l'Escu de Basle, rue saint Jacques, à Paris, publiait, par privilége du roi, *de Messire Charle de Flavigny, sieur de Juilly, chevalier françois, l'édition seconde* d'une histoire des *Rois de France*, suivie des *Consolations à son fils*, blessé et prisonnier *à la rescousse du château de Tholes* [2].

Celui-ci, qui paraît avoir été, entre tous, loyal et vaillant homme de guerre, était doué aussi d'un rare instinct d'écrivain. Je trouve dans ses écrits le style fier comme la pensée, des saillies de moraliste, des tours vifs à la Montaigne ; je le vois familier avec les bons auteurs. Il cite fréquemment Aristote et Épicure. Il entremêle sa prose de vers de Ronsard, de Garnier,

---

1. On conservait à l'abbaye de Citeaux la copie manuscrite de cet ouvrage. Voir à la fin du volume la notice sur Nicolas de Flavigny, appendice B.

2. C'est la dernière fois, si je ne me trompe, que ce titre, *Consolations*, donné dès l'antiquité à un genre très-nombreux d'ouvrages de morale philosophique, paraît dans notre littérature. Démocrite, Platon, Aristote, Théophraste, Crantor, Sénèque, Cicéron, le Carthaginois Clitomaque, ont écrit des *Consolations* ou *Lettres consolatrices*. Le livre de Boëce : *De consolatione philosophica*, est resté le plus célèbre de ce genre d'écrits. Il a été traduit, commenté, imité sans fin, dans plusieurs langues.

de Du Bellay. Lui-même, et non sans grâce, il rime à l'occasion; il est musicien; *il se peut vanter*, dit-il, *d'avoir mainte fois, aux sons de son luth, passionné diversement les escoutants.* Son art de bien dire s'en accroît. D'elle-même sa phrase se rhythme; l'harmonie naît sous sa plume. Il est coloriste aussi, *imagier* avec hardiesse. Veut-il décrire les Pyrénées, par exemple, il dira *la pâle frayeur de leurs profonds précipices.* Ailleurs, il racontera une entreprise consommée *à la faveur d'une nuit sombrement endormie.* Ailleurs encore, il exhortera son fils *à brider le cheval indompté de la trépignante jeunesse.* Il ne voudrait pas qu'à ce fils, fait prisonnier, il restât *quelque gravier en l'âme.* « Vouloir guérir, lui dit-il avec une fierté stoïque, c'est demi-guérison. » Il avise ce fils, peu résigné, paraît-il, *que tout homme impatient aux adversitez piaffe volontiers, insolent, aux prospéritez.* L'ordre des sentiments où notre chevalier du xvıᵉ siècle va puiser le plus souvent ses consolations n'a rien que de tempéré. A l'encontre des stoïciens, il permet la plainte, pourvu qu'elle se modère; il cherche à toutes choses un bon aspect. Prisonnier lui-même, *au retour d'Arques*, il sait par expérience que *l'on gag prison; que son servage forcé donne l'esprit libre à l'estude.* Dans sa ruine, dans ses *pauvretez*, comme il écrit à la façon de nos modernes romantiques (il a été pendant ces guerres civiles *misérablement deschiré*; *il a eu ses villages désolés, ses plus belles maisons détruites, ses chevaux tués ou perdus*), il se tient en bonne humeur néanmoins. *Réduit en sa cage de Souhé* [1], il relit Platon et Plutarque; il consulte la Bible et les astres; il écoute la voix des songes. Demi-chrétien, demi-païen, quelque peu arabe, gentilhomme avant tout, humaniste et moraliste, *confiant* en *la belle et vertueuse fortune de son roy*, pour se mettre au cœur l'allégresse et l'avant-goût des batailles, il lui suffira d'un souffle du printemps : *Jà, la terre nous rit*, écrit-il, de sa cage de Souhé; *jà les arbres boutonnent; le soleil nous renflamme, et la nécessité renforce le courage*. — A ce mot *nécessité* qui revient aisément sous la plume de mon ancêtre, à *ces hautes planètes*, à *ces calculs des Arabes où il se fie*; à la manière un peu légère dont il traite les *subtilitez de la grâce et du libre arbitre*, n'en voulant *pas laisser estonner la simplicité de sa prière;* au plaisir qu'il paraît prendre à conter à son fils le *conte du Vrai annel;* à l'opinion qu'il a de l'enfer, de ces *peines infinies* dont il ne veut pas croire *que l'immense bénignité de Dieu punisse nos péchés finis*, j'entre en doute, je l'avoue, sur la parfaite orthodoxie du chevalier chrétien. Son royalisme, lui-même, ne me

---

[1]. Le château de *Souhé*, aujourd'hui propriété de la famille de Guitaut, est situé sur une hauteur, non loin de Dijon. C'est dans ses murs que se tint en 1589 une conférence des royalistes où l'on décida l'attaque de Semur.

semble pas exempt d'hérésie. Malgré la persuasion qu'il met en rimes que « *c'est gloire de mourir le coutelas au poin, pour son prince, et l'avoir de sa vertu témoin* », mon ancêtre loue d'un accent qui m'est suspect, en son livre des *Rois*, le bel ordre de France, *composé de toutes sortes de républiques différentes, où chaque province particulièrement s'assemble, clercs, nobles, roturiers, pour conférer librement aux affaires de conséquence*. Il déclare que « *régner ne se doit proprement dire que là où la raison et justice commandent.* » Il admire la constitution, ou ce que l'on appelait alors le *cantonnement* de la République helvétique. *De moi, si j'estoi Souisse*, s'écrie-t-il, dans un singulier élan d'orgueil républicain, *et qu'un Bourgmaistre voulût empiéter la souveraineté de mon païs, j'emploierais mille vies, si je les avois, pour maintenir ma liberté populaire.*

Ces sentiments indépendants du vrai gentilhomme au regard des maximes absolues de l'Église ou de l'État, avec un fond inaltérable de bon sens et de belle humeur, je les retrouve aux siècles suivants chez plusieurs autres de mes ancêtres qui ont également le goût et le don des lettres. Au xviiie siècle, cette indépendance s'imprègne de la sensibilité du temps. En 1768, mon grand-père, le vicomte Gratien de Flavigny, né le 11 octobre 1741 à Craonne en Picardie, et qui mourut en 1783, âgé de quarante-deux ans, chevalier de Saint-Louis, colonel de dragons, adressait au duc de Choiseul des *Réflexions sur la désertion et sur la peine des déserteurs* [1] où il conclut à la suppression de la peine de mort, et demande des lois *plus conséquentes aux sentiments ineffables du cœur et du génie français. Ayant vécu,* dit-il, *avec le soldat autant que le service du roi l'exigeait, autant que sa fortune, sa naissance et sa façon de penser, indépendante de son métier, le permettaient,* il a observé *que le Français a pour partage la fierté et l'inconstance, avec l'excellente vanité de croire sa patrie supérieure à toutes les nations de la terre.* Il le déclare « *généralement plus sensible à la perte de l'honneur qu'à celle de la vie; il ne croit pas la peine de mort, appliquée aux déserteurs, efficace*; et, à ce sujet, il entre dans des considérations de l'ordre le plus élevé sur ce qu'il appelle hardiment le *meurtre public*. Il affirme que : *en France, dans un règne tranquille, sous une forme de gouvernement consolidée par les vœux réunis de la nation, il ne doit y avoir jamais de nécessité d'ôter la vie à un citoyen.*

D'un bout à l'autre, le *Mémoire* de mon grand-père, adressé à un ministre tout-puissant, respire l'antique

---

1. *Réflexions sur la désertion et sur la peine des déserteurs en France, adressées à monseigneur le duc de Choiseul, ministre et secrétaire d'État au département de la guerre*, Paris, 1768, in-8°. L'auteur était, à ce moment, volontaire dans un régiment de troupes légères.

fierté du gentilhomme, en même temps que le sentiment nouveau de l'égalité des conditions, de la justice miséricordieuse et de l'amélioration graduelle des constitutions sociales.

L'auteur appelle de tous ses vœux des rectifications à la législation française; il ne veut pas *qu'on couvre ses défauts du voile du silence, parce que agir ainsi ce serait s'opposer facilement à ses progrès, et conséquemment au bonheur du genre humain.*

Il paraîtrait que le *Mémoire* de mon grand-père fit sur l'esprit du duc de Choiseul une impression favorable [1], car le ministre chargea, par suite, son auteur de plusieurs missions militaires ou diplomatiques.

Pendant son séjour à l'étranger, en Espagne, en Angleterre, en Italie, dans les loisirs que lui laissaient ses travaux spéciaux *sur la constitution et l'organisation des armées*, mon grand-père traduisit plusieurs ouvrages de l'italien, de l'anglais, de l'espagnol. En 1773, il publiait un *Examen de la Poudre* par M. d'Antoni; et, deux ans après, du même auteur, les *Principes fondamentaux de la construction des places*. En 1776, il faisait paraître, traduite de sa main, une *Introduction à l'histoire naturelle et à la géographie physique de l'Espagne*. A son retour en France, dans l'année 1778, Gratien de Flavigny don-

---

[1]. Appendice C.

nait au public une version exacte et élégante de la *Correspondance de Fernand Cortez avec Charles-Quint sur la conquête du Mexique*. A sa mort, il laissa en manuscrit des *Réflexions sur l'art militaire* et des notes sur ses voyages en Italie, en Angleterre et en Espagne.

— Mais, en parlant des ouvrages de mon grand-père, je m'aperçois que j'ai interverti l'ordre de nos souvenirs de famille, et j'y reviens.

Je ne voudrais pas omettre de rappeler, dans nos titres d'honneur, une vive parole de regret donnée par le bon roi Henri au capitaine Flavigny, en apprenant qu'il venait de se faire tuer galamment, dans une sortie de *l'amiral* Villars, au siége de Rouen : « *Ventre saint-gris !* s'écria le roi, *je perds un bon compagnon et un honnête homme !* » — C'était un galant chevalier aussi, sans doute, celui qui accompagnait Marie-Stuart dans la triste traversée qui porta vers Holyrood l'*Hélène du Nord*.

Au temps de Richelieu, on parlait avec honneur en Sorbonne des ouvrages du docteur Valérien de Flavigny [1]. Richard Simon le combattait. Dupin écrit de lui : « Flavigny suivait dans ses écrits son génie plein de feu. Son style est vif, plus convenable à l'impétuosité d'un jeune homme qu'à la gravité d'un ancien docteur. Il a fait des recherches pénibles et

---

1. *Quatre lettres sur l'édition projetée de la bible polyglotte de le Jay*, 1632. — *Discours apologétique sur la fidélité de la*

curieuses sur les matières qu'il a traitées, et l'on voit, par ces mêmes récits, qu'il avait de la théologie, des belles lettres, et la connaissance de langues orientales. » Bayle, qui qualifie mon ancêtre de *docteur en théologie de la maison et société de Sorbonne, conseiller et professeur du roi en langue hébraïque en l'université de Paris et doyen des professeurs du roi au Collége de France*, raconte plaisamment une *disgrâce* advenue à Valérien pendant l'impression d'une lettre qu'il adressait en latin au Maronite *Ecchellensis* : disgrâce dont le souvenir, trente ans après, éveillait encore les colères du savant docteur [1].

Le frère de Valérien, l'abbé Jacques de Flavigny, qui avait été grand vicaire de l'évêque de Luçon, faisait recevoir, en 1622, les décrets du concile de Trente au chapitre de Luçon, dont il était doyen ; tandis qu'un troisième frère, très-avant dans la confiance du cardinal, commandait à Metz les troupes du roi, et suivait les négociations secrètes pour la réunion de la

---

version hébraïque, publiquement prononcé au Collége Royal le 11 février 1646. — *Une diatribe contre le père Marin*, suite, Paris, 1666. — *Un pamphlet en faveur de la thèse soutenue par Louis de Clèves sur l'épiscopat*, 1668, in-4°.

1. Il faut voir, dans le dictionnaire de Bayle, le récit de cette *disgrâce*. Les réflexions que fait Bayle *sur cet exemple sensible du désordre que les fautes d'impression peuvent causer, et des chagrins insupportables qu'elles donnent à un auteur*, sont du meilleur comique.

Lorraine à la France. — Plus près de nous, un Flavigny, le comte Agathon, qui, à la chute de la monarchie, était ministre plénipotentiaire auprès du duc de Parme[1], avait antérieurement négocié les alliances de famille avec la maison de Savoie [2].

L'échafaud de 93 atteste, par le sang, la noblesse catholique et royaliste de ma famille. Le 5 Thermidor, un mandat d'amener, signé Fouquier-Tinville, traduit à la barre du tribunal révolutionnaire A. L. J. Flavigny, ex-comte [3], né en 1754 à Craonne en Laonnais, lieutenant en second au ci-devant régiment des gardes françaises ; et la femme Flavigny, ex-comtesse des Vieux, en compagnie d'une Laval-Montmorency, ex-abbesse de Montmartre, âgée de quatre-vingt-quinze ans, et d'un jeune Maillé, fils de l'ex-vicomte, âgé de dix-sept ans [4].

---

1. J'ai eu sous les yeux un curieux *libretto* de l'opéra *Zémire et Azor*, paroles de Marmontel, musique de Grétry, représenté pendant le carnaval de l'année 1782 chez mon aïeul, au palais de l'ambassade, par les personnes attachées à la légation française, en présence de LL. AA. RR. le duc et la duchesse de Parme.

2. Le mariage du comte de Provence en 1771 et celui du comte d'Artois en 1773 avec les deux filles de Victor Amédée III.

3. Il était fils de César François, comte de Flavigny, maréchal de camp aux armées du roi, qui mourut dans sa terre de Charmes, près La Fère, au commencement de ce siècle.

4. L'autographe de ce mandat d'amener, l'un des derniers du tribunal révolutionnaire, est en la possession de mon frère Maurice. Il porte les emblèmes menaçants : deux glaives croisés, la pique surmontée du bonnet phrygien, le niveau égalitaire. On y

De telle race, fils unique d'un père mort au service du roi [1], apparenté par sa mère, patricienne de Soleure, à plusieurs officiers aux gardes-suisses, mon père fut admis sans peine dans la maison de madame Marie-Josèphe-Louise de Savoie, dont le mariage avec le frère de Louis XVI avait été, comme je viens de le dire, négocié par un ambassadeur de notre nom et de notre famille. Lorsqu'il sortait des pages, à quinze ans, Alexandre-Victor-François de Flavigny, né à Genève le 11 septembre 1770, avait déjà depuis trois ans, par brevet du 12 mai 1782 (à douze ans par conséquent), le grade de sous-lieutenant au régiment de Colonel-Général de l'infanterie française.

La révolution éclatée, le jeune officier suivait son régiment, qui s'en allait rejoindre à Coblentz l'armée des princes.

lit, tracée d'une main ferme, la signature *Fouquier*, les noms de onze détenus à la maison d'arrêt *dite Lazarre* (sic) et la date du 5 Thermidor de *l'an second de la République Française, une et indivisible*.

1. Mon père jouissait, tout enfant encore, d'une pension royale, accordée en mémoire des bons et loyaux services de mon aïeul, Gratien de Flavigny.

II

La maison Bethmann. — Prison et mariage de mon père. — Retour en France. — Ma sœur. — Mes frères. — Ma naissance. — Les *Enfants de minuit*. — Le démon. — Douceur de mon enfance. — La Touraine et le château du *Mortier*.

Des circonstances que j'ignore [1] conduisirent mon père à Francfort-sur-le-Mein dans le courant de l'année 1797 et lui donnèrent accès dans la maison de banque des frères Bethmann. Cette maison était la plus considérable de la ville; elle y exerçait une sorte de souveraineté, par ses grandes richesses, par sa bonne re-

1. J'apprends seulement aujourd'hui quelles furent ces circonstances : Le prince Louis de La Trémoïlle, ayant reçu commission de l'Angleterre de lever en Allemagne un régiment destiné à l'armée de Condé, fit donner à mon père le brevet de lieutenant-colonel et le chargea d'organiser ce régiment. Ce fut à cette occasion que mon père vint habiter Francfort. (*Note écrite en juin* 1870.)

nommée, et aussi par sa pure saveur de protestantisme, qui la distinguait, aux yeux prévenus de la population luthérienne, des catholiques et surtout des Juifs, dont la place de Francfort était, à cette époque, encombrée.

Le protestantisme des Bethmann remontait à la réforme des Pays-Bas. Aux temps des persécutions religieuses, ils avaient quitté la Hollande, où ils étaient établis, et s'étaient réfugiés sur le territoire de Nassau. C'est de là que, dans la première moitié du XVIII° siècle, Johann-Philipp Bethmann vint à Francfort, appelé par un oncle maternel, du nom d'*Adami*, qui lui légua sa fortune et son négoce, assez important déjà. Johann-Philipp, avec son plus jeune frère Simon-Moritz, fonda, en 1748, sous la raison *frères Bethmann*, une maison de banque dont l'accroissement fut rapide. Ayant survécu à ce frère, qui n'avait pas eu d'enfants, Johann-Philipp, devenu conseiller et banquier impérial, laissa aux siens, à sa mort, en 1793, un grand héritage. De son mariage avec Catherine Schaaf, il avait eu trois filles et un fils. Ce dernier, Simon-Moritz, dont le génie pour les affaires devait être secondé par les plus heureuses circonstances, allait bientôt donner à sa maison une extension et un éclat tout à fait extraordinaires. Les trois filles avaient fait de bons mariages. La seconde, Marie-Élisabeth, déjà veuve à dix-huit ans d'un associé de son père, Jacob

Bussmann, demeurait avec son enfant nouveau-né dans la maison paternelle. Lorsque mon père y vint, il était dans toute la fleur et dans toute l'ardeur de la jeunesse. Il voulut plaire, il y réussit. La jeune veuve allemande fut touchée des grâces de l'officier français. Un projet d'union fut vite formé, mais il ne rencontra pas l'agrément de la famille. Les Bethmann, orgueilleux qu'ils étaient de leurs richesses bien acquises et bien assises, entêtés aussi de protestantisme, de solide importance bourgeoise et municipale, ne pouvaient voir d'un bon œil la perspective d'une alliance avec un étranger, un Français, un catholique, un noble, un émigré, un soldat : de fort jolie figure, il est vrai, et d'esprit à l'avenant, mais qui ne possédait rien que la cape et l'épée, et que la révolution jetait à tous les vents, à tous les hasards de la mauvaise fortune.

On résolut d'opposer à l'inclination des amants tous les obstacles possibles. La situation d'un émigré autorisait les rigueurs. Sous prétexte d'irrégularité dans son passe-port, mon père reçut du magistrat l'ordre de quitter la ville, et, n'en ayant tenu compte, il se vit jeter en prison. Une telle violence, comme il arr. ., ne fit que hâter le dénouement. La passion de la jeune veuve s'exalta. Offensée dans l'homme qu'elle aimait, elle alla le trouver sous les verrous. Elle y demeura un assez long temps, puis, rentrée dans sa maison :

« Maintenant, dit-elle à sa mère et à son frère aîné, avec une hardiesse qu'on n'avait pas soupçonnée jusque-là sous ses dehors timides, voudra-t-on encore m'empêcher de l'épouser? » Le mariage, en effet, se célébra sans plus d'opposition, le 29 septembre de l'année 1797. — Mon père demeura avec sa jeune femme en Allemagne; il fit de longs séjours à Francfort, à Dresde, à Vienne, à Munich, jusqu'au moment où les événements politiques lui rendirent possible le retour dans la patrie.

Bien que la plupart des émigrés fussent rentrés successivement, après le 9 Thermidor, sous le Directoire, et les derniers à la paix d'Amiens, mes parents ne s'établirent définitivement en France que dans l'année 1809. Ils achetèrent une terre en Touraine, où mon père exerça envers ses anciens compagnons d'armes, royalistes émigrés ou chefs vendéens, une large hospitalité qui, avec les plaisirs de la chasse et les bonnes relations de voisinage, donnèrent à sa vie le mouvement que ses opinions et ses traditions lui interdisaient de chercher ailleurs.

En dépit des ouvertures répétées du gouvernement de l'empereur, mon père se refusa toujours à le servir et ne permit pas que ma mère fût attachée à la maison de la reine Hortense, où on voulait l'attirer [1].

---

1. Mademoiselle Cochelet, depuis madame Parquin, lectrice de la reine Hortense, était intimement liée avec mon oncle Bethmann.

En 1813, mon père obtint l'autorisation d'accepter, du magistrat de Francfort, le titre et les priviléges de citoyen de la ville libre [1]. Du chef de sa mère, et par sa naissance, il était citoyen de Genève; ce furent là tous ses honneurs.

Malgré ses droits acquis à la faveur des Bourbons remontés sur le trône, mon père, le plus royaliste, mais le moins courtisan de tous les hommes, ne demanda pas d'eux, non plus, la récompense de son dévouement. Sa croix de Saint-Louis, gagnée à l'armée de Condé [2], lui suffisait comme témoignage du devoir rempli. Après la Restauration, on ne le vit ni lui ni sa femme à la Cour. Il demeura chez lui, simplement, fièrement, assez dédaigneux des princes, toujours prêt néanmoins à reprendre pour eux l'épée au premier péril.

C'est là tout ce qui m'est connu, ou peu s'en faut, de l'existence de mon père, avant le temps où je puis me rappeler sa personne.

Ce temps remonte, autant que je puis croire, à l'année 1812. Mon père avait alors quarante-deux ans. Ses cheveux, depuis de longues années, étaient tout

Elle souhaitait vivement de voir ma mère avec elle dans la maison de la reine, et ne négligea rien pour obtenir, par l'influence de mon oncle, que mon père y consentît.

1. Voir, à la fin du volume, les actes du 5 février et du 21 avril 1797. Appendice D.

2. Donnée par brevet du 7 novembre 1814.

blanchis. Mais, loin de le vieillir, cette neige brillante, tombée en pleine jeunesse sur sa tête blonde, éclairait son beau front d'un plus vif éclat. Sa taille était haute, son air noble ; et dans tout son aspect on n'aurait su dire ce qui l'emportait de la force ou de la grâce. Son visage formait un ovale parfait. Ses yeux bleus, à fleur de tête, et son sourire avaient une expression charmante de douceur et de finesse enjouée. Ses sourcils bien arqués, son nez légèrement aquilin, son teint d'une délicatesse singulière, achevaient en lui la beauté et le don qu'il avait de plaire à tous. — Les enfants sont sensibles aux grâces physiques beaucoup plus et beaucoup plus tôt qu'on ne le pense. Je ne me lassais pas de regarder mon père, et, quand un étranger remarquait que nous nous ressemblions, j'en avais de la joie pour tout le jour.

De leur union, formée par l'inclination, il était né à mes parents trois enfants : deux fils et une fille. Ma mère avait eu de son premier mari une fille, Auguste Bussmann, que je connus plus tard, et dont je dirai en son lieu la fin tragique. Elle perdit mon frère aîné — il se nommait Édouard — avant ma naissance. Elle me parlait de lui souvent comme d'un être très-doué, d'une rare précocité de cœur et d'esprit. Quant à mon frère Maurice, bien qu'il fût plus âgé que moi de plusieurs années et élevé loin de nous dans les lycées, bien que son caractère fût presque l'opposé du mien, je m'attachai à lui de très-bonne heure, et ce fut pour toute la vie. Lui aussi, il était porté vers moi d'une inclination naturelle; et malgré ce que les événements, les passions, les intérêts, devaient jeter un jour à la traverse, notre mutuelle amitié se retrouva sur le tard, attristée, mais indestructible, au fond de nos cœurs.

Selon ce qui m'a été rapporté, je suis née à Francfort-sur-le-Mein, vers le milieu de la nuit du 30 au 31 décembre de l'année 1805 [1]. Il règne en Allemagne une superstition touchant ces Enfants de Minuit, *Mitternachtskinder*, comme on les appelle. On les croit d'une nature mystérieuse, plus familiers que d'autres avec les esprits, plus visités des songes et des apparitions. J'ignore sur quoi s'est fondée cette imagination germanique, mais, il faut bien que je le dise, dût l'opinion qu'en prendra de moi la sagesse française en être très-diminuée, je n'ai lieu, en ce qui me touche, ni de railler ni de rejeter entièrement la croyance populaire qui m'apparente aux esprits. — Que le lecteur en soit juge : mainte fois, dans le cours d'une existence très-éprouvée, je me suis vue avertie en des songes étranges, symboliques en quelque sorte, dont le souvenir me poursuivait sans que j'y pusse rien comprendre, et qui s'appliquaient ensuite, le plus exactement du monde, aux événements, aux

---

[1]. La maison où je suis née existe encore : elle forme l'angle du *Rossmarkt* et de la *Gallienstrasse*.

situations, aux dispositions nouvelles et imprévues de ma vie et de mon âme. Bien plus, dans une maladie grave, au plus fort d'une crise qui pouvait être mortelle, et qui jetait les médecins dans une grande perplexité, j'eus en rêve la révélation du remède qui me sauva : révélation inexplicable chez une personne étrangère comme je l'étais alors aux notions les plus simples de la médecine ; occulte puissance de l'instinct, que les anciens attribuaient aux dieux [1], et dont la science moderne est forcée de constater quelques exemples qui l'embarrassent. — Je n'omettrai pas non plus l'incroyable prédiction de la devineresse Lenormand (la même qui prédit un trône à madame de Beauharnais), qui me commanda de faire attention à mes songes, et par qui me fut un jour annoncé un avenir dont je ne pouvais avoir la moindre appréhension, à l'heure où je consultais, par passe-temps, l'oracle [2]. Enfin, quand je me remets sous les yeux les moments difficiles et décisifs de ma vie passée, j'y sens la présence invisible, le secours d'un bon génie : une *voix*, un *esprit*, comme on voudra l'appeler, qui me voulait du bien, qui s'interposait entre moi et les

---

1. « Si j'ai conçu en songe l'idée de me servir de remèdes souvent efficaces, et particulièrement contre mes crachements de sang et mes vertiges..... c'est aux dieux que je le dois, » écrit Marc-Aurèle (chez les Quades, sur les bords du Granua — *Pensées*, liv. I — XVII.)

2. Voir la visite à mademoiselle Lenormand. Appendice E.

coups du sort, qui me dérobait parfois, comme dans un nuage, aux poursuites de mes ennemis, et, quand toute force m'abandonnait, faisait soudain jaillir sous mes pas une source cachée où se retrempait mon courage.

Cet esprit bienfaisant, quel est-il?

Serait-ce l'*âme* de la constellation sous laquelle je suis née [1]? Serait-ce, comme le *démon* — *daïmôn* — de Platon, le messager qui me parle selon Dieu pendant mon sommeil? L'appellerai-je, avec les dévots, *mon bon ange?* avec Marc-Aurèle, le *Génie qui est au dedans de nous?* avec Dion Chrysostôme, *la puissance qui commande chez chaque homme et qui est l'inspiratrice de ses actions?* Reconnaîtrai-je, dans mon divin consolateur, la pensée fidèle d'un être à qui je fus chère? Serait-ce sous l'empire de ce *démon* inconnu [2] que, pendant l'espace de dix années, je fus soumise à des intermittences étranges d'une somnolence pénible, où la vie du rêve et la vie de la réalité se confondaient en moi d'une manière très-mystérieuse; où je me sentais, sans jamais en perdre la conscience, dans un

---

[1]. « La conjonction des astres était heureuse, » dit Goethe, (*Poésie et Vérité*, 1re partie, livre Ier) — en parlant du jour et de l'heure où il vint au monde — « Le soleil entrait dans le signe de la Vierge; Jupiter et Vénus le regardaient favorablement; Mercure n'était pas hostile; Saturne et Mars se montraient indifférents..... »

[2]. Appendice F.

état anormal, crépusculaire en quelque sorte, intermédiaire entre l'être et le non-être, entre le vouloir et le non-vouloir, déprimé ou exalté, hors d'équilibre, exempt de souffrance, toutefois, autre que morale, et qui demeure, pour tous ceux qui m'y ont vue, un phénomène inexpliqué, sans relation appréciable ni avec la nature de mon esprit très-lucide, ni avec mon caractère très-résolu. De tout ceci, que sais-je? et que pourrait-on savoir [1]?

Je ne voudrais pas cependant, par mon doute, être cause qu'on prît le change. La licence que je donne parfois à mon imagination de s'échapper vers les régions occultes n'y entraîne pas ma raison. Au plus fort de ma vie dévote je n'ai connu ni l'extase ni les visions; le monde séraphique de Swedenborg ne s'est jamais non plus ouvert à moi. Je n'ai de goût, je l'affirme, ni pour le monde des magnétiseurs, ni pour le monde des *spirites*. Je ne crois, est-il besoin de le dire, à rien de *surnaturel*, moins encore à une suspension, à une déviation, quelle qu'elle soit, dans le cours régulier des lois divines. Mais je crois à un ordre mystérieux de la nature infinie qui paraît *surnaturel* seulement à nos ignorances; je reconnais l'existence

---

1. « Je ne dis pas : cela est; mais n'y aurait-il point quelque témérité à dire : cela n'est pas? » écrit Senancour, en parlant de cette chaîne occulte de rapports qui rattache la vie humaine à l'infini incompréhensible de l'être cosmique.

de lois qui se dérobent encore, qui se déroberont peut-être toujours à nos poursuites [1], et qui, n'ayant de prise et d'effet que sur certaines organisations très-délicates, restent pour le vulgaire un sujet d'étonnement superstitieux, pour les demi-savants, une occasion de dédain et de raillerie [2].

Je reprends mon récit.

Mes parents m'avaient en prédilection. Douée comme je l'étais d'une humeur douce et d'une gentillesse enfantine qui m'attiraient toutes les bienveillances, je ne me rappelle de ces premières années que des images de paix. Jamais un châtiment, aucun reproche. Quelques règles, sans doute, mais souples et sans contrainte. L'amour de mes parents, les caresses des voisins, l'empressement des serviteurs à me complaire, des fleurs et des fruits à profusion, des animaux familiers, de petits amis villageois, le plein air et la pleine liberté dans une riante campagne, tel revit

---

[1]. « On ne connaîtra le travail de la pensée que lorsqu'on connaîtra le rêve, » me disait un jour un homme de beaucoup d'esprit, M. Schérer. Aristote et Spinoza étaient de cette opinion. Ils n'ont pas dédaigné d'observer cet état intermédiaire entre la veille et le sommeil, durant lequel, la conscience n'étant pas encore pleinement éveillée, il se produit des phénomènes très-propres à éclaircir, lorsqu'ils seront mieux étudiés, cette question obscure.

[2]. « We may think over the subject again and again, dit *Tyndall*, it eludes all intellectual representation. We stand at length face to face before the Incomprehensible. »

(*Address delivered at Belfast*, 1874.)

en moi le tableau de mon enfance. Les changements des saisons y mettaient la diversité, mes plaisirs se rapportant presque tous à la vie des champs et des jardins. Je n'ai jamais eu le goût des poupées; tout enfant, il me fallait déjà la vie et la vérité.

L'habitation de mes parents, située près du bourg de Monnaie, entre Tours et Châteaurenaud, n'offrait rien de remarquable. Elle pouvait même paraître mesquine au regard de la fortune de ma mère, qui lui eût permis d'acquérir quelqu'un des châteaux célèbres de la Touraine, le château d'Azay-le-Rideau, par exemple, alors en vente, et qu'elle était allée visiter. Mais ma mère, n'ayant reçu, en fait d'art, que la culture musicale, fut peu ou point touchée de la belle architecture de ces résidences historiques; quant à mon père, chasseur passionné, il fut déterminé à l'acquisition du Mortier par l'aspect d'un pays très-giboyeux : petites collines, petits cours d'eau, petits bouquets de bois, petits clos de vignes, landes, bruyères, halliers, *remises* de toutes sortes, favorables à la perdrix, au lièvre; et, par delà, une ceinture de forêts, où fréquentaient le daim, le chevreuil et le sanglier.

En ce qui me concerne, on pense bien que je ne faisais au sujet de notre habitation ni comparaisons, ni observations critiques. Si j'ai souffert de très-bonne heure, comme je serais portée à le croire, d'une certaine discordance entre moi et mes alentours, et de l'insignifiance des lieux où je commençais de vivre, je n'ai pu le supposer qu'après les avoir quittés, après avoir éprouvé ailleurs l'incroyable influence, sur mon être le plus intime, d'un site naturellement héroïque, ou consacré par l'histoire. Au moment dont je parle et à mes yeux prévenus, la maison du Mortier, la colline où elle s'adosse, sa vallée étroite, son enclos, ses terrasses au soleil, son canal d'eaux vives, sa cascade ombragée de marronniers séculaires, son potager, son verger, ses basses-cours, c'était pour moi tout un monde que ne franchissaient jamais ni mes souhaits ni mes rêves.

III

Plaisirs champêtres. — Familiarité avec les bêtes. — La volière. — Les lapins angoras. — Les marcassins. — L'âne du jardinier. — *Généreuse.* — *L'allée souterraine.* — Les chenilles et les orchidées. — Vue précoce de la métamorphose. — Les glanes et le *halebotage.* — La cuisine allemande. — Adelheid. — Marianne. — Mes jardins. — Première éducation allemande et française. — Le voyage en poste. — Ma *Minerve.* — Le retour des Bourbons. — Les Cent-jours. — Départ pour Francfort et pour la Vendée.

Je vivais au Mortier en grande franchise d'allures, improvisant chaque jour, tantôt seule, tantôt avec les enfants du voisinage, de nouveaux amusements. Les bêtes y avaient le rôle principal. Outre les chiens d'arrêt de mon père, qui étaient de mon intimité et dont je me rappelle encore aujourd'hui les noms, les humeurs opposées, je nourrissais toute une volière d'oiseaux du pays, pinsons, chardonnerets, bouvreuils et j'essayais obstinément chaque printemps, quoique toujours sans succès, d'élever, aux œufs de fourmis, les couvées de perdreaux apportées à mon père par les faucheurs. Par compensation à la mortalité de mes petits perdreaux, il me venait d'un beau couple de lapins angoras, l'un blanc, l'autre noir, qui multipliaient sans fin, une rapide famille, habillée de toutes les combinaisons imaginables de la couleur pie, et qui me réjouissait, à chaque portée, par des surprises nouvelles. Une chèvre aussi s'était attachée à moi, et, du plus loin qu'elle m'apercevait à travers les grilles, elle poussait un bêlement plaintif et tendre qui m'allait droit au cœur. Deux petits marcassins, pris par le garde comme ils étaient encore à la mamelle, et que notre bergère menait paître avec ses agneaux, m'inspiraient un intérêt sérieux, mélangé, de saison en saison, à mesure qu'ils se faisaient plus différents des moutons, de plus de crainte. Enfin, le dimanche, au sortir de vêpres, lorsqu'il ne pleuvait pas, l'âne du jardinier paraissait devant le perron, bellement harnaché, conduit par *Généreuse*, sa jeune maîtresse, en cotillon court, jambes nues, sabots en main, pour pouvoir plus librement courir à ma guise, dans le *grand bois*. Ce *grand bois*, bien qu'enclos de murs, nous était interdit, je ne sais trop pourquoi, les jours de semaine. Aussi, le dimanche, quelle fête d'y aller, d'arpenter en tous sens *l'étoile* et les *pattes d'oie* !

Nous passions invariablement, de préférence, par une certaine allée très-encaissée, très-sombre, très-humide, que j'affectionnais entre toutes à cause de la végétation particulière qui croissait sur ses parois argileuses : mousses, fougères, lichens, orchis, champignons, et que j'avais nommée, par amplification, pour lui donner sans doute un air de mystère, l'*allée souterraine !*

Surmontant la répugnance que j'ai eue toute ma vie pour ce qui rampe, je rapportais de mes promenades, avec des paquets d'herbes et de mousses, des chenilles que j'enfermais dans des boîtes à couvercles transparents, et dont mon père, à mesure qu'elles s'opéraient, m'expliquait les métamorphoses. Les orchidées aux formes imitatives, l'*orchis mouche*, l'*orchis homme pendu*, que j'essayais de transplanter dans nos plates-bandes, les boutures et les greffes que je voyais faire au jardinier, la goutte d'eau que mon père me montrait au microscope, les transformations du têtard et de la grenouille dans la mare, l'éclosion des volatiles dans la basse-cour et jusqu'à la toile d'araignée suspendue au plafond des étables, tous ces objets, à la fois surprenants et familiers à mes yeux à p te ouverts sur le monde, me donnèrent une habitude précoce avec le phénomène universel de la métamorphose. Avant toute réflexion, avant toute étude, la notion *spinoziste* de la vie entrait en moi par les sens ;

elle y pénétrait ainsi bien plus vivement et bien plus avant qu'elle n'eût jamais pu le faire par l'enseignement de l'école ou par la spéculation métaphysique. Elle avait pris possession de mon entendement avant l'heure où s'y produisit la pensée.

Je m'associais aussi avec une vivacité extrême à tous les travaux des champs. Avec une brouette, un rateau, une hotte, une fourche, appropriés à ma taille et à ma force, je prenais une part active à la fenaison, à la moisson, aux vendanges.

Les glanes et le *halebotage* surtout [1], facilités par la négligence volontaire de nos métayers ou de nos vignerons, amenaient de grandes joies, quand, à la fin de la journée, je distribuais, selon mes préférences, aux enfants des pauvres, ma gerbe ou ma hotte pesante. Je ne dois pas omettre non plus, dans la revue que je passe de mes plaisirs, ces immenses lessives qui se font deux ou trois fois l'an dans les maisons bien pourvues de linge, et pour lesquelles on convoquait chez nous le ban et l'arrière-ban des commères, dont le caquet, infatigable plus encore que le battoir, emplissait la buanderie et les cours d'un gai tapage. Il n'est pas jusqu'à la carriole qui s'en allait aux provisions vers la ville, dont le départ et le retour, reten

---

[1]. *Hale* ou *halebotage* : c'est le nom que donnent les paysans tourangeaux à ce qui s'appelle ailleurs le grapillage : la glane du raisin après la vendange.

tissant sur le chemin caillouteux, ne causassent une émotion, tant le mouvement et le bruit, quels qu'ils soient, ont un attrait pour l'enfance. Enfin, lorsque nous restions tard à la campagne, les blancs tapis de neige où, d'année en année, l'empreinte de mes pas se marquait plus distincte et plus grande, les glaçons charriés au soleil sur le canal, le fagotage des bûcherons, par-dessus tout l'opération mystérieuse des noirs charbonniers dans les bois, au sifflement de la bise, au croassement des corbeaux, au craquement des branches mortes, complétaient par des joies d'hiver mes joies de printemps, d'été et d'automne.

La chasse et la pêche, quand mon père m'y conduisait, formaient le côté aventureux et en quelque sorte homérique de mes plaisirs. Je n'aurai garde, non plus, dans le rappel de mes joies primitives, de négliger celles qui me venaient, comme aux héros de l'Iliade, des apprêts et des fumets d'un bon repas. Ma mère, en quittant son pays, en avait emmené avec elle quelques souvenirs vivants et domestiques. Elle avait pour moi une bonne allemande; elle se faisait suivre par un chasseur habillé à la mode de Vienne, la plume de coq au chapeau, le coutelas au ceinturon; enfin, malgré de nombreux inconvénients, elle ne se décidait pas à congédier une cuisinière viennoise du nom d'*Adelheid*, laquelle ne contribua pas peu, il faut l'avouer, au parfait contentement de ma jeunesse. La cuisine allemande est la vraie cuisine des enfants et des écoliers. Mélanges inattendus, surprises, confusions, naïvetés, indisciplines, mais où tout revient pourtant aux deux éléments inoffensifs, farine et sucre : c'est une complète vacance, un oubli de toutes les règles, où l'enfant trouve son compte et sa joie.

Adelheid excellait aux *mehlspeisen*; et quand elle avait bu surtout, ce qui n'était pas rare, elle me prodiguait, hors des repas, des gâteaux, des sucreries, auxquels mes rustiques camarades de l'un et l'autre sexe faisaient, des yeux et des dents, la fête qu'on imagine.

En rivalité de la viennoise Adelheid, *Marianne*, la ménagère tourangelle, qui serrait sous clef les provisions, emplissait en cachette mon tablier de *pruneaux de Tours, de poires tapées, d'alberges confites* et d'autres friandises du cru, sans compter, sous le prétexte des oiseaux de ma volière, d'énormes morceaux de sucre que détournaient au passage mes petits amis sans plumes.

L'amour-propre avait bien aussi, de temps à autre, sa part dans mes satisfactions; à une noce de village, par exemple, quand le marié venait me chercher pour ouvrir le bal; à la messe du 15 août, quand j'allais, au côté de Marianne, un grand cierge à la main, lui droit et moi droite, offrir le pain bénit tout enru banné, avec sa brioche parochiale; mais ces excitations à la vanité venaient rarement; d'ailleurs la vanité n'avait en moi que de faibles germes, et ces germes ne se développèrent point dans la maison maternelle où régnait, malgré la condition de mes parents, une simplicité de mœurs parfaite. — Quand arrivaient les mauvais temps et qu'il n'y avait pas moyen de sortir, je me sentais bien privée, bien seule à la maison, ma mère n'y admettant pas volontiers mes bêtes, et n'y tolérant qu'à demi mes chers petits rustres. Ceux-ci, de leur côté, se sentaient gênés dans nos salons, sur les parquets glissants, sur les fauteuils aux blanches housses de basin où se marquait l'empreinte de leurs mains terreuses. Heureusement, dans ma solitude, il me vint une inspiration : j'eus l'idée d'embellir ma prison — un salon, pour un enfant, c'est une prison — par la représentation des champs, des prés, des bois, des jardins, d'où je me voyais bannie; par la création de campagnes imaginaires, que je disposerais selon mon plaisir. Ce fut un trait de génie. Sur une table en bois de sapin, qui ne servait à rien d'autre, j'étendis une couche de terre argileuse, rapportée à cette intention de ma chère allée souterraine. Avec un couteau de bois, je traçai sur toute la surface ainsi enduite le plan improvisé de mes plantations; de frêles tiges d'arbustes, houx, genévriers, épines, figurèrent dans mes compositions les forêts; des épaisseurs de terre et des cailloux me donnèrent à l'horizon les montagnes ; avec de beaux coquillages rapportés de La Martinique par un chevalier de Lonlay, qui habitait tout auprès de nous le château des Belles-Ruries, je formai des grottes profondes que je tapissai de mousses et de lichens ; un morceau de miroir, irrégulièrement brisé, devint un lac limpide ; de petits sentiers sablés serpentèrent agréablement au travers de ces campagnes. La complaisance de mon père sourit à mes inventions. Il voulut s'y associer. Comme il était très-adroit de ses mains, il découpa pour moi dans le liége et le carton, il peignit avec un soin minutieux des *fabriques* de tout genre, qui rehaussèrent mon paysage. Nous y plaçâmes, dans la forêt, l'ermitage ; au bord du lac, la cabane du pêcheur ; sur les hauteurs, le château qui, moyennant certains artifices, s'illuminait tout à coup le soir, et montrait à son balcon un large transparent fleurdelysé où se lisait en gros caractères le cri du loyal châtelain : Vive le roi ! — De proche en proche, mes ambitions montant toujours, il fallut faire venir de Nuremberg de grandes boîtes à jouets, toutes remplies de personnages et d'animaux forestiers, qui, répandus çà et là dans les parties sauvages de mes campagnes, leur donnaient un aspect plus sauvage encore. Puis, je voulus des cygnes, des bateaux sur mes lacs ; de belles dames en cavalcades par les chemins· et quand j'eus réalisé ce rêve, je me consi-

dérai moi-même et mon œuvre d'un tout autre œil.
J'eus les éblouissements de la création poétique. Le
souvenir m'en est présent comme si c'était hier. Je fus
véritablement *ravie*, du ravissement de l'artiste, quand
il croit avoir exprimé son idéal. Quoi d'étonnant?
N'avais-je pas dès lors, pour mes perspectives, pour
mes ombrages, pour mes grottes en rocailles, pour
mes *rustiques figulines*, un idéal, tout aussi bien que
Bernard Palissy ou notre grand Lenôtre!

Cependant mon éducation commençait. Ma mère et
ma bonne allemande, qui me parlaient toujours dans
leur langue, me faisaient lire des contes de Grimm,
réciter de mémoire des fables de Gellert ou des monologues de Schiller. Sur un piano de Vienne, j'apprenais les notes de la gamme dans les sonates de
Haydn ou de Mozart. On m'expliquait dans l'*Orbis pictus*, si cher aux enfants allemands, les merveilles du
Cosmos. Et ainsi, de plus en plus, sous l'influence
maternelle, j'aurais été me germanisant, ce qui, avec
mes yeux bleus, mes cheveux blonds, mon air rêveur
n'aurait pas eu de quoi surprendre, si mon père n'y
eût mis bon ordre en me retenant de son bord. Mon
père n'avait, quant à lui, rien gardé de sa l g⁹
émigration, qu'une pointe de persiflage à l'endroit
des Allemands. Il était d'un naturel tout gaulois : ni
rêverie, ni exaltation, ni métaphysique, ni musique.
De dévotion, moins encore : ce n'était pas alors le

fait d'un gentilhomme. Ses auteurs étaient Horace, Ovide, Rabelais, Montaigne, La Fontaine, par-dessus tout Voltaire. C'est de ces ouvrages, païens ou profanes, en choisissant les morceaux, et jamais des Écritures saintes, que mon père tirait pour moi ses dictées. C'est en écrivant les histoires de la mythologie que je me formai la main. Je connus l'enlèvement de Proserpine bien avant l'annonciation de la Vierge Marie ; et j'ignorais encore la crèche et l'Enfant Jésus, que déjà j'admirais le berceau prodigieux du petit Hercule. Ainsi, au plus loin que remonte ma mémoire, je me vois, ce que je suis restée toute ma vie : à la fois Allemande et Française par le sang, par la nourriture du corps et de l'esprit ; sensible aux beautés de Schiller et de Mozart comme à celles de Molière et de Voltaire : de telle sorte que je n'ai jamais su bien démêler vers quel côté j'inclinais le plus [1] ; et que, en y regardant de près, je ne me suis jamais sentie, à bien dire, ni Française ni Allemande entièrement ; mais comme à part, isolée, un peu étrangère, aussi bien dans le pays où j'ai vu le jour que dans celui où la destinée m'a fait vivre ; je devrais ajouter, pour être sincère, étrangère aussi un peu, en mainte occasion, à moi-même et à ceux qui m'ont aimée.

[1]. La guerre en 1870 me jeta hors d'incertitude, en me faisant sentir, à l'intensité de mes angoisses, combien m'était chère, au-dessus de tout, la patrie française.

(*Note écrite en* 1872.)

J'ai dit qu'il n'y avait eu dans mon enfance aucune contrainte. J'en oubliais deux, passagères il est vrai, mais vivement ressenties parce qu'elles faisaient contraste avec ma liberté habituelle. Je demande encore un peu d'indulgence pour ces récits puérils où je sens que je me complais trop; ils vont finir; ce qui me reste à dire est très-court.

A l'époque dont je parle, de 1809 à 1815, la plus petite distance, même franchie en poste, constituait ce qu'on appelait un voyage. On en délibérait, on s'y apprêtait de longue main. La vieille duchesse douairière de Montmorency, lorsqu'elle se rendait, pour y passer l'été, à sa maison d'Auteuil, se commandait pour la route un habit de nankin. — Qu'on s'imagine ce que devait être l'éloignement de Paris à Monnaie, soixante lieues! Longtemps à l'avance on discutait en famille le jour du départ. Les préparatifs ne duraient pas moins de quinze jours. On partageait en deux ce grand trajet. On s'arrêtait à mi-chemin, à Chartres, pour y passer la nuit dans une affreuse auberge, où l'on soupait d'un fricandeau à l'oseille réchauffé, et servi par la plus malpropre des maritornes. Ce grand déplacement, les emballages e e déballages qui suspendaient pour un temps l'habitude, n'avaient rien qui me déplût, au contraire. Rien de plus gai d'ailleurs que la façon de voyager des gens riches avant l'invention des chemins de fer.

On commandait chez soi, à son heure, les chevaux de poste ; on s'installait dans une bonne berline disposée pour y dormir la nuit au besoin ; on y avait de la lumière pour le soir, avec tout ce qu'il fallait pour prendre ses repas. Des *guides* — c'est ainsi que s'appelait le *pourboire* des postillons — portés de quelques sous au-dessus de la taxe réglementaire, mettaient tout l'attelage en belle humeur ; on partait au galop ; les fouets claquaient, les grelots sonnaient ; les parements écarlates, les boutons de cuivre des postillons reluisaient à merveille. Mais il y avait un revers à cette joie : au-dessous de l'âge de sept ans, les enfants ne payaient point, ou du moins ils ne payaient que demi-place ; on était fort économe alors dans les bonnes maisons, et *chiper* l'État paraissait aux plus grands seigneurs une gentillesse. Or, donc, lorsque j'eus dépassé l'âge des exemptions, on pensa qu'il serait de bonne prise de gagner un an ou deux sur le règlement, et, pour me dissimuler, à chaque relais, aux regards inquisitifs du maître de poste, on me pelotonnait, on m'enfouissait dans les coussins, on me faisait feindre de dormir ; on s'ingéniait à me rapetisser ; j'étais à la torture. On conviendra que c'était là une grotesque économie dans le budget d'une maison où la fortune se comptait par millions, et dont les possesseurs n'étaient aucunement avares. Je dis le fait dans son incroyable vérité. J'ai lieu de croire qu'il était assez général, et que bien des enfants de ma génération auront souffert comme moi dans leur amour-propre, dans leur franchise et dans leur liberté, pour paraître plus petits que leur âge et frauder ainsi, peu ou prou, l'administration royale des postes !

L'autre contrainte qu'il me reste à raconter n'avait pas pour but de dissimuler ma taille, loin de là. Il s'agissait de la diriger en hauteur, et de prévenir les déviations qu'une croissance très-rapide et une extrême délicatesse des muscles et des os pouvaient faire craindre. Je croissais, comme on dit, à vue d'œil, et mon cou semblait croître plus vite que tout le reste. Long et frêle, il avait peine apparemment à porter ma tête; il ployait sous le poids de ma chevelure extraordinairement touffue. Bientôt l'on s'aperçut que mon front penché en avant faisait creuser la poitrine et s'arrondir les épaules. On prit peur. Je ne sais quel charlatan venait d'inventer une mécanique à seule fin de forcer à se tenir droit les petites filles. Il s'en menait grand bruit; on m'en affubla. Heureusement pour ma taille, cette mécanique était inoffensive; heureusement pour mon amour-propre, elle avait un aspect gracieux et portait un joli nom : on l'appelait *une Minerve*. C'était une longue tige d'acier, recourbée en manière de casque, qui suivait par derrière le galbe de la tête, se rattachant à la taille, sur le front et sous le menton, par une ceinture et des bandelettes en velours. On n'y pouvait bouger que tout d'une pièce, et la tête, maintenue de face, ne se tournait qu'ensemble avec les épaules. C'était un charmant petit supplice. Je m'y accoutumai vite néanmoins, par docilité de nature et aussi parce qu'à force d'entendre célébrer le bel effet de ce casque de Pallas à mon front d'ivoire, et de ces bandelettes de velours noir sur ma chevelure d'or, j'avais fini par m'y croire un air de conquête. Mais la chose tourna tout autrement. Elle faillit avoir des conséquences bien diverses de celles que j'imaginais, et des effets tout opposés à ce qu'en attendaient mes bons parents. La *Minerve* mit ma vie en danger, et peu s'en fallut qu'elle ne me laissât défigurée; voici ce qui arriva :

Un jour que je faisais à moi toute seule, ma mère étant au piano, qui jouait des *Ländler* de Vienne, un tour de valse dans le salon, je glissai en passant auprès de la cheminée. Embarrassée comme je l'étais dans ma *Minerve* qui m'empêcha de reprendre l'équilibre, je tombai, la tête la première, sur les chenets. Par bonheur, c'était l'été, il n'y avait point de feu. Mais les trois pointes aiguës des chenets m'entrèrent dans la joue si avant, ils y firent une plaie si profonde, que j'en porte encore à cette heure la cicatrice. A partir de ce jour, la *Minerve* me fut ôtée; mais je ne crois pas que mes parents en aient conclu qu'on pouvait avoir eu tort de me la mettre.

Alfieri, dans ses *Mémoires*, raconte un accident tout semblable qui lui arriva en faisant avec son frère, auprès d'une cheminée, l'exercice à la Prussienne; et, de même que moi, il en resta balafré.

Si je rapporte ici ces deux accidents, ce n'est pas, je prie qu'on m'en croie, pour le plaisir de m'égaler à un immortel; c'est dans l'espoir de faire sortir de là une petite moralité à l'usage des mères de famille : n'avoir point de chenets pointus dans ses foyers, et ne pas mettre à la gêne, fût-ce dans une *Minerve*, les libres mouvements de l'enfance.

Cependant, un grand événement, un coup d'éclat de l'histoire, allait avoir son contre-coup dans ma petite existence.

Le retour des Bourbons n'y avait point apporté de changements. J'entendis beaucoup parler chez nous de l'*usurpateur* et des rois légitimes. On planta beaucoup de lis dans notre jardin. Je vis l'*ordre du lys* à la boutonnière de plusieurs petits garçons de notre voisinage. On me faisait lever à la messe pour le *Domine salvum fac regem*, tandis qu'auparavant nous restions obstinément assis pendant le *Domine salvum fac imperatorem*. C'était là tout, et c'est à peine si je m'étais aperçue dans notre vie du Mortier que la France avait changé de régime. Il n'en fut pas de même un an après. Le départ et le retour des Bourbons eurent alors pour moi de sérieuses conséquences, comme on va voir.

On entrait dans le mois de mars de l'année 1815. Nous étions à Paris. Depuis quelques jours je voyais autour de moi les visages changer; j'entendais entre mon père et ses amis des chuchotements; il venait chez nous des gens que je n'y avais jamais vus auparavant; on me renvoyait alors du salon. Un matin, le cocher tira de la remise la voiture de voyage; on en fit monter les caissons. La femme de chambre y emballa beaucoup de hardes, tout cela très à la hâte et comme avec un air de mystère. Je n'osais rien demander, tant on me paraissait grave. Le lendemain, au dîner, j'appris que mon père était parti; pour où? on ne le disait point; je pris peur et je me cachai pour pleurer. Tout à coup, vers l'heure où d'ordinaire on m'envoyait dormir, j'entends un bruit de grelots dans la cour; le chasseur vient avertir que les chevaux de poste sont là. On m'enveloppe d'un manteau fourré; on me porte dans la berline où ma mère et mon frère étaient déjà. On m'assied entre eux deux. Pendant la route, j'apprends que nous allons à Francfort, chez ma grand'mère. Le soir du septième jour (nous avions couché trois fois pendant le trajet), nous arrivions; et je montais l'escalier, étranger pour moi, de la maison Bethmann, étourdie par les éclats de voix germaniques, par les embrassements confus d'une multitude de tantes et de cousines que je ne connaissais pas; le cœur gros, les yeux pleins de larmes, pensant à notre chère maison du Mortier et à mon père.

On devine à quoi se rapporte tout ceci. Bonaparte avait débarqué au golfe Juan le 1ᵉʳ mars. Dans l'espoir d'arrêter sa marche rapide, le comte d'Artois partait pour Lyon le 6. Le lendemain, le duc de Bourbon se dirigeait vers les provinces de l'ouest, où il allait tenter d'opérer un mouvement. Mon père, qui se disposait à le suivre, sans augurer trop bien de la campagne, avait voulu, quoi qu'il arrivât, nous savoir en sûreté hors de France. Et c'est ainsi que Napoléon Bonaparte, en venant soudain ressaisir sa couronne impériale, en jetant par tout le monde le trouble et l'effroi, jetait du même coup, dans la paix de mon enfance, une première perturbation. Son épée conquérante, qui menaçait l'Europe, tranchait sans le savoir, dans l'ombre de mon existence, les premiers liens de l'habitude qui me rattachaient encore au berceau; elle me tirait brusquement de ce premier rêve doré du matin, commencé par l'enfant dans la nuit du sein maternel.

IV

La famille Bethmann. — *La vieille dame.* — L'oncle. — Le *Basler-hof* et le *Vogel Strauss.* — *L'Ariane.* — Une présentation de madame de Staël. — Le tricot de ma grand'mère. — La tante Hollweg. — Un bas-relief de Thorwaldsen. — Suis-je catholique?

La famille maternelle, où nous recevions un accueil empressé, était nombreuse. Elle avait pour chef la veuve de mon aïeul Johann Philipp, Catherine Schaaf, citoyenne du canton de Bâle, vénérable octogénaire, dont la figure et l'aspect se gravèrent tout d'abord, pour ne plus s'en effacer, dans ma mémoire.

Grande, avec beaucoup d'embonpoint, o e et grave, tout son maintien avait un air de domination tranquille qui s'imposait. Une opération mal réussie de la cataracte l'avait frappée d'une cécité incurable, mais elle n'avait pas pris l'expression hésitante et comme demandant secours que j'ai vue à la plupart des aveugles, tout au contraire. Du fond de leurs ténèbres, ses yeux clos commandaient plus souverainement que s'ils eussent été ouverts. Son caractère entier, sa volonté inflexible se marquaient dans tous ses traits, avec la fixité sculpturale qu'a donnée au masque sans regard des dieux et des héros le ciseau antique.

Mon aïeule se vêtait majestueusement d'amples robes de velours en hiver, de tissus blancs en été; ses beaux bras demi-nus ornés de perles fines; à son cou, l'image de son mari dans un médaillon entouré de brillants énormes, dont les feux suppléaient en quelque sorte le rayon éteint dans ses orbites. Assise au haut bout de la table qu'elle présidait avec dignité, au salon, sur un fauteuil en manière de trône, elle recevait, comme lui étant dus, sans y paraître sensible, les respects de trois générations. Son fils Moritz avait seul le privilége d'éclairer d'un sourire l'impassible sévérité de son visage. Sans cacher sa prédilection, sans craindre d'inquiéter l'amour de ses filles, elle avait pour ce fils unique une vivacité d'accueil, une passion de curiosité, un accent de déférence qui contrastaient de la manière la plus frappante avec son égale froideur envers tous ses autres enfants. Elle semblait ne compter dans ses journées que les moments rares et courts que ce fils respectueux, mais distrait par les affaires, prenait, pour les lui donner, au train du monde. Elle connaissait le bruit imperceptible que faisait, en glissant sur l'épais tapis de Turquie, la porte du salon quand c'était lui qui l'ouvrait. Au plus vif de l'entretien, elle prévoyait l'instant où il allait prendre congé d'elle, et son front s'en attristait soudain. Enfin, depuis que son mari avait cessé de vivre, *la vieille dame de Bethmann, die alte Frau von Bethmann*, c'est ainsi qu'on l'appelait dans Francfort, rapportait à son fils tout son orgueil et ce culte de la maison, oublié de nos jours, que j'ai vu autour de moi religieusement observé, vivant encore dans le vieux sang de la noblesse française et dans le sang, noble à sa manière, de la vieille bourgeoisie germanique.

Par bonheur, l'enfant des prédilections de mon aïeule n'abusa jamais, ce qui lui eût été facile, de son ascendant. Mon oncle Moritz était une nature généreuse, un caractère ouvert et joyeux, qui voulait partout le contentement. Incapable de nuire, empressé à servir, en bon, en véritable aîné qu'il était, les intérêts de ses frères et de ses neveux, il s'employait incessamment à pallier les torts, à prévenir les froissements, à conseiller l'indulgence. Possédant à la fois le génie des affaires et les dons les plus brillants de l'homme du monde, *l'oncle*, on ne le nommait pas autrement dans la famille, ajoutait au pouvoir des richesses qui s'accroissaient chaque jour entre ses mains la séduction d'un esprit charmant, d'une fine galanterie, d'une libéralité et d'une belle humeur qui lui valaient ensemble la faveur des salons et les sympathies populaires. Les circonstances aussi le servaient. Pendant les guerres de l'Empire, les souverains de l'Allemagne avaient eu recours à son crédit; il leur avait fait des avances considérables. Au congrès de Vienne, l'empereur d'Autriche lui avait donné rang dans sa noblesse; l'empereur Alexandre, qui avait voulu être parrain d'un de ses fils, avait nommé *Moritz von Bethmann* son conseiller d'État et son consul général dans la ville de Francfort. Le train de maison de mon oncle n'était pas d'un particulier, mais d'un prince, sans faste néanmoins, sans ostentation, magnifique avec simplicité. Bien qu'il habitât, par esprit de tradition, dans une des plus vieilles rues de la ville, la *Buchgasse*, la vieille maison en bois appelée le *Baslerhof*[1], maison de triste apparence et de

---

1. Un usage du moyen âge allemand donnait un nom, un emblème, une légende aux maisons que l'on bâtissait. La maison du *Baslerhof* (cour de Bâle), doit avoir pris son nom du berceau de mon aïeule. Attenant au *Baslerhof* et en faisant partie, était la petite maison surnommée le *Vogelstrauss* (l'autruche), que j'ai habitée avec ma mère, et où je voyais encore l'an passé (1865), non sans émotion, sur la façade extérieure, la vieille image peinte, fort injuriée du temps, mais entière néanmoins, grave et pensive, de l'oiseau du désert.

distributions surannées, mon oncle y recevait avec grandeur la plus grande compagnie européenne [1].

Il avait exigé de sa mère qu'elle eût une véritable suite : dames de compagnie [2], demoiselles de service, lecteur, médecin et chapelain, rien n'y manquait, avec une voiture toujours attelée dans la cour, en cas qu'elle voulût inopinément sortir ou faire ramener chez lui quelqu'un de ses hôtes. On donnait au *Baslerhof* de grands repas, dîners, goûters, soupers sans fin. Les vins du Rhin, les faisans de la Bohême, où ma grand'mère possédait des domaines seigneuriaux, les primeurs de ses serres, les mets exquis apprêtés par des cuisiniers français de premier talent, y flattaient le

[1]. Cette compagnie se composait alors des souverains de passage à Francfort, de leurs représentants à la Diète, de princes médiatisés et non médiatisés, de maréchaux illustres par le gain ou la perte de batailles épiques. On y voyait le prince Primat, le duc de Dalberg, le prince de Metternich, le prince de Hardenberg, le prince Worontzow, le comte de Tettenborn, les Humboldt, Frédéric Schlegel, la vieille comtesse de Stolberg, mère de la princesse d'Albany, la princesse de Vaudémont, la comtesse de Custine, la comtesse de Pappenheim, et les plus riches familles francfortoises : les Brentano, les Guaita, les Schlosser, les Metzler, les Gontard, les Jassoy, etc.

[2]. La première dame de compagnie de ma grand'mère n'était rien de moins que la veuve d'un échevin de Francfort. La bonne dame, économe et prévoyante, profitait, au dessert, de la cécité de ma grand'mère pour fourrer dans ses larges poches toute une provision de biscuits, de macarons, de pains d'épices, etc. Nous autres enfants, nous nous divertissions fort à la prendre en flagrant délit et à la déconcerter par nos rires, dans ses entreprises.

goût raffiné des vieux diplomates du *Bundestag*. A tout cet éclat d'opulence, la jeune femme de mon oncle, la Hollandaise Louise Boode, qu'il avait épousée par amour, un peu contre le gré de ma grand'mère, était venue ajouter l'éclat naturel d'une merveilleuse beauté. Les lettres, les arts, les sciences étaient conviés aussi à rehausser les splendeurs de la maison. L'*oncle* apportait dans son négoce les façons d'un Médicis. Dans les jardins anglais, plantés par la ville sur les anciens glacis des fortifications abattues, il avait fait construire, en l'honneur de l'*Ariane*, sculptée pour lui par Dannecker [1], un petit temple ou musée où il avait réuni, pour l'enseignement des jeunes artistes, une collection de moulages d'après l'antique [2]. On faisait

1. Dans l'année 1809. J. H. Dannecker, né en Wurtemberg le 15 octobre 1758, élève de Pajou et de Canova, professeur à la Karls-Académie, mort en 1814, après avoir exécuté un grand nombre de statues et de bustes qui lui valurent en son temps une célébrité presque égale à celle de Thorwaldsen. Il avait été l'ami de Schiller, de Herder, de Goethe. Dans une lettre à Meyer, 1797, l'auteur de Faust lui rend ce témoignage : « Professor Dannecker ist als Künstler und Mensch eine herrliche Natur und würde, in einem reichern Kunstelement, noch mehr leisten als hier (Stuttgart) wo er viel aus sich selbst nehmen muss. » (*Lettre à Meyer*, 1797.)

2. Goethe, à qui rien n'échappait de ce qui pouvait servir les arts et honorer ses concitoyens, parle ainsi de l'activité bienfaisante et éclairée de Moritz von Bethmann : « So steht schon jetzt eine Sammlung von Gypsabgüssen antiker Statuen in dem Garten des herrn von Bethmann. Und was lässt sich nicht von einem Manne erwarten dessen Neigung und Thätigkeit durch ein

chez lui des lectures d'ouvrages nouveaux qui méritaient l'attention. On donnait des concerts, où la reine du chant, Catalani, se plaisait à lutter, de son gosier d'oiseau, avec les archets les plus fameux, dans les *variations de Rode*. On représentait des *tableaux* où la beauté de ma tante défiait le génie des maîtres anciens. Jamais artiste ou écrivain, allemand ou étranger, jamais talent, quel qu'il fût, ne traversait Francfort sans recevoir au *Baslerhof* une large hospitalité. Madame d'Arnim raconte dans ses *Lettres d'un enfant* une lecture de *Delphine*, dans les salons de Moritz, à laquelle elle assiste en enfant gâté qu'elle est, faisant avec son mouchoir de poche des marionnettes qui distraient le grave auditoire; *attendu*, écrit-elle à Goethe, *que le fameux roman de la Staël est la chose la plus absurde qu'elle ait jamais ouïe*. Du même ton et d'une pointe de jalousie, l'*Enfant* raconte ailleurs l'entrevue, au *Baslerhof*, de *Frau Rath*, la mère de Goethe, avec l'illustre fille de Necker. Bettina appelle ironiquement cette rencontre une *grande catastrophe*. S'adressant à l'auteur de *Faust*, elle lui décrit, d'un crayon espiègle, l'abordage des deux puissances féminines. Je ne résiste pas au désir de reproduire ici ce passage de la *Correspondance avec Goethe*, tant je le trouve caractéristique,

so grosses Vermögen in lebhafter Bewegung erhalten ist. »
Aus einer Reise am Rhein, Main und Neckar, in den Jahren 1814-1815.

tant il fait bien voir le milieu, le cercle, la maison où, sept années après, j'étais, moi aussi, transportée par une grande, par une véritable catastrophe. La lettre de *Bettina* est datée du 7 août 1808. « Ta mère, écrit-elle à Goethe, s'était parée à miracle. Elle portait sur l'édifice de sa coiffure trois plumes d'autruche, une bleue, une rouge, une blanche, les trois couleurs nationales du peuple français, qui se balançaient dans trois directions diverses. Elle était fardée avec art; ses grands yeux noirs tiraient le canon; à son cou, s'enroulait la fameuse chaîne d'or, présent de la reine de Prusse; des dentelles antiques et magnifiques, un vrai trésor de famille, couvraient sa poitrine. De l'une de ses mains, gantée de blanc, elle tenait un éventail considérable avec lequel elle mettait l'air en mouvement; de son autre main, de ses doigts où brillaient des anneaux de pierreries, elle prenait de temps en temps sa prise dans une tabatière d'or enrichie d'une miniature où tu figures, les cheveux pendants, bouclés et poudrés, la tête pensive, appuyée sur ta main. Dans la chambre à coucher de Moritz von Bethmann, sur le tapis de pourpre où se dessine, dans un médaillon blanc, un léopard, la compagnie des dames âgées et titrées, formait, en grand gala, un demi-cercle imposant. De belles plantes de l'Inde, aux tiges élancées, montaient le long des panneaux vers le plafond. La chambre était éclairée par la lumière mate de lampes aux globes dépolis. Faisant face au demi-cercle, se dressait sur son estrade, entre deux hauts candélabres, le lit aux rideaux de pourpre. Je dis à ta mère : « Madame de Staël va croire qu'elle comparaît devant la cour d'amour, car ce lit semble véritablement le trône de Vénus. » Enfin, tout au bout d'une suite de salons illuminés, apparut à nos yeux *la longuement attendue, die Langerwartete!* Elle était accompagnée de Benjamin Constant, ajustée en Corinne : sur sa tête, le turban de soie aurore ou orangé, la tunique de même couleur; la ceinture nouée très-haut et de telle façon que son cœur devait être fort mal à l'aise; ses yeux et ses cils noirs brillaient, ses lèvres aussi, d'un rouge mystique; son gant, descendu jusqu'au poignet, ne couvrait que la main, qui tenait, comme d'habitude, la fameuse branche de laurier. Comme la chambre où on l'attendait est plus basse que les salons, il lui fallut descendre quatre marches. Malheureusement, au lieu de rassembler par derrière les plis de sa jupe, elle les retroussa par devant, ce qui fut un terrible accroc dans la solennité de la réception. Rien de plus comique, en effet, que le moment où l'immense personne, accoutrée à l'orientale, fondit tout à coup sur la vertueuse et roide assemblée des dames francfortoises. Ta mère me jeta un regard plein de vaillance, dans l'instant qu'on les présentait l'une à l'autre. Je me tenais à l'écart pour bien observer la scène. Je remarquai l'étonnement de la Staël à la vue du costume bizarre et du maintien de ta mère, dont l'orgueil s'enflait à vue d'œil.

« De sa main gauche elle étalait les plis de sa robe; avec la droite elle saluait de l'éventail et s'inclinait à plusieurs reprises d'un air de condescendance. Elle dit bien haut, en français, de manière à être entendue de tout le cercle : *Je suis la mère de Goethe.* — « Ah! je suis charmée... dit la femme de lettres », et tout retomba dans un silence solennel. Puis vint la présentation de la suite des gens d'esprit, curieuse, elle aussi, de connaître la mère de Goethe. »

Le goût qu'avait mon oncle pour les arts était partagé par sa sœur aînée, Suzanne Elisabeth, veuve de Jean-Jacques *Hollweg* qui avait été longtemps associé de la maison Bethmann et qui laissait une fortune considérable. Ma tante Hollweg, *die Hollwegin*, comme l'appelait sa mère, avait longtemps demeuré en Italie. Elle avait fréquenté à Rome l'atelier de Thorwaldsen, qui fit pour elle des bustes et des bas-reliefs [1]. Elle possédait quelques tableaux, et son ju-

---

1. Plusieurs de ces bas-reliefs se voient dans le caveau funéraire de la famille Bethmann au cimetière nouveau de Francfort. L'un d'eux représente les derniers moments du jeune Philippe Hollweg, mort victime de son humanité. S'étant jeté dans les eaux de l'Arno par un très-grand froid pour sauver un enfant qui se noyait, Philippe Hollweg en sortit saisi d'un frisson mortel; la fièvre ne le quitta plus; les poumons se prirent; il expira à la

gement en matière d'art faisait autorité dans la famille. Plus riche et plus constamment présente, restée plus parfaitement francfortoise et bourgeoise que ses autres sœurs, dont la plus jeune avait, comme ma mère, épousé un gentilhomme, le baron de Mettingh, avec lequel elle habitait Munich et fréquentait la cour, ma tante Hollweg était, après l'*oncle*, le personnage important du cercle de famille. On y voyait, autour d'elle, ses deux filles, mesdames Grunelius et de Saint-George, avec leurs enfants, et, de loin en loin, son fils, Auguste Hollweg, jurisconsulte distingué, élève de Savigny, qui, plus tard, devint possesseur du beau château de Rheineck sur les bords du Rhin, curateur de l'université de Bonn, député aux premiers États-Généraux de Prusse, conseiller d'État et ministre des cultes sous le règne du roi Guillaume IV [1].

fleur de l'âge, inconnu encore de tous, et pleuré seulement de sa mère. Mais l'amour maternel et le génie de l'art ont conjuré l'oubli sur sa tombe. Le nom de l'adolescent généreux et le noble élan de son cœur sont perpétués à jamais dans le marbre impérissable. Le bas-relief de Thorwaldsen, bien qu'il ne représente qu'une scène de famille, ne manque pas de grandeur. On y voit la mère de Philippe, au moment où elle vient d'apprendre la fatale nouvelle, affaissée, éplorée, soutenue par ses deux filles. Le fleuve *Arno*, personnifié dans le bas-relief, à la manière de la Renaissance, sous les traits d'un vieillard à la longue barbe, appuyé sur sa rame, et couronné de roseaux, est une des œuvres les plus fines du ciseau de Thorwaldsen.

1. On a de lui des ouvrages estimés, entre autres : *Gerichtsverfassung und Process des sinkenden römischen Reichs*. 1834. *Ursprung der lombardischen Stædtefreiheit*. 1846.

Mais je reviens à mes premiers étonnements, au *Baslerhof.* Tout y était vraiment magnifique, et bien fait pour éblouir les yeux d'un enfant accoutumé aux simplicités de la vieille noblesse française et aux mœurs campagnardes d'un gentilhomme chasseur; mais je n'étais pas d'un tempérament facile à éblouir, et dès lors, tout enfant que j'étais, il me paraissait déjà très-simple, et comme indifférent d'habiter un palais ou une mansarde, d'être nourrie d'ortolans ou de pain bis, n'y regardant que la compagnie et le contentement du cœur. Plus tard, même après expérience faite des divers états de la fortune, la vie opulente ayant été pour moi toujours la vie ennuyée, j'ai eu beaucoup de peine à ne pas confondre ces deux notions : tristesse et richesse; d'où il est résulté chez moi un détachement des biens extérieurs, assez rare, je crois, toujours, mais à peu près introuvable chez les personnes de mon temps et de mon sexe.

Je sentais aussi confusément dans les réunions de famille du *Baslerhof,* et jusque dans les caresses qu'on nous y faisait, à ma mère, à mon frère et à moi, je ne sais quoi d'indéfinissable, qui nous laissait étrangers. Ma grand'mère n'avait pas encore pardonné, après vingt ans, la hardiesse de sa fille à lui désobéir pour épouser mon père. Son orgueil bourgeois s'irritait à la pensée des fiertés aristocratiques qu'elle nous supposait à tous trois. Ce titre de comtesse donné à sa fille, en sa présence, l'offusquait; et lorsque ses gens, parlant de moi, me désignaient, selon l'usage allemand, sous le nom de *petite comtesse*, *kleine Gräfin*, elle souriait d'un sourire sarcastique qui me déplaisait fort et que je ne m'expliquais pas du tout[1].

Mon oncle Bethmann était, pour ses sœurs et pour leurs enfants, toujours aimable, et je lui entendais dire, à l'occasion, sur mon joli visage, des choses qui ne me déplaisaient pas; mais sa vivacité extrême effarouchait ma timidité, et d'ailleurs il ne faisait que des apparitions dans le cercle de famille. Quant à ma tante Hollweg, qui ne m'adressait jamais la parole, quant à mes cousins et cousines, que je distinguais à peine les uns des autres, tant la discipline de la maison les faisait pareils dans le silence, j'éprouvais à leur égard plus d'éloignement que d'attrait. Comme aussi je

---

[1]. J'ai compris plus tard ce sourire de ma grand'mère en retrouvant dans la bourgeoisie française exactement les mêmes préventions, avec cette malehumeur envieuse qui lui fait attacher aux titres de noblesse une importance que ces titres n'ont jamais eue aux yeux des gentilshommes. En France, autrefois, on ne considérait comme *titrés* que les ducs, et cela parce qu'ils avaient, à la cour, des préséances. Jamais, avant certaines fréquentations et certains incidents que je raconterai plus loin, parce qu'ils m'ont paru du meilleur comique, je n'aurais imaginé que, dans notre pays d'égalité, sous notre niveau démocratique, ce ne fût pas à tous les yeux chose indifférente d'être ou de n'être pas comte, vicomte, marquis, comtesse ou baronne.

parlais l'allemand des livres, avec un petit accent parisien dont se gaussaient ces jeunes Francfortois, comme je n'avais pas appris l'art du tricot et que je restais les mains vides, désœuvrée et décontenancée, dans le cercle tricotant de mes cousines, la station obligée, après les repas, dans le salon de ma grand'mère, devint pour moi une véritable disgrâce. Une mésaventure qui m'y arriva acheva de me faire prendre en grippe ce salon solennel. Un jour, au sortir de table, comme on venait de manger un excellent lièvre rôti dont on parlait encore, la *vieille dame de Bethmann*, ma mère ne se trouvant pas là, se tourna vers moi brusquement, pour savoir combien, à Paris, on aurait payé un tel lièvre. Qui fut en peine? ce fut moi. Je savais comment on chassait les lièvres, j'ignorais absolument combien on les payait. Je balbutiai; la vieille dame insista; je dis un chiffre en l'air, le cercle de mes cousines éclata de rire. Ma grand'mère fronça le sourcil. Par bonheur, on apportait le café à la crème, qui mit fin à la conversation et à mon ennui.

Une autre fois la chose fut de plus grande conséquence. Je ne sais trop comment, me trouvant seule au salon avec ma grand'mère, elle laissa tomber une maille du bas qu'elle tricotait; et, comme elle avait coutume de le faire avec sa dame de compagnie, elle me mit dans la main son tricot et ses aiguilles. Lui dire que je ne savais pas relever une maille et lui offrir d'appeler sa femme de chambre, c'était la seule chose à faire; mais cette chose si simple ne me vint pas à l'esprit, tant je l'avais troublé. Je tins le bas longtemps, le tournant dans mes doigts que glaçait la peur; un mouvement involontaire fit dégringoler maille sur maille. La *vieille dame*, me trouvant lente à l'ouvrage, s'impatientait. Cette fois, ce fut l'entrée de madame l'Echevine qui me sauva. Voyant le cas, elle fit diligence, dissimula, et répara ma bêtise; mais je me sentais humiliée profondément, et ma répugnance pour le redoutable salon de la redoutable grand'mère fut portée au comble.

A quelque temps de là, il s'y passa encore une scène consternante, et qui faillit devenir tragique. Mais avant de la raconter, il faut que j'en explique l'occasion et que je revienne en arrière.

A l'époque où ma mère, née dans la confession d'Augsbourg, épousa mon père né catholique, ni l'un ni l'autre ne songèrent, amoureux qu'ils étaient, à cette différence de cultes. Mon père, élevé par sa mère selon les habitudes d'esprit du xvm⁰ siècle, ma mère qui ne se préoccupait guère de dogmes, laissèrent, en se mariant, aux usages à régler quelle serait la religion des enfants à naître. Cela allait alors de soi : dans toutes les unions mixtes, les garçons suivaient le culte du père, les filles celui de la mère. Mes parents ne trouvaient là rien à reprendre; je fus baptisée à Francfort, selon le rite protestant; j'eus pour marraine la *vieille dame*, pour parrains mes deux oncles maternels : Moritz von Bethmann et Bethmann-Hollweg. Aussi longtemps que nous demeurâmes en Allemagne, il n'y eut pas lieu à délibérer sur la chose entendue. Mais lorsqu'on fut rentré en France, ma grand'mère paternelle, soucieuse des avantages de la famille, fit observer à son fils qu'il ne serait pas utile pour moi d'être instruite selon Luther dans un pays où tout le monde l'était selon Bossuet, et que d'aller au prêche quand nos princes allaient à la messe n'était pas chose bien avisée. Le fond même de la question, la vérité des dogmes, l'avancement de ma vie spirituelle, le salut de mon âme, la touchaient en ceci médiocrement, mais seulement les bienséances. Ma grand-mère était, comme on l'est généralement en France, très-*conformiste*. Faire comme tout le monde, c'était à ses yeux, *bien faire*; être comme tout le monde, c'était être sage et respectable. J'étais appelée à vivre et à m'établir dans une société catholique, disait-elle; pourquoi m'y ranger à l'avance dans l'exception, et dans l'exception défavorable? Combien le choix de mes parents, quand il faudrait me donner un mari, n'en serait-il pas restreint! A quels embarras on s'exposerait en me laissant protestante! L'argument parut sans réplique à mon père; ma mère s'y rendit; dans un de ses voyages à Paris, l'*oncle* dit : « Qu'à cela ne tienne ! » A la distance où l'on était de la *vieille dame de Bethmann*, on se croyait à l'abri de ses colères, ou plutôt on n'y pensa pas. Tout alla donc ainsi sans conteste ; la première communion où la chose devait se déclarer étant encore lointaine, on n'en parla plus ; et, quand je vins à Francfort, je ne me savais pas plus catholique ou protestante que je ne me sentais Allemande ou Française. Mais la bombe éclata, comme on va le voir. Mon aïeule, je crois l'avoir dit, était une huguenote d'ancienne roche, à cheval sur les saintes écritures et les confessions de foi. Soupçonnant, peut-être, la défection de sa fille, et craignant de sa part quelque feinte, elle dissimula de son côté jusqu'au jour où, seule avec moi et sa dame de compagnie, n'y pouvant plus tenir, elle s'attaqua vivement à ma candeur, et me fit à brûle-pourpoint cette interrogation inattendue : « *Du bist doch nicht Katholisch ? tu n'es pas catholique, j'espère ?...* » Je ne sais ce que je murmurai entre mes lèvres. « *Ich versteh dich nicht, je ne te comprends pas,* » reprit ma grand'mère, d'un ton impérieux. « *Die Katholiken hass ich, je hais les catholiques,* » ajouta-t-elle avec un accent foudroyant, et de l'air dont elle m'aurait donné sa malédiction. La dame de compagnie épouvantée se hâta, à tout hasard, d'affirmer que je n'étais pas catholique. Quant à moi, sans comprendre comment et pourquoi on devait *haïr les catholiques*, je sentis d'instinct qu'en ce moment la *vieille dame* s'attaquait à mon père, et je la pris décidément en aversion.

Cette scène, rapportée à ma mère, la jeta en grand effroi. Elle ne se sentait pas le courage de confesser la vérité. Il fallut que l'*oncle* intervînt. Ce qui fut dit entre lui et mon aïeule, je ne l'ai jamais su. Je n'entendis plus parler de rien. On ne me conduisit ni au prêche ni à la messe; et, à quelques jours de là, j'ignore si ce fut par suite de cet incident, on me mit dans un pensionnat de petites demoiselles.

V

La pension Engelmann. — Ma cousine *Cathau*. — Les galants. — La *simarre* cramoisie. — La bénédiction de Goethe.

Cet exil de la maison maternelle eût été pour moi, en France, dans mon existence joyeuse et libre auprès de mon père, une désolation. Ainsi, ce fut comme une délivrance. Je n'entrais pas seule d'ailleurs en pension. Une jeune sœur de ma tante Bethmann, Catherine ou Cathau Boode, y entrait avec moi.

Elle était plus âgée que moi de quatre années, très-rieuse, très-enfant encore au moral, mais très-précoce dans ses grâces physiques, très-remarquée déjà des jeunes gens, jolie et coquette à merveille.

C'était pour moi une compagne avenante, mais non, peut-être, telle que l'eût voulue une prudence entière

Quand nous venions ensemble, le dimanche, à la maison de campagne de ma grand'mère; quand notre maître de pension, M. Engelmann, faisait faire à ses élèves la promenade du tour des remparts, dans les bosquets fleuris; quand on nous conduisait au petit temple grec de l'*Ariane*; quand ma tante nous menait en calèche découverte à *Rodelheim*, à *Bockenheim*, au *Sandhof*, dans tous les riants alentours, les grands yeux noirs de ma cousine Cathau attiraient autour d'elle tout un essaim de galants. Ce qu'on lui disait, ce qu'elle répondait, je ne l'entendais qu'à moitié, et je ne le comprenais guère; mais je sentais vaguement qu'il y avait entre les personnes jeunes des deux sexes quelque chose de très-aimable et d'un peu secret qu'il m'eût été doux de connaître. Je surprenais des sourires, des regards qui ne me concernaient pas, mais qui me faisaient rougir. Les bouquets qu'apportaient à mon heureuse cousine de beaux cavaliers me semblaient bien plus gracieux et de plus délicieuse odeur que les fleurs coupées pour moi, de la main du jardinier, dans les plates-bandes de la *vieille dame*.

Un événement singulier qui se passa dans nos classes contribua à me troubler davantage. Quelques élèves qui touchaient à leur quinzième année se préparaient à la communion luthérienne. Un jeune professeur en théologie venait régulièrement leur donner l'instruction religieuse. Tout à coup, nous apprîmes qu'il était chassé de la maison. Nous vîmes ses élèves consternées. L'une d'entre elles, la plus jolie, pleurait; on murmurait qu'elle aussi, elle allait être renvoyée chez ses parents. M. Engelmann, très-sombre, lui lançait des regards farouches. Que s'était-il passé? Quelques-unes de nos compagnes en paraissaient instruites, mais elles se cachaient des autres pour en parler. Ma cousine Cathau, d'un air secret, me disait : « C'est un roman. » — Mais qu'était-ce qu'un roman?..

Bien qu'excitée à la vanité par tout ce que j'entendais dire à mes compagnes au sujet de ma noblesse et de l'opulence de mes parents, par mes succès aussi dans la classe, par les riches présents, fort au-dessus de mon âge, que me faisaient mon oncle et mon aïeule, je demeurai à la pension Engelmann ce que j'étais chez nous : modeste, et plus embarrassée que flattée de tout ce qui semblait faire de moi un objet d'envie. Je me souviens, par exemple, du vif déplaisir que me causa un présent magnifique de la *vieille dame*, à l'occasion des fêtes de Noël. C'était, je la vois encore, une pelisse ou *simarre* en velours cramoisi, bordée de fourrure. Rien de plus éclatant, rien de plus théâtral. Le *Pelz* rouge, à glands d'or, que portait la mère de Goethe, qu'elle admirait, flottant au vent sur l'épaule de son fils dans les évolutions du patinage, et dont un célèbre artiste de nos jours a voulu perpétuer le souvenir, devait ressembler beaucoup à ma simarre. Je me figure que ce goût des riches manteaux pouvait bien être à Francfort un souvenir du manteau impérial et de ceux que portaient les hauts dignitaires pendant les cérémonies du couronnément : souvenir d'enfance pour la plupart, qui, au dire de Goethe [1], considéraient cette époque du couronnement, quand ils y avaient participé ou seulement assisté, comme *le point culminant de leur existence;* souvenir ineffaçable qui se ravivait, de génération en génération, à chaque couronnement. Quoi qu'il en soit, ce vêtement à grand effet, qui attirait sur moi tous les yeux, loin de me rendre glorieuse, me fut un supplice moral cent fois plus difficile à supporter que la gêne matérielle de ma *Minerve*, et la première demande que j'adressai à ma mère, lorsque nous eûmes quitté Francfort, ce fut de me promettre que l'on ne me ferait plus jamais porter ma simarre.

On le voit, ce premier séjour en Allemagne ne marque dans ma mémoire que par des impressions vagues de refoulement et d'une sorte d'isolement mélancolique au milieu des bruits d'un pensionnat ou d'un cercle de parenté nombreux. Une seule chose me reste distincte : un souvenir auquel, toute ma vie, s'est attachée pour moi une sorte de superstition.

---

[1]. Kaulbach, dans sa jolie composition : *Goethe à Francfort.*

On en rira, je suppose ; mais n'importe. Je ne rougirai pas d'une superstition à laquelle je dois, peut-être, ce qu'il y a eu de meilleur et de plus haut dans ma vie morale.

J'ai parlé de la maison de campagne de ma grand'-mère. Cette maison, qu'habite aujourd'hui mon cousin Moritz von Bethmann, est située, hors des anciens remparts, en vue de la porte de Friedberg et du monument érigé par le roi de Prusse, Frédéric Guillaume II, à la mémoire des soldats hessois qui furent tués, le 2 décembre 1792, à l'assaut des murs de la ville, occupée alors par Custine. Spacieuse, avec un très-grand jardin, cette belle demeure était historiquement consacrée par le séjour qu'y fit l'empereur Napoléon, lors de la retraite de Leipzig. A l'issue du combat de Hanau, l'empereur et son état-major passèrent sous le toit de mon aïeule la nuit du 31 octobre 1813. Mon oncle Bethmann et le sénateur Guiolett, maire de la ville (le même dont il est question dans les lettres de Goethe, comme étant le créateur des jardins, *Anlagen*, plantés sur les glacis), allèrent à la rencontre de Napoléon, à la tête d'un détachement de cavalerie de la milice, contenant ainsi, de leur présence, les dispositions hostiles de la foule très-excitée contre les Français vaincus [1].

---

[1]. Goethe : *Kunstschätze am Rheim, Main und Neckar 1814-1815.*

C'est dans cette même maison que, trente-cinq ans plus tard, le 18 septembre 1848, fut apporté, expirant, le prince Félix Lichnowsky, massacré, avec le comte d'Auerswald, par une bande de paysans, dans un tumulte révolutionnaire [1].

Mais je ne savais rien alors, je ne pouvais rien prévoir de ces illustrations historiques de la maison maternelle. Je jouais sous les ombrages du jardin, je m'émerveillais à la vue de ses plantes tropicales et de ses jets d'eau; ce n'était pas toutefois sans soupirer en songeant combien étaient loin, et combien seraient pour moi plus charmants nos jardins du Mortier dont je n'osais parler à personne : mon allée *souterraine*, ma volière, nos basses-cours, nos vergers, et jusqu'au chenil de mon père.

Un dimanche du mois de septembre, comme je m'amusais au jardin avec de petites compagnes, nous vîmes venir vers nous, par une longue allée droite, un vieillard auquel toute la famille faisait cortége, et à qui l'on paraissait rendre de grands honneurs. Nous regardions de tous nos yeux : « C'est monsieur de

---

[1]. Le 27 juillet 1863, j'allai voir, au bras d'un étranger, dans cette maison où je suis devenue une étrangère, le masque du prince Lichnowsky, moulé après sa mort. Je l'avais connu plein de vie, au plus éclatant de ses aventures galantes et guerrières. Mon cœur se serra en songeant à la fin que prennent si vite les ambitions, les présomptions, les erreurs et les retentissements de la plus brillante jeunesse.

Goethe, *Es ist der herr von Goethe,* » s'écria ma cousine Cathau ; presque au même moment, je m'entendais appeler. J'aurais voulu m'enfuir, mais il n'y avait plus moyen : on était déjà trop près de nous. Il fallait m'avancer vers ce cortége imposant. Comme j'approchais : « C'est ma petite nièce Flavigny, » dit l'oncle Bethmann à monsieur de Goethe. — Le vieillard me sourit ; il me prit par la main, me dit, tout en marchant, quelques mots que je n'entendis pas, et, s'étant assis sur un banc, il me retint à ses côtés, interdite. Peu à peu, pendant qu'il s'entretenait avec mes parents, je m'enhardis jusqu'à lever sur lui les yeux. Tout aussitôt, comme s'il l'avait senti, il me regarda. Ses deux prunelles énormes qui flamboyaient, son beau front ouvert et comme lumineux, me donnèrent une sorte d'éblouissement. Lorsqu'il prit congé de mes parents, Goethe mit sa main sur ma tête et l'y laissa, caressant mes cheveux blonds : je n'osais pas respirer. Peu s'en fallut que je ne me misse à genoux. Sentais-je donc qu'il y avait pour moi, dans cette main magnétique, une bénédiction, une promesse tutélaire ? Je ne sais. Tout ce que je puis dire, c'est que plus d'une fois, dans ma longue existence, je me suis inclinée en esprit sous cette main bénissante, et qu'en me relevant je me suis toujours sentie plus forte et meilleure.

VI

Retour au Mortier. — Les Vendéens. — Les ultras. — Le prince de la Trémoïlle. — La chasse. — *Mylord* et *Figaro*. — La pêche aux écrevisses. — La chienne sauvage. — Le petit colporteur. — L'amitié parfaite.

Quand, au commencement de l'été — 1816, — nous rentrâmes en France, quand j'embrassai mon père, j'en eus une joie si vive et si parfaite que j'oubliai en un instant toutes mes peines. Avec lui, au Mortier, ma vie recommença, libre et heureuse, dans un cercle d'occupations et de plaisirs qui allait s'agrandissant à mesure que moi-même je grandissais.

Plus souvent et plus longtemps au salon, dar la familiarité des amis de mon père, j'appris ce qui s'était passé en notre absence et j'entendis des entretiens qui jetèrent dans mon esprit de premières et vagues lueurs de guerre et de politique.

Sur le point de se rendre dans la Vendée, mon père, avec deux de ses amis, MM. de Malartic et de la Béraudière, avait été mandé dans le cabinet de Fouché. On sait combien était, à ce moment, équivoque l'attitude du ministre de la police. Il nouait de tous côtés des fils, prévoyait toutes les chances, prenait tous les masques. Dans les entours du comte d'Artois, on se flattait de l'avoir gagné. Fouché s'entretint longtemps, et en apparence confidemment, de la situation, avec mon père et ses deux amis. Il leur représenta que le rétablissement des Bourbons dépendait uniquement de la lutte qui allait s'engager entre l'armée de Napoléon et les armées alliées. Il leur démontra sans peine que le soulèvement des paysans vendéens ne pourrait pas tenir contre vingt-cinq mille hommes de troupes régulières, commandées par les généraux Lamarque et Travot, soutenues par la garde nationale des villes. Il les exhorta à se rendre auprès de leurs compagnons d'armes, en qualité de pacificateurs, pour leur exposer la vérité des choses, et les détourner d'un combat trop inégal, qui n'avait aucune chance de succès.

Les trois amis persuadés acceptèrent la mission qui leur était offerte. Ils se rendirent auprès des chefs vendéens. Ils y furent écoutés diversement. MM. de Sapinaud, de Suzannet, d'Andigné, d'Autichamp, prêtèrent l'oreille à la proposition d'une suspension d'armes ; mais le général en chef de l'expédition, Louis de Larochejacquelein et son frère Auguste crièrent à la trahison. L'esprit de défiance et de jalousie qui soufflait dans le camp des Vendéens hâta la dispersion des paysans ; malheureusement des prises d'armes partielles et inutiles firent encore verser un sang généreux.

Lorsque tout fut dit de cette prodigieuse aventure des *Cent-jours*, quand l'*usurpateur* fut sur son rocher, quand l'occupation étrangère eut pris fin, quand le *souverain légitime*, ramené par les alliés, voulut commencer de régner selon la charte, les Vendéens, avec tous les royalistes *bien pensants* — c'est ainsi que se qualifièrent entre eux les adversaires déclarés de toutes nouveautés libérales — entrèrent en grand déplaisir. Tout en professant très-haut le dévouement aux Bourbons, ils frondèrent, d'une lèvre railleuse, l'esprit de modération que voulait faire prévaloir dans ses conseils un prince philosophe. Le comte d'Artois, *Monsieur*, prince d'esprit frivole, entré dans une dévotion étroite, entêté dans ses vues courtes, encouragea ces malcontents. Le pavillon Marsan, où résidait Monsieur, entouré de ses confidents, MM. de Vitrolles, de Br... fut une sorte de gouvernement occulte, un perpétuel va et vient de plaintes, de murmures. Les favoris de l'héritier du Trône parlèrent le langage amer et arrogant qu'on savait ne pas lui déplaire. On fut là plus royaliste que le roi, *ultra-royaliste*, aussi séditieux de paroles que l'on avait été fidèle de l'épée.

Tout près de Monsieur, dont elle avait épousé le fils aîné, la fille de Louis XVI, Madame, duchesse d'Angoulême, que l'on plaignait tout haut de son union avec un prince incapable d'héritiers, et de plus entaché de libéralisme, laissait voir que ces excès de zèle n'étaient pas pour lui déplaire ; le duc de Berry, d'un esprit brusque, lançait des incartades contre tout ce qui n'allait pas à sa guise dans le régime nouveau. Quant au duc de Bourbon, il parlait peu, mais naturellement dans le sens de ses fidèles serviteurs de l'armée de Condé. De la sorte, une opposition cavalière, qui confondait dans ses mépris les parlements et les carrefours, la bourgeoisie et le populaire, la révolution et la charte, partant du pavillon Marsan où elle saluait son chef, et du faubourg Saint-Germain où, dans quelques salons, des femmes d'esprit l'aiguillonnaient aux témérités, se répandait de château en château, de gentilhommière en gentilhommière, par toute la France.

Mon père, bien que sans ambitions et sans illusions politiques, appartenait d'honneur et d'humeur à ce parti. Le Mortier devint un rendez-vous d'*ultras*, de Vendéens, mécontents et murmurants.

L'un d'entre eux, le plus ancien des camarades de mon père à l'armée de Condé, le prince Louis de la

Trémoïlle, y passait d'ordinaire toute l'arrière-saison. Chasseur paresseux[1], indolent joueur de whist, dormeur inéveillable, amateur de longs repas et de plaisirs commodes, volontiers loin de sa femme dont l'esprit vif et piquant fatiguait son flegme, il était attiré chez nous par les petits bois giboyeux, par la partie de whist établie en permanence au salon dans les jours de pluie, par les talents d'Adelheid, et peut-être aussi par le mien qu'il mettait à contribution chaque soir après dîner en me demandant de lui jouer sur le piano ce qu'il appelait un *joli petit air* qui l'empêchait de s'endormir avant l'heure de s'aller coucher. MM. d'Andigné, de la Béraudière, d'Autichamp, de Bourmont, — « ce *pauvre Bourmont* », disait-on depuis Waterloo, — de Salaberry, de Maccarthy, de Labourdonnaye, etc., venaient au Mortier incessamment.

Les récits les plus circonstanciés des moindres combats de la Vendée, la recherche des causes de ses désastres, les comparaisons entre les chefs d'autrefois, Lescure, Bonchamp, d'Elbée, Larochejacquelein, Charette, et les chefs d'aujourd'hui, faisaient, entre mon père et ses amis le fond de l'entretien. On y mêlait des critiques acerbes de Louis XVIII. Chose bizarre! on n'épargnait pas même le comte d'Artois, qu'un mot cruel de Charette avait à jamais flétri. La table du

---

[1] Appendice G.

salon était encombrée de caricatures, de chansons sur le duc d'Angoulême, sur les députés, sur les fonctionnaires selon la charte, qui se trouvaient là, pêle-mêle, avec le *Drapeau blanc*, le *Conservateur*, la *Quotidienne*.

On peut croire que je n'arrangeais pas trop toutes ces choses dans ma petite cervelle, ne comprenant guère les mérites ou les démérites du gouvernement parlementaire.

J'écoutais de tout mon cœur et de toutes mes oreilles les récits de la guerre vendéenne. J'en connaissais tous les épisodes : les *Aubiers*, *Chollet*, *Aizenay*, le *champ des Mattes*, etc. Je me passionnais pour ces nobles chevaliers, pour ces paysans héroïques, fidèles jusqu'à la mort à leur Dieu et à leur roi.

Quand la veuve de Suzannet, tué au dernier combat, à Rocheservière, vint chez nous avec ses deux enfants, Louis et Félicie [1], je me pris d'enthousiasme pour ces deux petits martyrs de la bonne cause; et tout en les plaignant, je les trouvais enviables.

Cependant, mes chères études dans la chambre de mon père avaient repris leur cours. Ces leçons à la fenêtre ouverte sur les jardins, leçons sans pédantisme, sans réprimandes, abrégées dès que se trahissait dans mon attitude la moindre fatigue, avaient pour moi un grand charme. Le désir passionné de

---

1. Félicie de Suzannet, très-jolie et très-aimable personne, mariée plus tard au comte d'Autichamp.

plaire à mon père et d'obtenir de lui — c'était la récompense suprême — de le suivre à la chasse ou à la pêche, me donnait au travail une vive ardeur, exempte de ces surexcitations de l'amour-propre qui, dans les rivalités des pensions et des lycées, mêlent si tristement la jalousie à l'ambition d'exceller.

Mais, avant de passer outre, il faut que je dise ce qu'étaient ces chasses et ces pêches où je prenais un plaisir si grand.

Les chasses de mon père étaient de deux sortes : la chasse aux chiens courants ou aux chiens bassets, les traques au renard et à la bécasse en nombreuse compagnie; la chasse au chien d'arrêt, où mon père allait le plus souvent seul, ou bien, quand il le pouvait tirer du lit assez matin, avec son flegmatique ami la Trémoïlle. Les chiens courants, bien que la meute fût de belle race et bien soignée — mon père faisait venir ses chiens du Poitou et avait pour premier garde un vieux soldat de l'empire du nom de Chessous — ne me plaisaient pas; je les trouvais trop semblables entre eux, trop voraces. La compagnie bruyante et mal accommodée des chasseurs campagnards en casquette de loutre, guêtres de peau, gros souliers fe ès portant la carnassière à mailles en ficelle, qui venaient chez nous déjeuner de soupe à l'oignon, ne me plaisait pas davantage. J'avais bien un certain plaisir d'orgueil à voir mon père, dans sa belle veste en drap vert — il venait de faire tailler, par dépit, une veste de chasse dans son uniforme vendéen, qu'il ne voulait pas, disait-il, traîner aux antichambres, — quand il prenait la tête au départ, dépasser de sa noble stature tous les chasseurs et, comme d'un naturel commandement, sans parler se faire suivre. Mais combien je préférais les apprêts tranquilles de nos chasses au chien d'arrêt! quelle joie partagée, quelle intimité véritable entre moi et mes deux favoris : *Mylord* et *Figaro*, si différents d'allures et d'humeur, mais en cela si pareils qu'à l'envi l'un et l'autre ils voulaient me plaire! il me semble d'ici les voir en quête dans le champ, le braque *Figaro* au poil ras, blanc, tacheté de brun, de pure race française, et le fauve épagneul *Mylord*, dont le nom dit l'origine! Les voilà qui se déploient le nez au vent, et qui battent les sillons, l'un hâtif et brillant, à la française, l'autre calme, à la britannique. Dix minutes ont suffi à *Figaro* pour arpenter l'enclos dans tous les sens. Tout à coup, il tombe en arrêt, l'œil fixe, la narine ouverte, la queue en panache. Mon père, sans presser le pas, s'avance à portée de *Figaro* ; il fait un signe ; le chien a compris. Immobile jusque-là, il avance, la perdrix prend son vol, le coup part ; l'oiseau atteint du plomb va tomber dans une haie. C'est à l'épagneul alors d'entrer en scène et de montrer ses talents. D'un flair prompt et certain, au plus fourré des épines, *Mylord* a découvert la perdrix. Il la prend, il la tient dans ses belles dents blanches, avec une délicatesse incroyable. D'un geste, mon père me désigne à son regard. Mylord vient vers moi. Il dépose doucement sa proie ensanglantée dans ma petite main, grande ouverte; mon père le flatte. Et tous quatre nous reprenons le chemin de la maison, où nos quatre appétits, aiguisés par l'air du matin, vont trouver leur compte au déjeuner copieux d'Adelheid.

Ce petit drame à quatre personnages se répétait fréquemment dans la saison d'automne. Dans la saison d'été, par les chaleurs, mon père allait beaucoup à la pêche; et, comme on s'y fatiguait bien moins, il m'y menait toujours avec lui.

Tantôt dans les étangs de l'ancien château de Bois-le-Roy, qu'habitait un de nos fermiers, on promenait la *senne* lente et sûre; tantôt on jetait aux profondeurs limpides de notre pièce d'eau le brusque *épervier;* tantôt enfin, et c'était là ma pêche de prédilection, nous nous en allions par les prairies, nous suivions sous le couvert des aulnes, dans l'ombre et la fraîcheur, les sinuosités du ruisseau. Il s'agissait de rapporter à la maison un buisson d'écrevisses.

Mon père, sur son épaule d'hercule, portait les filets; un petit paysan éduqué par Marianne, et qu'on appelait mon *page*, parce qu'il me servait à table, avait la charge du panier qui renfermait les appâts. Moi, tout aise et tout espérance, je balançais dans l'air la corbeille vide que la fortune de la pêche allait, à son gré, remplir.

En suivant le cours de l'eau, mon père, aidé de *mon page*, y plaçait de loin en loin, entre les grosses racines des aulnes, auprès des trous pierreux, ses *péchettes*. C'étaient de petites assiettes rondes, en mailles serrées, emmanchées d'une longue perche. Au milieu de l'assiette était attaché un morceau de viande crue, tentation irrésistible pour la gourmande écrevisse : l'effet ne tardait guère. *D'abord une*, *puis deux*, elles y venaient toutes. Dès qu'il les voyait enhardies et bien attaquées au festin, mon père, qui avait la main sur la perche, d'un mouvement prompt, tirait à lui la *péchette*, avec les écrevisses consternées. La même opération se répétait de proche en proche, tout le long du ruisseau. Quelquefois mon père m'en chargeait. Mais hélas! timide comme je l'étais, malhabile de mes mains, j'imprimais à la perche un mouvement faux, les écrevisses retombaient au courant de l'onde claire. Mon père riait très-fort; et moi, confuse, j'admirais de plus en plus l'adresse et la grâce qu'il mettait à toute chose.

Au retour, l'opération magique d'Adelheid, qui transformait sur ses fourneaux la sombre carapace de l'écrevisse en manteau d'écarlate, terminait, à mon plus grand contentement, les plaisirs de la journée.

Puisque j'ai parlé de *mon page*, — il se nommait Paul, — je dirai quel il était : un vaurien, un franc vaurien, mais joli à croquer, et d'instinct entré dans le rôle qu'indiquait son appellation. Tout en se tenant droit derrière ma chaise, tout en me versant à boire et en me changeant d'assiettes, il s'oubliait à rêver et soupirait, comme d'amour, pour la petite châtelaine. Un jour, il avait dit, parlant de ma peau fine : Mademoiselle Marie est blanche *comme du sucre*; on juge si ce mot fit rire. Ma mère riait moins quand, d'ébahissement, notre page amoureux laissait choir, en me regardant, verre, assiette ou carafe. Mais cela n'était pas pour me déplaire, et je ne décourageais mon page, il faut bien le dire, ni par la moquerie ni par le dédain.

J'ai dit mes amitiés avec le chien d'arrêt. C'était entre nous de la bonne camaraderie, qui se fondait sur notre commune passion pour la chasse et pour mon père; mais ce n'était rien de plus. Un incident extraordinaire me donna bientôt, dans la race canine que j'affectionnais, une prédilection plus tendre, une amie romanesque comme je l'étais moi-même sans le savoir, une amie comme il me la fallait, exclusive, toute à moi seule.

Pendant l'année que nous avions passée à Francfort, la belle chienne d'arrêt de mon père, *Diane*, effrayée ou indignée de l'occupation du Mortier par les officiers prussiens, s'était allée cacher au fond du bois pour y mettre bas sa portée. Elle avait pâti; ses petits étaient morts l'un après l'autre, à l'exception d'une chienne, lorsqu'elle-même elle mourut. Comment l'orpheline abandonnée parvint à se nourrir, je ne le devine pas; toujours est-il qu'un jour, passant non loin du fourré où elle se cachait, je l'en vis sortir et s'avancer, toute tremblante, jusqu'à une assez petite distance de moi. Je mangeais mon goûter : une tartine de pain et de beurre. La chienne était affamée, cela se voyait à ses yeux ardents, à son effrayante maigreur, qui, en d'autres temps, m'eût fait penser à la louve de Dante.

Elle n'osait pourtant venir jusqu'à moi pour prendre de ma main le morceau que je lui tendais. Je le lui jetai; elle fondit dessus et le dévora, en s'enfuyant dans le plus épais du bois. Le lendemain, j'y revins en cachette, car c'était le *grand bois,* interdit dans les jours de semaine et où je ne devais jamais aller seule; j'appelai à demi-voix : Diane! je lui donnais le nom de sa mère, pensant probablement lui être agréable. Je n'attendis pas longtemps : la sauvage gardait bon souvenir de moi et de ma beurrée; elle vint à ma voix; mais elle ne voulut pas plus que la veille prendre son repas de ma main; il me fallut encore le lui jeter, un peu moins loin cette fois; elle me fit la politesse de le manger en ma présence, ce qui me rendit très-fière. Chaque jour je fis sur son effarouchement une conquête.

Acceptant ce nom de *Diane* que je lui avais donné, elle y répondait par un mouvement de sa queue et par un regard d'intelligence. Elle me suivait quelques pas, de jour en jour un peu plus loin; un jour enfin, je la persuadai de venir jusqu'à la grille. Mais ce fut la limite de mon ascendant. Jamais je ne pus obtenir d'elle de franchir le seuil de la cour, et pour continuer de la voir chaque jour, ce dont je ne pouvais plus me passer, il me fallut mettre mes parents dans ma confidence. *Diane* n'était point belle. Elle n'avait aucun talent, n'ayant pas reçu d'éducation; elle était très-peu soignée, comme on peut croire, dans son habitation sylvaine. Mais elle m'aimait; elle m'aimait moi seule; elle n'appartenait qu'à moi. A mes yeux, cela lui tenait lieu de tout, et me la rendait chère au-dessus de tout.

Ce besoin d'exclusion, ce besoin d'être aimée sans partage a dominé tous les sentiments de ma vie.

Je n'ai jamais joui pleinement d'une affection, amour, amitié, maternité même, dès qu'il m'a fallu voir avec certitude que je ne la sentais pas, que je ne l'inspirais pas absolue. Le *tout ou rien* de Jean-Jacques a été l'erreur, l'inquiétude constante de mon âme et de ma vie. C'est ce besoin de possession exclusive, c'est cet idéal trompeur qui m'a entraînée hors du vrai. L'*égoïsme à deux* a été ma vaine poursuite pendant les plus belles années de ma jeunesse;

elle l'eût égarée, perdue peut-être à jamais, si, pour mon vrai bien, de vives douleurs ne m'eussent avertie, à temps encore, qu'un état aussi excessif n'était pas de la condition humaine, et que j'avais reçu, que tous, grands ou petits, nous avons reçu de Dieu des facultés dont l'*égoïsme à deux*, si haut, si généreux, si divin parfois qu'il paraisse, ne saurait être l'objet ni la fin.

Et c'est pourquoi j'ai tenu à raconter l'histoire de ma chienne sauvage, de ma *Diane* fière et farouche.

L'année suivante, je ne la vis pas. On me dit qu'elle était morte en mon absence, pendant les grands froids de l'hiver. Mais il me resta des soupçons. Le vieux *Chessous*, en me disant cela, avait l'air de rire sous cape. Je me suis toujours imaginé depuis, en y pensant, que, par mesure de prudence, de crainte de la rage sans doute, il avait été chargé par mes parents de faire disparaître, avant notre retour, ma *Diane* bien-aimée.

Un autre intérêt, tant soi peu romanesque aussi, de ces mêmes années, une attente qui me causait de vives émotions, c'était la venue régulière, à la saison d'automne, d'un petit colporteur qui nous arrivait d'Auvergne avec son camarade. Celui-ci, tout barbouillé de suie, comme il convenait, jetant bas son bonnet et sa veste couleur *ramonat*, sa raclette à la main, grimpait aux cheminées. L'autre portait sur son dos le ballot de marchandises. Chaque année, ses épaules s'élargissant et ses muscles se fortifiant, il chargeait un ballot plus lourd. Chaque année aussi, mon petit pécule croissant avec les libéralités plus grandes de mes parents — récompense pour des devoirs bien faits, largesses pour le jour de ma fête — me mettait à même de faire de plus nombreux achats; et ma relation avec le petit colporteur avait ainsi tout ensemble, c'est l'idéal d'ici-bas, quelque chose qui durait et quelque chose qui changeait.

Lorsque, après un an d'absence, les deux petits Auvergnats reparaissaient à la grille, quand nos chiens, défiants d'abord, puis hospitaliers dès qu'ils reconnaissaient la voix de mon ami, me l'annonçaient par de clairs aboiements, j'accourais tout émue; quand le ballot s'ouvrait, quand s'étalaient les belles marchandises, c'était une surprise, un ravissement. Je prenais sans compter, sans marchander, de la main de mon ami, les étoffes, les bijoux les plus précieux : une croix d'or pour Généreuse, des dentelles de coton pour Adelheid, un tablier en taffetas gorge de pigeon pour Marianne, des fichus d'indienne, des paniers d'osier, des couteaux, des ciseaux pour les enfants des métayers et des vignerons... Mes munificences n'avaient pas de fin, non plus que ma joie. Je ne puis me rappeler le nom de mon petit colporteur. L'ai-je jamais su? J'en doute. Qu'est-il devenu? Je l'ignore. Lira-t-il jamais ceci? C'est bien plus qu'invraisemblable. Je ne crois pas qu'il fût lettré. Et d'ailleurs, vit-il encore? Je ne le saurai pas. Mais s'il vit, il ne m'a pas oubliée, j'en suis certaine. Notre amitié fut parfaite. Jamais nous n'avons eu l'un par l'autre, l'un avec l'autre, que des contentements. Jamais nous n'avons échangé que des éclairs de joie. Jamais nous ne nous sommes causé de peine, jamais nous ne nous sommes fait un reproche. Nous n'avons pas rompu. Sans que notre volonté intervînt, la distance du temps et des lieux s'est mise entre nous. Le souvenir qui me reste de mon petit colporteur est sans une ombre.

Est-il beaucoup d'amitiés de qui l'on pourrait rendre ce témoignage? Aussi, comme Chateaubriand, « je ne revois jamais sans une sorte d'attendrissement ces petits Auvergnats qui vont chercher fortune dans ce grand monde, avec une boîte et quelques méchantes paires de ciseaux : pauvres enfants [1] ! »

1. Chateaubriand. — *Voyage à Clermont.*

VII

La première communion. — Mon aïeule paternelle. — Un pastel de Latour. — *Moron m'ennuie.* — Doutes sur la validité de mon baptême. — L'abbé Rougeot.

Mais tout va se compliquer; j'ai onze ans. On s'accorde à dire autour de moi que le moment est venu de me préparer à faire ma première communion. Ma mère étant protestante, ma grand'mère se charge de ce soin. Elle m'emmène chez elle, à Paris, et me confie à la direction de son confesseur, l'abbé Rougeot.

Jusque-là, mes idées ou plutôt mes sentiments religieux n'avaient été ni suscités ni guidés. Le milieu où je vivais n'était point dévot. Mon père et ma grand'mère paternelle avaient les habitudes d'esprit d'une société où l'on ne traitait jamais de matières religieuses. Ma mère ne pratiquait pas le culte luthérien, qu'elle devait plus tard abjurer. Mon frère, au lycée, n'entendait guère parler des choses de Dieu et ne m'en parlait guère; depuis un an ou deux seulement, on me conduisait pendant l'été à la messe du village, où l'on allait par pure bienséance, en se plaignant très-haut de sa longueur. Je ne comprenais pas trop ce qui s'y passait, mais pourtant je ne m'y ennuyais pas. La multiplicité des cérémonies, en face de notre banc un antique vitrail dont les saints personnages, vêtus de pourpre, d'azur et d'or, semblaient se mouvoir selon les jeux de l'ombre et de la lumière, occupaient mes yeux. Les enfants de chœur, qui me regardaient beaucoup et à qui je donnais des distractions, tout comme à mon page, l'encens, le pain bénit, etc., me dédommageaient des longueurs du prône. L'arrivée et le départ de la douairière de Lonlay, dans son vieux carrosse à trois chevaux, avec son grand bonnet de dentelles à papillons, sa vaste robe à ramages largement étalée sur son ventre d'hydropique, suivie de son laquais en livrée, qui portait derrière elle le coussin de son prie-dieu et son missel à charnières, n'étaient pas non plus sans intérêt. Je me sentais catholique d'ailleurs, catholique de cœur et d'honneur, depuis le jour où la vieille dame de Bethmann avait dit : *Je hais les catholiques*.

A dater de ce moment, être catholique, pour moi,

ce fut être ce qu'était mon père et ce que n'était pas ma grand'mère.

Ma profession de foi, si on me l'avait demandée, eût été contenue tout entière dans ces deux articles. — Mon aïeule paternelle s'en fût contentée ; et ce qu'y ajouta l'abbé Rougeot n'était pas pour éclairer beaucoup, ni pour pénétrer mon âme, comme on va le voir.

Mais, avant d'en venir à ma première communion, il faut que je dise en peu de mots ce qu'était cette grand'mère, sous l'œil de laquelle j'allais approcher de Dieu.

Sophie Élisabeth Huguenin, fille de François Huguenin, bourgeois de Neuchâtel, et d'Élisabeth Guldimann, bourgeoise de Soleure, avait épousé mon grand-père, le vicomte Gratien de Flavigny, vers l'année 1768. C'était un mariage d'inclination, où de côté ni d'autre la fortune n'avait eu grande part.

Sophie Huguenin avait dû plaire beaucoup dans sa jeunesse. On a d'elle des portraits qui lui donnent tous les caractères de la beauté noble : un front haut, de grands yeux, un nez droit, des sourcils bien dessinés, avec cet air d'enjouement et de grâce aisé qu' semble particulier aux femmes de son temps. Cette grâce et cette beauté étaient un don maternel. Un pastel de Latour que je possède, et qui représente ma bisaïeule en habits de fête, me jette un charme toutes les fois que je lève vers lui les yeux. Figurez-vous une tête petite, bien plantée sur un cou modelé comme dans l'ivoire, un ovale arrondi, des joues pleines et délicates, un front harmonieux où s'ondule une chevelure d'un brun clair, crépelée et bouclée, qui retombe en longs *repentirs* sur le plus beau sein du monde. Figurez-vous un petit nez très-bien fait, des narines riantes, des lèvres roses, entr'ouvertes, où flotte le sourire, de grands yeux veloutés, un regard d'une expression indéfinissable : regard de sirène, moins la perfidie ; regard de Psyché, moins la candeur. Placez, en guise d'étoile, une fleur au-dessus du front ; faites courir un cordon de perles fines autour du corsage ; jetez-y, sans nous en ôter la vue, une ample draperie bleuâtre qui achève la suavité de l'ensemble, et vous aurez, éclose sous le pinceau de Latour, l'image d'une des plus ravissantes femmes du siècle passé.

D'après la comparaison des portraits, Sophie Huguenin ne devait pas avoir été beaucoup moins jolie que sa mère ; certainement elle la surpassait en esprit. — Je ne crois pas qu'il soit facile d'en avoir plus, ni d'une qualité meilleure. Très-âgée déjà, mon aïeule gardait encore le don de repartie. Elle lançait le trait rapide. Avec tous, elle prenait ses franchises où bon lui semblait, mais sans offenser personne, ayant le tact exquis du grand monde. Elle ne haïssait pas le mot cru, le plaçait vivement et bien. Jamais avec elle la conversation ne s'alourdissait ni ne s'empêtrait aux banalités. Ce n'est pas qu'elle fût instruite, loin de là. Elle savait fort peu de choses [1], n'avait aucun souci ni de la nature ni des arts, mais elle avait sur la vie des ouvertures naturelles avec des manières de voir tout à fait spontanées et originales. Peu tendre, il est vrai, point du tout dévote, mais toujours bonne, indulgente et avenante ; gouailleuse, jamais caustique ; fine, mais sans malignité, enjouée, alors même qu'elle fut aux prises avec les infirmités et la mort, ma grand'mère Sophie était la plus aimable femme qui se puisse concevoir. Pas le moindre atome romanesque dans toute sa personne.

Par deux fois, à de longs intervalles, elle fut aimée par deux hommes très-distingués qui l'épousèrent. Aussi gardait-elle du mariage le plus excellent souvenir. Son second mari fut monsieur Lenoir, conseiller d'État, lieutenant général de la police du royaume, caractère élevé, désintéressé, généreux, qui laissa de lui, dans des temps et dans des fonctions difficiles, une mémoire grandement honorée [2]. Ce n'était pas

---

1. Dans ce peu, l'orthographe n'était pas comprise. Ma grand'mère écrivait *cond'huite*, par exemple ; ce qui me causait, à moi, élève distinguée des cours de l'abbé Gaultier, un étonnement extrême.

2. M. Lenoir, né à Paris en 1732, mort en 1807. « Le plus grand ami de l'humanité », écrivait Brissot, le girondin. Il fonda le

sans quelque scrupule que mon aïeule avait formé cette seconde union : scrupule de mère, à l'endroit d'un fils unique, dont elle craignait d'inquiéter, non les intérêts, car il n'avait rien à attendre après elle, mais l'amitié filiale; scrupule de veuve aussi, de dame noble qui pensait déchoir. Mais l'attachement profond qu'elle avait inspiré triompha de tout. Cet attachement fut partagé.

Il survécut en elle à celui qui en était le très-digne objet. J'en ai vu encore un témoignage vivant et touchant. M. Lenoir laissait un parent proche, de qui je ne sais rien, si ce n'est qu'il s'appelait Moron et qu'il me paraissait bien drôle avec sa petite queue poudrée. Je le trouvais désagréable aussi quand il me câlinait de sa main sèche et ridée; fastidieux quand il contait de longues histoires, les plus insipides du monde. Ma grand'mère, qu'il n'amusait guère plus que moi, le laissait venir néanmoins très-régulièrement deux fois le jour. Deux fois le jour, il lui baisait la main, en lui disant invariablement, selon qu'il était matin ou soir : « Avez-vous bien dormi cette nuit? » ou « je vous souhaite de bien dormir cette nuit, ma chère amie. »

Mont de Piété, améliora sensiblement le régime des hôpitaux et des prisons, et fit abolir la torture. Ayant donné sa démission en 1790, il se retira en Suisse, puis à Vienne, et ne rentra en France qu'en 1802.

Quoique vive et prompte à l'ennui, mon aïeule souffrait les assiduités du cousin Moron avec une grâce parfaite, et cela, j'en suis convaincue, par égard pour sa parenté avec M. Lenoir. Il lui échappait bien, par ci par là, quand Moron s'appesantissait trop dans ses récits, d'agiter son éventail d'une façon sèche en faisant une moue indescriptible; mais, Moron ne voyant rien, elle avait le temps de se remettre, de songer à son mari, de ramener la patience à sa main et à sa lèvre.

Je devinais plutôt que je n'observais toutes ces choses, avec mon précoce instinct de femme, quand un jour, n'y pouvant plus tenir, emportée par son naturel qu'exaspérait la contrainte, mon aïeule laissa échapper son secret. Elle en était venue, je ne sais trop comment, car elle n'avait pas la manie moderne de s'analyser sans fin et de se plaindre du sort, elle s'était oubliée à me dire les contrariétés, les disgrâces de sa vie. Elle les comptait; elle les rangeait dans leur ordre d'importance; elle observait une sorte de *crescendo*, allant du moindre au pire. Enfin, au suraigu, d'un accent inimitable et d'un geste tragi-comique, elle s'écria, en laissant retomber sur ses genoux so immense éventail, découragée : « *Et puis... Moron m'ennuie !* »

Mais je reviens à ma première communion et aux circonstances dans lesquelles elle se préparait. J'ai dit que ma grand'mère avait gardé l'esprit du xviii° siècle. Ce n'était pas toutefois sans quelques légères altérations. Les temps avaient changé, et, avec eux, le maintien des gens *comme il faut.* La Restauration, les princes, la duchesse d'Angoulême surtout, imposaient à la noblesse un langage beaucoup moins libre que celui que se permettaient ses ancêtres. On allait à la messe le dimanche; — à la messe basse, à Paris, où l'on était moins en vue; à la grand'messe, pendant la saison d'été, pour donner, disait-on, le bon exemple au village, et pour faire plaisir au curé; — à confesse une fois l'an, selon le commandement de l'Église, pour les Pâques; rien de plus, rien de moins. A ce propos, j'entendis un jour ma grand'mère demander à mon frère — c'était aux environs de la semaine sainte — s'il n'irait pas *faire une visite au bon Dieu.* Ce mot rend exactement l'idée de politesse que l'on attachait alors au culte. A son lit de mort, ma grand'mère ne voyait pas les choses d'un autre œil. Impatientée des lenteurs du prêtre qui lui administrait l'extrême onction : « Je ne savais pas que ce fût si long, » lui dit-elle sans aucune émotion, et comme si elle eût été à sa toilette. — On conçoit que, sous ses auspices, la préparation à la première communion fut quelque chose comme les apprêts d'une présentation à la cour, une bienséance des gens *comme il faut.* La preuve c'est que ma grand'mère entra en colère lorsque, à l'archevêché, on éleva des doutes sur la validité de mon baptême protestant, et que cette bonne catholique aima mieux risquer de perdre mon âme que de me laisser rebaptiser, comme on l'en pressait. « On nous prendrait pour des Juifs, » répétait-elle invariablement à l'abbé Rougeot ou aux vicaires qui venaient, envoyés par Monseigneur. Elle s'y opiniâtra si bien qu'il fallut céder, et que, dans l'incertitude où je serai toujours, de l'*intention* [1] du pasteur luthérien à qui je dois le baptême, je ne saurais avoir non plus nulle assurance en mon *droit au salut*, selon l'orthodoxie catholique.

L'abbé Rougeot était un bon vieux prêtre, modeste, tranquille, indulgent, peu lettré, peu théologien, point du tout casuiste. Il me fit consciencieusement apprendre *par cœur* mon catéchisme, sans provoquer de ma part une réflexion, sans m'inciter à penser quoi que ce fût à propos des dogmes ou de la doctrine. Tout ce que je puis me rappeler de son enseignement, c'est qu'un jour, prétendant apparemment me faire comprendre ce que c'était que la pudeur : « La pudeur, ma chère enfant, me dit-il en baissant la voix, c'est un miroir que le moindre souffle ternit. » Tout le reste était de cette force. Il n'y a pas lieu,

---

[1]. On sait que, pour admettre la validité du baptême protestant, le clergé catholique suppose que l'*intention* du pasteur a été de rester uni à la foi de la grande Église universelle.

d'après cela, de s'étonner si la première communion n'avança guère ma vie spirituelle. Elle me trouva et me laissa dans la plus entière ignorance des choses de Dieu. Je n'appris à connaître, dans cette prétendue instruction religieuse qui m'était donnée, ni les rapports de la foi avec la raison, ni ceux de la loi avec la conscience, ni le juste discernement du devoir et du droit dans les relations humaines. A mon intelligence avide de connaître, à mon cœur avide d'aimer, on donna pour tout aliment quelques sèches formules et les plus pitoyables banalités. Cette union intime, réelle et parfaite, cette union de la chair et du sang avec l'Homme-Dieu, cette Eucharistie que l'Église catholique appelle si justement son *dogme générateur*, bien que j'y aie porté ma robe d'innocence et toute la candeur de mes pensées, tient à peine une place dans mon souvenir; et si je me la rappelle ici, c'est comme un acte purement extérieur, et le plus insignifiant de toute ma vie morale.

VIII

Éducation allemande et française. — Le maître à danser, M. Abraham. — La maîtresse d'armes, Mademoiselle Donnadieu. — Le cours de l'abbé Gaultier ; Fanny Sébastiani, Henriette Mendelssohn. — Mort de la duchesse de Praslin. — Le professeur Vogel. — La musique allemande.

L'instruction religieuse, ou prétendue telle, qui m'était donnée pour me préparer à la première communion, n'avait pas interrompu l'instruction profane. Outre mon éducation germanique, qui se continuait par la musique et par l'enseignement assez étendu d'un professeur allemand, je recevais l'éducation toute française du maître à danser — autrefois « maître de grâces », — de la maîtresse d'armes, et je suivais les cours de l'abbé Gaultier, fort à la mode alors dans le faubourg Saint-Germain.

Le maître à danser, M. Abraham, apportait dans son

professorat une gravité extrême. Pénétré de l'importance de son art et des augustes souvenirs de la cour de France avant la Révolution, fier d'avoir enseigné les grâces françaises à cette belle Marie-Antoinette, dont il citait complaisamment quelques gaucheries autrichiennes en ses premières leçons; plus fier encore de conserver, seul en France, à l'heure présente, la grande tradition nationale du menuet, avec l'interprétation vraie et les flexions graduées de la révérence, M. Abraham se rendait à lui-même de profonds respects. Il n'arrivait chez ses nobles élèves qu'en voiture et en habit de gala. Il entrait et sortait, s'asseyait et se levait, parlait, grondait, toussait et se mouchait, toujours en cérémonie. Les doigts qu'il posait sur l'archet de son petit violon de poche étaient couverts de brillants énormes, dont chacun lui venait, à son dire, d'une reine ou d'une princesse royale. Depuis sa perruque à *frimas*, jusqu'à la boucle dorée de ses escarpins, depuis son jabot en fine dentelle jusqu'à ses bas de soie noirs strictement tirés sur ses faux mollets, tout en lui se tendait vers la majesté. M. Abraham portait le poids des ans d'un pied léger, d'un jarret souple, qui s'enlevait et retombait en cadence. Ses *pas*, lorsqu'il les exécutait devant les parents — jamais pour l'élève seule il ne prenait cette peine — étaient d'une précision achevée et d'une aisance juvénile. Sa respiration même n'avait point d'âge et semblait obéir, comme tout le reste de sa personne, à la suprême bienséance dont il s'était constitué le représentant. Quand M. Abraham ressentait la moindre fatigue et craignait de laisser voir en lui la condition mortelle, il se faisait suppléer par une nièce, madame Coindet, tout imprégnée, elle aussi, d'une solennité risible et qui m'inspirait, quand elle tirait avec lenteur, de dessous sa robe, son affreux petit crin-crin de poche, une irrésistible tentation de moquerie. La leçon de danse en elle-même, d'ailleurs, m'était insupportable. Mon naturel se révoltait contre ces grâces apprises, et le premier mensonge dont je dois m'accuser, — je feignis de m'être foulé le pied — me fut suggéré par le désir d'échapper aux démonstrations de beau maintien et de belles manières que me faisaient, *pochette* en main, le majestueux Abraham ou sa majestueuse nièce.

Quant à la leçon d'armes, que l'on peut s'étonner de rencontrer dans l'éducation d'une jeune demoiselle, c'était une autre préparation à ce bon maintien dont la noblesse de cour se préoccupait encore, à cette époque, au-dessus de tout. C'était un supplément à la leçon de danse, qui se donnait, dans les éducations très-soignées, aux jeunes filles délicates de corps dont on voulait développer la force physique. Une femme, mademoiselle Donnadieu, la nièce, du moins elle le disait, du fameux général de ce nom si cher aux *ultras*, enseignait cet art viril; de petits fleurets très-légers en proportionnaient l'exercice au sexe et à l'âge. Je n'y avais pas la répugnance que m'inspira de prime-abord le maître à danser [1]. Il y avait là comme un simulacre de combat, je ne sais quel air martial qui ne me déplaisait point. Je ne crois pas que l'usage de la leçon d'armes se soit maintenu. Je serais tentée de le regretter. Bien que l'art de l'escrime n'ait point d'application pratique dans la vie d'une femme, telle que nous la comprenons, l'exercice en est particulièrement favorable au développement de la vigueur et de l'élasticité musculaires, beaucoup trop négligées dans nos éducations féminines, où le système nerveux, seul exercé, prend une prépondérance exclusive, aussi nuisible à la santé du corps qu'à la paix de l'âme.

Les cours de l'abbé Gaultier, que je suivis régulièrement pendant plusieurs hivers, formaient la partie la plus animée et la plus attrayante de mon éducation. Ce riant petit abbé, longtemps émigré en Angleterre, en avait rapporté la méthode de Lancaster, qu'il avait

---

[1]. Encore une ressemblance avec Alfieri qui éprouvait, lui aussi, dans son enfance, une insurmontable aversion pour la danse et pour le maître à danser. « Per natura già lo abborriva, dit-il en parlant de la danse, e vi si aggiungeva, per più contrarietà, il maestro francese, che con una cert'aria civilmente scortese, e la caricatura perpetua de' suoi moti e discorsi, mi quadruplicava l'aborrimento innato, ch'era in me per codest' arte burattinesca. » (*Alfieri-Vita*, cap. 6.)

accommodée à sa façon, pour l'appliquer dans son pays à la jeunesse noble des deux sexes. Un plein succès couronnait ses efforts, et les cours de l'abbé Gaultier étaient fréquentés par les enfants des premières familles du faubourg Saint-Germain [1]. Parmi les innovations dont une longue expérience lui avait montré l'avantage, je me rappelle l'institution des jeunes professeurs, dont la vivacité et l'enjouement donnaient à l'enseignement un entrain que rien ne saurait suppléer dans l'éducation de l'enfance. Ces très-jeunes gens — quelques-uns n'avaient guère plus de quinze ans — formés à la douce image du bon abbé, et dont plusieurs sont encore aujourd'hui en très-bonne renommée pédagogique [2], nous plaisaient et nous animaient au travail. Par des considérations tirées également de l'expérience, et avec un succès non moindre, l'abbé Gaultier ne séparait pas, dans ses classes, les jeunes filles des jeunes garçons. Il pensait apparemment — ce que l'on pense à peu près partout, hormis en France, — que l'attrait qu'exercent l'un sur l'autre les enfants des deux sexes, loin d'introduire le désordre, favorise la politesse, le désir de se distinguer, « le

---

[1]. Je me rappelle entre autres : les demoiselles de Crillon, de Roncherolles, de Béthune, etc.

[2]. Je citerai entre autres : MM. Colard, Ducros, Bréval, Demoyencourt; M. de Blignières, dont le fils devait se faire un jour disciple de M. Auguste Comte, et s'est consacré tout entier, après la mort du maître, à la propagation des doctrines positivistes.

vouloir et le *parfaire*, » aurait-on dit jadis dans notre vieille et bonne langue française ; qu'il tempère heureusement les qualités extrêmes et fait naître une émulation bienveillante qui s'obtient moins aisément dans les relations plus rudes des garçons entre eux, ou dans les rivalités plus malicieuses des jeunes filles entre elles [1]. Assurément, rien n'était plus aimable que nos douces rivalités scolaires de la rue de Grenelle.

Pour ma part, j'attendais le samedi — c'était le jour où l'on s'y rassemblait — avec impatience. Lorsque j'apercevais les statues de la fontaine monumentale vis-à-vis laquelle logeait le bon abbé, quand je montais le roide escalier qui conduisait à ses *nids-à-rats*, dont le bois de sapin et la serge verte faisaient tout l'ameublement et toute la tenture, mon cœur battait, la rougeur me montait aux joues, avec l'ardeur du biendire et l'espoir du triomphe. Ce *triomphe*, que j'obtenais presque toujours, ou que je partageais avec un jeune garçon de même âge que moi, blond et pâle, modeste et réservé comme je l'étais moi-même, Charles de Croix, n'était ni éclatant ni retentissant. Il consistait en une petite carte imprimée sur laquelle on

---

[1]. Le même effet des écoles mixtes a été observé aux États-Unis d'Amérique. — Voir le *Rapport* de M. le professeur Hippeau, envoyé cette année par le gouvernement aux États-Unis pour y étudier les conditions de l'instruction publique. (*Note écrite en* 1869.)

lisait ces mots : *Présidence, Vice-Présidence*, que notre cher abbé tirait d'un portefeuille en satin vert brodé de roses, et qu'il nous remettait de sa main, à la fin des classes, en présence des parents, avec quelques paroles flatteuses. Au bout du mois, l'élève le mieux pourvu de ces cartes voyait son nom inscrit sur un tableau d'honneur fort enjolivé d'arabesques ; au bout de l'année scolaire, on recevait quelques volumes cartonnés des *Œuvres complètes de l'abbé Gaultier* : c'était là tout. Ce tout n'était rien en réalité. Mais il s'attachait à ce rien une telle signification morale, nous souhaitions si ardemment le contentement du bon abbé, la préférence de nos jeunes maîtres, la considération des parents et notre mutuelle estime, que je ne saurais me rappeler dans toute ma vie ni distinctions ni honneurs qui m'aient jamais causé une impression comparable à la vue de ce portefeuille en satin vert, quand il s'ouvrait pour moi et que, de sa voix chevrotante, le vieil abbé appelait Marie de Flavigny avec Charles de Croix à la récompense partagée de leur assiduité au travail.

Ce qu'on nous enseignait rue de Grenelle était une très-bonne préparation aux études futures. Filles et garçons apprenaient le latin, mais par la méthode animée de l'abbé Gaultier, comme une langue vivante. Nous apprenions aussi, cela va de soi, la grammaire française, l'histoire sacrée et l'histoire profane, la géographie, les premiers éléments de la mathématique ; tout cela par demandes et réponses, vives, claires, précises, sans la moindre introduction du doute, comme on peut croire, et, pour l'histoire sacrée, avec une adjonction de rimes qui avaient pour but, je suppose, d'en rehausser l'enseignement, tout en le gravant mieux dans la mémoire.

Le premier homme Adam, du paradis exclus ;
Puis Caïn tue Abel, dont Seth eut les vertus.

On voit que la méthode était bonne, puisque je me rappelle encore aujourd'hui ces vers, dont la beauté assurément n'a rien de remarquable. Il y a là fort à réfléchir sur la puissance de la rime, et de quoi infatuer messieurs les versificateurs, déjà trop enclins au dédain de la prose, comme chacun sait.

Je ne négligerai pas, en quittant les cours de l'abbé Gaultier, de rappeler le souvenir d'une charmante compagne que j'y avais, et dont le nom est devenu, à trente ans de là, tragiquement célèbre.

Fanny Sébastiani, fille du général de ce nom, plus tard duchesse de Praslin, suivait comme moi, et dans la même classe, l'enseignement de la rue de Grenelle. Elle y venait avec sa gouvernante, Henriette Mendelssohn, la nièce du philosophe. Celle-ci, dans sa petite taille contrefaite, avec ses yeux étincelants, m'inspirait à la fois beaucoup de curiosité et beaucoup de respect. C'était, je l'ai appris plus tard, une de ces femmes de forte race juive et de grande culture allemande, d'esprit hardiment rationaliste et d'âme chaleureuse, dont Rachel Levin — celle qui fut plus tard madame de Varnhagen, — était vers cette époque le type brillant [1].

L'élève de mademoiselle Mendelssohn était extrêmement belle. Encouragée par sa gouvernante, à qui plaisaient sans doute mon air germanique et la facilité avec laquelle je parlais l'allemand, Fanny s'asseyait toujours auprès de moi et semblait, bien qu'elle fût mon aînée, rechercher mon amitié comme une protection. Moi, j'étais attirée par la douceur de ses grands yeux noirs, par ses manières craintives et caressantes, par ce je ne sais quoi de fatal, peut-être, qui déjà reposait sur son front et qui agissait sur mon imagination mystérieusement [2].

1. M. de Varnhagen, dans ses *Denkwürdigkeiten*, parle d'Henriette Mendelssohn avec une vive sympathie. Il décrit d'une manière très-agréable les heures qu'il passait à Paris dans son cercle intime, où se rencontraient des personnes telles que madame de Staël, Benjamin Constant, Humboldt, Spontini, etc. Il parle du pensionnat qu'elle dirigeait avant d'entrer dans la maison Sébastiani. Entre les jeunes élèves qui s'y distinguaient, il cite « *la vive Félicie de Fauveau, la plus charmante image de la grâce et de l'élégance française ; Rosa Potocka, une rose polonaise de la plus ravissante beauté ; Lolo (?) Fould, d'un caractère à la fois plein de bonté et de fermeté,* etc.

2. Je crains que ceci ne paraisse bien germanique au lecteur français. Mais comment ne pas être attentive à ces sortes de prédispositions mystérieuses, lorsqu'on a été, comme moi, presque incessamment poussé par le sort et par un secret penchant vers des êtres dont la vie et la mort ont été tragiques? Comment ne

Outre sa timidité qui paraissait la faire beaucoup souffrir, Fanny Sébastiani avait une certaine lenteur d'intelligence dont s'impatientait fort la vive Mendelssohn, et qui lui rendait difficile de suivre dans les classes la parole rapide de nos jeunes maîtres. — Comme, tout au contraire, je la saisissais au vol, et que je finissais de prendre mes notes quand à peine ma pauvre voisine commençait d'écrire les siennes, il arriva le plus simplement du monde que je fis double

pas réfléchir et chercher les influences cachées, quand, dans le cercle des relations intimes, on compte, comme je le fais, un nombre effrayant d'actions violentes et inexpliquées, inexplicables selon l'ordre apparent et rationnel des choses? Dans ce très-petit cercle, ma sœur Auguste, qui met fin à ses jours sans avoir laissé deviner à qui que ce fût son dégoût de la vie; son fils Léon, qui meurt à Athènes d'une mort restée mystérieuse; un précepteur de mes filles, Philippe Kaufmann, écrivain et poëte distingué, qui se brûle la cervelle, en 1846, au bois de Boulogne; le comte Ladislas Teleky, Charles Didier, Prévost-Paradol, qui se donnent la mort sans avoir confié à personne leur désespoir; le prince Félix Lichnowsky, massacré dans un tumulte révolutionnaire; le comte de Schönborn, atteint mortellement, dans une rencontre sans cause sérieuse; l'abbé Deguerry, pris comme otage et fusillé par les hommes de la *Commune de Paris* en 1871; et d'autres encore : belles jeunes filles, artistes célèbres; et moi-même, qui écris ces lignes, avertie par une prédiction, par des songes extraordinaires, d'une destinée que rien n'annonçait et qui me semblerait encore aujourd'hui à moi-même tout à fait incompréhensible, si je n'y sentais pas ces influences mystérieuses dont j'ai parlé!

« Ach! wir kennen uns wenig,
Denn es waltet in uns ein Gott. »

dit le poëte *Hölderlin*.

besogne, employant volontiers à son profit le temps qui me restait disponible. Était-ce de ma part un bon office désintéressé? Je voudrais le croire, mais une circonstance me revient qui ne me permet guère l'illusion. Comme on passait l'après-midi du samedi tout entière dans les classes de la rue de Grenelle, chaque élève y apportait son goûter : du pain, le plus souvent, une flûte de gruau, une brioche tout au plus; les habitudes du faubourg Saint-Germain étaient à cette époque extrêmement modestes. Seule ou presque seule, la fille du général Sébastiani arrivait amplement pourvue d'un assortiment de pâtisseries qui, je dois l'avouer, excitaient au plus haut point ma convoitise. Dès l'enfance, et pendant tout le cours de mes années, j'ai été, tour à tour ou tout à la fois, singulièrement frugale et singulièrement friande, d'un appétit très-vif, mais très-vite rassasié, ne se laissant jamais emporter au delà du vrai besoin; s'accommodant, selon l'occasion, de la plus rustique pitance, ou prenant son plaisir aux raffinements des tables diplomatiques. Les *nougats* et les *babas* de la fille du général, les libéralités qu'elle m'en faisait eurent donc, j'ai tout lieu de le craindre, leur part, leur grande part dans ma générosité intellectuelle. Quoi qu'il en soit, le plus agréable commerce s'établit ainsi entre nous. Les notes de plus en plus étendues que je prenais pour Fanny me valaient des gâteaux de plus en plus savoureux. La gouvernante fermait les yeux, ou souriait à ce libre échange, et tout allait à souhait. Par malheur ce ne fut que pour une saison. L'an suivant, Fanny ne reparut plus dans la rue de Grenelle. Je ne la rencontrai plus ; je n'entendis plus prononcer son nom, et je l'avais oublié lorsque trente ans plus tard, en 1847, il retentit soudain à mon oreille avec un éclat sinistre. On se rappelle l'émotion publique causée par la mort tragique de la duchesse de Praslin. Elle me causa à moi-même une impression très-forte et qui raviva tous mes souvenirs.

Qui m'eût dit, en 1817, dans cette enfantine relation de la rue de Grenelle, où nous mettions en commun des gâteaux, des devoirs de géographie, etc., qu'un jour viendrait où une autre relation, celle-là historique et grave, s'établirait entre nous à travers la tombe ! Qui m'eût présagé, à moi la jeune fille royaliste, destinée à la vie du monde et de la cour, que j'écrirais l'histoire d'une révolution populaire, et que, en en retraçant les causes prochaines, il m'arriverait de raconter en ces termes la mort de ma douce et belle compagne !

« Une femme encore belle et de mœurs irréprochables, fille d'un maréchal de France, fut assassinée avec une atrocité sans exemple par son mari, le duc de Praslin, qui n'échappa que par le suicide à la juridiction de la cour des pairs. Cet événement mystérieux, longtemps inexpliqué, ce drame sanglant passionna le pays. Le nom de l'infortunée duchesse de Praslin courait de bouche en bouche et pénétrait jusque dans les campagnes les plus reculées. On s'abordait sans se connaître, sur les routes et sur les places publiques, pour se demander des éclaircissements et pour se communiquer une indignation qui ne se pouvait contenir. Le peuple, toujours si aisément ému par l'image d'une femme que sa faiblesse livre sans défense à la haine, se prit à maudire tout haut une société où se commettaient de tels forfaits. Il multiplia, il généralisa dans ses soupçons ce crime individuel. Cette tragédie domestique prit les proportions d'une calamité nationale. Elle suscita des pensées sinistres dans tous les cœurs [1]. »

A côté du cours de l'abbé Gaultier, où j'apprenais, à la française, la *création du monde* et ses *quatre parties* — on ne nous parlait pas encore de la cinquième, adoptée plus tard, — la suite des rois de Rome et des rois de France, l'authentique Romulus, Pharamond, Clovis, etc., mon professeur allemand, il se nommait *Vogel* — oiseau — m'enseignait d'une manière toute différente les divers états du globe, la naissance progrès de la civilisation, les races, les migrations, les établissements des peuples ; il n'avait garde d'ou-

---

[1]. *Histoire de la Révolution* de 1848, par Daniel Stern, 2ᵉ édit. t. I, p. 71.

blier les antiques forêts de la Germanie; il me parlait du *Nibelungen Lied;* il le comparait à l'*Iliade*. Par sa méthode un peu vague, mais bien plus vivante que l'exposition artificielle des méthodes françaises, le professeur Vogel accoutumait mon esprit à considérer les choses dans un ensemble que rien, dans nos disciplines universitaires, ne fait pressentir à l'enfance.

Je dois beaucoup à la méthode germanique du professeur Vogel. Elle avait ses inconvénients; où n'y en a-t-il pas? elle aurait pu me jeter, comme beaucoup d'esprits allemands, dans la nébulosité des espaces, et me faire perdre pied dans l'infini; mais contrôlée, ramenée incessamment, comme elle le fut toujours, par l'enseignement français, à l'ordre et à la clarté [1], mon intelligence, il faut bien qu'il me soit permis de le dire, y acquit une étendue et des facultés synthétiques assez rares chez les esprits exclusivement dressés à la française.

Ce bon professeur *Vogel*, de qui je me souviens à cette heure avec gratitude et respect, me paraissait alors fort ennuyeux et passablement grotesque. Il s'habillait encore à l'ancienne mode : petite perruque

---

[1]. Un historien philosophe contemporain — Buckle — parle quelque part de la manière dont s'éleva et se développa, sous le règne du grand Frédéric, « *l'intellect allemand sous l'aiguillon de l'esprit français.* » Il me semble qu'il s'est produit dans mon éducation quelque chose d'analogue.

poudrée, à queue; culottes courtes, par toutes les saisons, de nankin en été, de serge en hiver; bas chinés, souliers à boucles. Il s'en allait ainsi trottinant par la boue des rues, son Homère ou son Virgile sous le bras, récitant à haute voix la leçon qu'il préparait pour le lendemain; se garant fort mal des éclaboussures, et ne prenant nul souci du rire des passants. Il n'était pas enjoué comme l'abbé Gaultier. Auprès des cours riants de la rue de Grenelle, ma leçon solitaire était bien morne. Cependant j'apprenais volontiers, sans peine, et j'en étais venue à parler, à écrire, à penser, ou plutôt à imaginer en allemand, tout aussi bien qu'en français.

La musique allemande, sous la direction de ma mère, contribuait aussi et de plus en plus au développement de mon intelligence. Ma mère, je crois l'avoir déjà dit, était musicienne. Elle avait pris à Vienne des leçons du célèbre Paër, et chantait agréablement, en s'accompagnant elle-même. Elle jouait sur un piano à queue, de *Stein,* dont les touches noires et blanches étaient placées à l'inverse de la coutume — les *dièzes* et les *bémols* en blanc, les notes *naturelles* en noir — et qui, à cause de cela, me psait singulièrement, les partitions de la *Zauberflöte,* de la *Cosa-rara,* de *Cosi fan tutte,* d'*Idomeneo.* J'avais des dispositions pour la musique : elle les cultiva de bonne heure. Elle me donna d'abord, puis elle me fit donner, quand elle ne se crut plus assez forte, des leçons de piano, de solfège, et même d'harmonie, ce qui paraissait étrange aux dames françaises. On sait qu'en France les leçons de piano, considérées comme le complément de toute bonne éducation, n'ont aucunement pour but d'initier une jeune fille au grand art de la musique, mais seulement de faire d'elle une machinale, une insipide exécutante, capable, en attendant le mariage, de divertir pendant une heure l'ennui des soirées de famille, de jouer en mesure, ou à peu près, une contredanse pour faire danser les voisines, à la campagne, d'accompagner au besoin quelque virtuose de sa force, exercée celle-là, aux arpéges de la harpe, ou bien à la romance.

Ma mère, par cela seul qu'elle était Allemande, avait de la musique une autre idée. Elle voulut que j'apprisse la basse chiffrée, le contrepoint, etc. Quand le célèbre Hummel vint à Paris, elle me fit prendre de ses leçons [1]. Hummel m'encouragea beaucoup dans mes études. Il me conseillait de m'essayer à la composition. Je n'y réussis point trop mal ; je trouvais aisément la mélodie ; d'instinct, j'allais à ces modulations *enharmoniques* par lesquelles se caractérise la musique la

---

[1]. Hummel était maître de chapelle du grand-duc de Saxe-Weimar. Il est question de lui, et avec de grandes louanges, dans les *Correspondances* et les *Entretiens* de Goethe.

plus moderne [1]. Plus tard, il m'est arrivé de regretter la négligence, puis l'abandon complet que j'ai fait de mes facultés musicales. Le penchant que j'ai toujours eu à concentrer mes désirs et mes efforts, à ne vouloir, à ne pratiquer qu'une seule chose, m'a fait ici, je le crois du moins, un tort véritable. Selon toute apparence, si je n'avais été un écrivain bon ou mauvais, j'aurais pu devenir un compositeur. En tout cas, fallait-il me ménager ce moyen d'expression, puisqu'il m'était naturel, et ne pas retrancher aussi complétement que je l'ai fait, de ma vie intellectuelle, une faculté créatrice que je tenais, comme parle *René*, « de Dieu ou de ma mère. »

[1]. Je me rappelle avoir composé plusieurs morceaux qui n'étaient pas sans charme : quelques valses très-allemandes ; le chant de la *Loreley* par Heine ; le chant de l'esclave dans la *Lucrèce* de Ponsard, etc.. Je ne sais ce que tout cela est devenu.

IX

Les lectures en cachette. — Mes compagnes : Esther et Adrienne.
— Un secret d'amour. — Mon frère. — Mes jardins idéalistes
et ses jardins réalistes. — M. Fiévée. — M. Théodore Leclercq.
— La comédie. — La mort.

Ma première communion faite, on me ramena au Mortier (1818). On m'avait déclaré, en sortant de l'église des *Petits-Pères*, où j'avais reçu le sacrement de l'eucharistie, que désormais *je n'étais plus une enfant*. Je me le tenais pour dit, sans trop entendre ce que cela pouvait bien signifier; et, de fait, ma vie commença de prendre plus d'intensité. La séve de la jeunesse montait; avec elle, des curiosités infinies.

Il y avait dans un petit *boudoir* proche du salon, où l'on se tenait de préférence en automne mais qu'on me laissait, à moi seule, l'été, pour y écrire mes devoirs, une armoire ou placard, fermée d'un grillage en fil de fer que doublait une soie verte fanée. Cette armoire renfermait, sur des tablettes, un assez grand nombre de livres en petits formats très-variés, fort joliment reliés, mais dont aucun n'avait été choisi en vue d'une bibliothèque de demoiselle. Jamais on ne m'avait défendu de lire ces livres, mais quelque chose me disait qu'ils devaient m'être interdits. La première fois que je tournai la clef du placard, étant seule, dans la simple intention de regarder les titres des volumes, je fus prise de peur, et aussitôt, me figurant entendre ouvrir la porte du boudoir, je refermai précipitamment l'armoire et je me rassis à ma table, avec l'air d'écrire. Cette dissimulation fut toute d'instinct, et l'on m'aurait, à coup sûr, fort embarrassée, si l'on m'en eût demandé la cause, car je ne désobéissais à personne; et quel mal pouvait-il y avoir d'ouvrir, pour regarder des titres de livres, une armoire dont la clef restait à la serrure?

Le jour suivant je fus plus hardie; sur le rayon le mieux à portée de ma main, je pris un volume, le plus petit, le plus joli; je l'ouvris. Il avait une gravure en tête; c'était le *Diable amoureux* de Cazotte; ç'aurait pu être pire. Un nouveau bruit me fit fuir, comme le rat de La Fontaine, avant que de goûter au mets friand. Mais j'y revins; et bientôt, dans cet exercice répété de l'armoire à la table et de la table à l'armoire, toujours l'oreille au guet, j'acquis une finesse de l'ouïe, une prestesse des jambes extraordinaires. Un jour, fatiguée de me tenir debout près de l'armoire, je m'assis avec mon volume à la table où j'étais censée travailler. C'était bien plus commode et plus sûr. Au moindre mouvement de chaise que j'entendais au salon, je fourrais le volume dans le tiroir de mon pupitre, sous mes cahiers d'analyses; et, trempant ma plume dans l'encre, j'achevais tant bien que mal la phrase commencée sur le premier empire des Assyriens ou sur les habitants de la Nouvelle-Zélande. Personne ne se doutait de rien; et de la sorte, je lus pendant toute une saison une infinité de romans : Madame Cottin, madame de Genlis, madame Riccoboni, Anne Radcliffe, qui mirent en désarroi ma pauvre petite cervelle. Un jour, j'eus la mortification extrême de trouver la clef de l'armoire ôtée. On ne l'y remit plus. S'était-on aperçu de quelque chose? C'est assez probable, mais j'ai dit qu'on ne me grondait jamais. Ma mère ou ma grand' mère s'étaient dit d'ailleurs peut-être qu'elles étaient, en ceci, les plus répréhensibles; bref, tout le monde se tut. Je fus fort attrapée. Mais, privée de mes lectures, je n'en gardais que mieux dans ma mémoire les noms, les im es les aventures romanesques que j'y avais entassées depuis six mois. Je continuai, à part moi, de vivre dans la compagnie de belles princesses, dans des bosquets enchantés où l'on soupirait d'amour; je ne rêvai plus que ravisseurs, blancs palefrois, bergers fidèles. Je savais désormais que le parfait bonheur, c'était de voir à ses pieds un beau chevalier, qui jurait d'aimer toute la vie. Bientôt ce beau chevalier m'apparut dans la personne du jeune fils d'un hobereau de notre voisinage, qui comptait un ou deux ans de plus que moi, et qui dès l'abord charma mes yeux. Il avait nom Louis. Il était blond, blanc et rose; il montait un petit cheval breton à crinière flottante; il suivait la chasse, armé gentiment d'un petit fusil fait à sa taille. Un jour, il me rapporta une perdrix blanche qu'il avait tuée; il me l'offrit galamment, d'un air fier et soumis. On le fit asseoir à table à mes côtés; on célébra son adresse; on but à sa santé. Il ne me dit rien, ni moi à lui; mais dans ce silence il sentit sans doute un encouragement, car, le lendemain, me voyant chercher un gant que je croyais avoir perdu à la promenade, il me dit qu'il l'avait trouvé dans le bois des Belles-Ruries et qu'il ne me le rendrait jamais. Il mentait comme tous les galants, car le gant se retrouva dans le jardin; mais n'importe, c'était là, je l'avais bien vu dans mes romans, une déclaration d'amour. Je l'accueillis d'un cœur et d'une imagination prévenus. Je ne saurais me rappeler ce que je répondis. Peu de chose apparemment, mais, dans mon for intérieur, je me jurai à moi-même de n'être point ingrate envers un si bel amour, de ne m'en pas laisser distraire, de ne conser-

tir jamais enfin, quelque chose qui pût arriver, à donner ma main ou mon cœur à d'autres qu'à mon doux ami. Ses parents, je l'avais entendu dire, n'avaient que peu ou point de fortune. Ce serait l'obstacle; il en fallait un, sans cela point de roman. Je me dis que nos amours allaient être contrariées; je me préparai à la lutte, et j'en fus toute réjouie. Mais cette joie d'avenir qui occupait toute ma pensée, je ne la communiquai à personne. J'y eus quelque vertu, car à cette époque je voyais très-familièrement deux aimables petites compagnes, pour qui je n'avais eu jusque-là aucun secret. Esther le Tissier, Adrienne de Bizemont étaient à peu près de mon âge, et leur éducation ressemblait beaucoup, sauf le germanisme, à celle qui m'était donnée. Elles habitaient avec leurs parents deux châteaux voisins du Mortier : *la Bellangerie* et *Jallanges*. On se réunissait réglément le dimanche dans l'un ou l'autre des trois châteaux, pour y passer ensemble toute la journée.

Durant les intervalles de nos jeux, dans nos babils, j'avais déjà parlé à mes compagnes de l'amour et de ce que j'en avais appris dans les livres; mais je ne leur fis point confidence de ce que je m'imaginais en av éprouvé dans la réalité. Quand mon petit ami se trouvait avec ses parents aux réunions du dimanche, je voyais qu'il n'avait d'yeux que pour moi. Nous nous entendions sans nous parler. J'aurais craint, en livrant mon secret, d'en faire évanouir le charme.

Je me sentais ainsi d'ailleurs sur mes compagnes une supériorité qui chatouillait mon orgueil, je me sentais jeune fille lorsqu'elles n'étaient encore que des enfants, et je cachais jalousement à tous les yeux l'objet qui captivait mon cœur. Je le cachais surtout, j'aurais voulu du moins le cacher aux regards et aux railleries de mon frère. Élève du lycée de Metz, puis de l'école de droit, il venait au Mortier passer les vacances. Nous étions alors beaucoup ensemble. Je le regardais comme un être très au-dessus de moi, non-seulement par ses six années d'avance dans la vie, mais aussi par son grand savoir, par ses voyages [1], par ses lauriers universitaires auprès desquels je ne me sentais qu'ignorance et obscurité. Maurice me plaisait, je l'aimais, j'attendais son arrivée en Touraine avec beaucoup d'impatience; mais il m'intimidait aussi; son esprit moqueur de collégien mettait bien mal à l'aise mes rêveries romanesques. Avec beaucoup de complaisance il s'associait à mes jeux; mais, en les dirigeant, il en altérait le caractère. Je me rappelle entre autres que, mes imitations de jardins sur une table, dans une chambre, lui paraissant jeux de petite

---

1. Mon père l'avait envoyé seul à dix-sept ans en Angleterre, pour y apprendre l'anglais: ce qui avait été fort critiqué par ses amis comme une nouveauté, dans l'éducation de la noblesse française, d'où ne pouvait rien sortir de bon. — Appendice II.

fille, il me persuada de faire un jardin véritable en plein air et en pleine terre. Au lieu de ces frêles tiges de plantes et d'arbrisseaux que je faisais tenir debout, par artifice, dans un enduit de deux pouces d'épaisseur, Maurice planta résolûment, dans un carré de jardin qu'on nous abandonnait pour y faire nos volontés, de vrais arbustes, avec leurs racines : des fraisiers, des framboisiers, des groseilliers, dont nous mangions les fruits. Au lieu de mes lacs figurés par un fragment de miroir, au lieu de mes cygnes en verre soufflé, mon frère se mit à creuser avec sa bêche un vrai canal; il le maçonna si bien que l'eau s'y tenait pendant plusieurs heures et qu'un canard tout en vie, qu'il allait prendre de force sur la mare de la basse-cour, y pouvait barboter. Au lieu de mes personnages de Nuremberg, figurant les promeneurs dans mes petits sentiers saupoudrés avec le sable d'or de mon écritoire, nous-mêmes, nous allions et venions gravement dans des allées de deux pieds de large. C'était assurément fort beau; mais, je ne sais pourquoi, ces jardins réels n'avaient pas pour moi l'attrait de mes jardins fictifs, et j'en fus bientôt lassée. N'était-ce pas précisément parce qu'il y avait là trop de réalité, parce que l'art s'y confondait trop avec la nature, parce que l'imagination n'avait plus assez de part dans notre plaisir, et que, au lieu d'une libre invention, nous n'avions plus sous les yeux qu'une reproduction amoindrie des objets qui nous entouraient? Tout le secret de l'art n'était-il pas là? Mon frère et moi, ne représentions-nous pas, sans nous en douter, l'interminable différend des réalistes et des idéalistes?

Indépendamment des réunions du dimanche, à la *Bellangerie*, aux *Belles-Ruries*, à *Jallanges*, mes parents fréquentaient aussi un voisinage nouveau qui me paraissait agréable. Le célèbre M. Fiévée [1] et son inséparable ami, Théodore Leclercq, venaient d'acheter, près de nous, la petite terre de *Villeseptier*, et tous deux ils faisaient beaucoup de frais pour nous y attirer. Tous deux, ils avaient beaucoup d'esprit, avec une renommée d'écrivains qui leur assignait un rang à part, à la fois supérieur et inférieur, dans la compagnie d'ancien régime, assez peu lettrée, qui les accueillait

---

1. M. Fiévée, né à Paris en 1767, mort en 1839, ancien préfet de la Nièvre, correspondant de Napoléon Ier, de Louis XVIII, adversaire déclaré de la Révolution et du gouvernement parlementaire. Il écrivit pendant plusieurs années dans le *Journal des Débats* et publia de 1814 à 1820 une correspondance politique et administrative. Son roman *La dot de Suzette*, publié en 1798, avait eu un très-grand succès; ses œuvres ont été publiées par J. Janin en 1842 Il conseillait, entre autres, l'établissement de curés-magistrats; il appelait le clergé *la vraie milice des rois*. Il était, dit M. Duvergier de Hauranne, le conseiller privé de l'opinion dont M. de Maistre était le prophète et M. de Bonald le philosophe. (*Histoire parlementaire.*)

M. Théodore Leclercq, né à Paris en 1777, mort en 1853, publia en 1823 un premier recueil de *Proverbes dramatiques* qui fut extrêmement goûté dans les salons.

en Touraine très-gracieusement, mais sous la condition tacite, néanmoins, d'être par eux amusée.

En ce qui me concernait, ils réussissaient on ne peut mieux, ayant pour moi mille prévenances.

La renommée littéraire et politique de M. Fiévée m'imposait; il avait un fort beau visage avec des manières graves et affables, auxquelles j'étais très-sensible. Enfin il causait avec moi comme avec une grande personne, et je lui en savais un gré extrême. Quant à M. Leclercq, affreusement grêlé de petite-vérole, quasi borgne et de manières sautillantes qui ne me plaisaient pas du tout, il était néanmoins le très-bien venu de moi et de mes compagnes, lorsque, à la demande générale, il consentait à nous faire lecture de quelqu'un de ses *Proverbes*. Les dimanches me semblaient plus attrayants quand nous en passions une partie à écouter ces petites comédies où il raillait avec gaîté les travers et les ridicules du siècle. Ces lectures étaient très-goûtées; leur succès, qui faisait du bruit, suggéra à M. Leclercq la pensée d'un succès plus grand. Il engagea ma mère à faire représenter chez elle, dans son salon de Paris, ces proverbes, dont la lecture ne donnait, disait-il, qu'une impression languissante. Mon frère, qui avait alors dix-neuf ans, favorisait un projet qui lui ouvrait les plus riantes perspectives; la chose fut convenue, et l'hiver suivant on monta chez nous un petit théâtre.

Théodore Leclercq, passionné pour son plaisir et pour sa gloire, en fut ensemble le directeur, le décorateur, le machiniste, le costumier, l'acteur principal. Mon frère le secondait de son mieux. Une ravissante femme, alliée à ma grand'mère Lenoir, la comtesse de Nanteuil [1], dont la vie à quelque temps de là allait prendre un tour si romanesque, et que je devais retrouver en Touraine, dans de singulières conjonctures, prit les rôles d'amoureuses. Un capitaine de vaisseau, ami de mes parents, le comte d'Oysonville, accepta l'emploi des *pères nobles*. Pour compléter la troupe, M. Leclercq proposa sa sœur, très-jolie femme, désireuse de paraître dans un cercle aristocratique où, sans l'occasion de la comédie, elle n'eût pas eu d'accès naturel. Madame *** était la femme d'un notaire. Mariée jeune à un homme riche, mais avare et d'humeur morose, elle se distrayait autant qu'elle le pouvait de l'ennui du foyer par le bal, le théâtre, la toilette et le bel esprit. On ne lui trouvait pas chez nous le ton de la plus haute compagnie, mais elle était empressée, spirituelle, avenante et bonne. Elle amusait ma grand'-mère qui la protégeait contre les pruderies des femmes *comme il faut*. Mon frère s'était pris dans ses lacs, le sien s'était fait indispensable, et l'on ne pouvait plus se permettre de le désobliger.

---

1. Elle était fille de la première femme de M. Lenoir dont on voit au Louvre le portrait peint par Chardin.

Madame*** fut donc de la comédie d'abord, puis de la compagnie, puis de la familiarité de mes parents; et sa fille, qu'elle menait partout avec elle, s'improvisa mon amie intime, avant que ni ma mère ni moi nous eussions songé à la rechercher ou à l'éviter. Les *Proverbes* joués pendant toute la saison d'hiver, dans l'appartement que nous occupions alors rue des *Trois-Frères*, vis-à-vis des jardins de l'hôtel du général Moreau, et qui amenaient chez nous beaucoup de monde, mirent autour de moi une atmosphère de coquetterie qui n'était pas la meilleure du monde pour une jeune fille. On commençait à me dire beaucoup trop que j'étais jolie; on me le disait autrement qu'à une enfant. Cependant, au lieu de me dissiper dans mes amusements mondains, je rêvais de solitude. Je faisais de longs voyages au pays des chimères. Je me voyais, en esprit, sous un ciel bleu, au bord d'une mer bleue, écoutant mon jeune ami, qui me jurait l'éternel amour, unissant à jamais ma destinée à la sienne dans les graves et doux liens du mariage...

Tout à coup, je fus précipitée de mes rêves, foudroyée par une terrible réalité : mon père, brusquement atteint d'une fièvre cérébrale, fut enlevé en trois jours. Pour la première fois, sur la face inanimée de l'être que j'aimais le plus au monde, je vis les pâleurs de la mort et l'immobilité rigide du dernier sommeil ! Jusque-là, je ne connaissais la mort que de nom.

J'avais lu, j'avais entendu dire qu'on mourait, mais je n'avais jamais vu mourir personne. La mort, c'était pour moi un mot abstrait qui ne se traduisait à mes yeux par aucune image. Je n'avais même jamais vu de malade, mon père et ma mère étant tous deux d'une santé parfaite. Comment dire, comment dépeindre la secousse, l'étonnement sinistre qui de la plus entière sécurité me jeta soudain en présence de ce *Roi des épouvantements* dont les plus grands courages et les plus hautes sagesses ne sauraient soutenir, sans un effort, l'aspect horrible?

C'était dans la première semaine d'octobre 1819; nous étions au Mortier. Je revenais d'une promenade dans le *grand bois,* et je rentrais à la maison bruyamment, causant et riant avec ma Généreuse, quand Marianne, qui m'attendait sur le perron, me dit de faire silence, que mon père était malade et couché. Elle avait, en me parlant, l'air très-sérieux. Me taisant aussitôt, je cours à la porte de mon père, j'y reste un moment, n'osant ni frapper ni parler. Le cœur me battait. Enfin je prends courage, j'entre avec précaution; je jette un regard craintif sur le lit, qui se trouvait tout près de la porte. Mon père était assoupi. Il ouvrit les yeux, me vit, me fit signe d'approcher, me demanda d'où je venais; je le lui dis. « Je suis bien aise que tu t'amuses, reprit-il d'une voix étrange, en me regardant avec une certaine fixité qui me fit peur; moi, je souffre. » Et il se retourna vers le fond de l'alcôve et ne parla plus. Je restai muette aussi, retenant mon haleine, immobile près de ce lit qui me paraissait lugubre. Je ne sais si ce moment se prolongea. Il fut pour moi d'une solennité que je n'oublierai jamais. Je venais d'entendre les dernières paroles que mon père devrait m'adresser en ce monde. Je ne le savais pas, et pourtant cette voix si chère m'avait fait mal. Encore aujourd'hui, elle murmure, à demi éteinte, à mon oreille, comme un reproche. Le lendemain il y eut beaucoup d'allées et de venues chez nous. Les voisins arrivaient. On ne me laissa point entrer dans la chambre de mon père. Le médecin de Tours, le Dr Gourreau, était venu. Il avait parlé très-bas avec le médecin du village; tout cela me serrait le cœur... Vingt-quatre heures s'écoulèrent. Le troisième jour, 8 octobre, comme j'entrais le matin dans la chambre de ma mère, pour lui souhaiter le bonjour à son réveil : « Prie Dieu pour ton père, me dit-elle, d'un ton grave, Dieu seul peut le sauver à cette heure. » — Je demeurai sans voix et sans pensée. Pendant que ma mère se levait et donnait quelques ordres, je me glissai, sans qu'on me vît, jusqu'à la chambre de mon père. Les médecins l'avaient quittée. La garde était dans la chambre voisine; je m'approchai du lit. Dieu! quel spectacle! Mon père était entré en agonie. Ses yeux étaient clos. Son visage était livide. De sa bouche béante sortait ce souffle rauque qu'on appelle le râle, et qui emporte avec lui le suprême secret des mourants. Je ne sais ni combien de temps je restai là, ni comment j'en sortis. Une demi-heure après, mon père avait cessé de vivre.

O mort! horrible mort! que de fois, depuis ce jour fatal, je t'ai revue! que de fois, implacable et muette à mes côtés, et sous quels aspects divers, toujours affreux! lente ou prompte, violente ou perfide, appelée par la lassitude ou repoussée par l'énergique instinct de la vie; toujours inattendue pour le cœur, toi qu'on sait pourtant inévitable, *antique mort!* Jamais, au berceau du nouveau-né, au chevet du vieillard chargé d'ans, dans le regard stoïque de l'homme fort, dans l'inquiet sourire de la jeune mère, je n'ai surpris à ta puissance inexorable un signe, une lueur, une compassion, une promesse. Jamais je ne sens ton approche sans que tout en moi frémisse, sans que mon âme éperdue entre en angoisse et s'écrie vers Dieu : où donc est ta bonté?

On nous emmena, ma mère et moi, à la Bellangerie. Pendant les premiers jours qui suivirent notre triste départ du Mortier, je résistai encore intérieurement à l'affreuse certitude qui m'ôtait mon père à jamais. Je me persuadais que tout ce que j'avais vu, entendu, c'était un effroyable cauchemar, que mon père avait disparu pour un temps, mais qu'il vivait mystérieusement quelque part et qu'il allait revenir. Puis, accablée par un tel effort de résistance à la trop certaine vérité, ma pensée s'était affaissée. Je demeurais morne, inerte, presque insensible... L'espérance de retrouver mon père dans une autre vie ne s'offrait pas à moi. Elle ne m'était pas naturelle apparemment, car, plus tard, au temps de ma plus vive ferveur et de ma plus grande foi catholique, jamais elle n'agit sur ma douleur, jamais elle n'en détourna le cours. Mon instinct germanique répugnait à se figurer la personne humaine renaissant ailleurs sous les mêmes formes et dans les mêmes conditions qu'ici-bas. Je n'ai jamais pu me représenter nos affections terrestres se perpétuant dans une vie future, en dehors de tous les modes de notre existence présente; nos joies exemptes de douleurs, nos tendresses sans déchirements, notre activité sans défaillance, toute notre manière d'être enfin, de sentir, de penser et d'agir, transportée dans une autre sphère que le globe où nous sommes nés! La réponse de Guillaume de Humboldt à une amie qui le pressait de s'expliquer sur cette inquiétude d'une autre vie, qui jamais ne no quitte et jamais ne s'apaise en nous, est la seule que je pourrais et voudrais faire à moi et aux autres, dans toute la sincérité de ma conscience et de ma raison :

« Je crois à une durée dans l'avenir, je regarde un

revoir comme possible... Mais je ne voudrais pas m'en faire une représentation humaine, et il m'est impossible de m'en faire une autre [1]. »

La première pensée consolatrice que je sentis surgir en moi, après l'accablement du désespoir, le premier battement de mon cœur, la première pulsation de la vie ranimée ce fut, à l'arrivée de mon frère, dans la longue étreinte où nous confondîmes nos larmes. Jusque-là j'avais aimé beaucoup mon frère. A partir de ce moment, je me soumis à lui de toute mon âme. Il m'apparut comme un père plus jeune, comme un guide, comme un appui dans le monde que je ne connaissais pas. Il prit à mes yeux un caractère d'autorité bienfaisante sous laquelle je m'inclinai d'un élan naturel à mes instincts hiérarchiques. Je fis vœu, à part moi, dans ce moment cruel et doux où il me serrait tout en larmes sur sa poitrine, de reporter sur ce frère aîné toute la piété filiale, tout le respect et tout l'amour que j'avais eus pour mon père. Il ne sut rien de ce vœu, il ne devina pas ce don entier que je lui faisais de mon cœur, de ma volonté, de ma vie, que je n'ai pu retirer qu'en de cruels déchirements, tant il était vrai et profond, malgré mon

---

[1] « Ich glaube an eine Fortdauer, ich halte ein wiedersehen für möglich, wenn die gleich starke Empfindung zwei Wesen gleichsam zu Einem macht. Aber menschliche Vorstellungen möchte ich mir nicht davon machen und andre sind hier unmöglich. » W. von Humboldt *Briefe an eine Freundin*, 19 ter Brief.

jeune âge. Il n'a jamais connu la puissance de douleur qu'il a exercée sur moi dans les heures cruelles où j'ai senti qu'en dépit de son amitié si vive aussi et si tendre il ne pourrait pas être pour sa sœur le salutaire et bon génie qu'elle invoquait alors, et que cette sagesse fraternelle à qui déjà, d'instinct, je demandais secours pour l'avenir, n'aurait point d'action sur ma vie [1].

---

1. Dans les dernières années de sa vie, mon frère m'exprimait des regrets semblables. Il se plaisait à me rendre ce témoignage que je lui avais toujours marqué non-seulement une vive tendresse, mais encore, en tout ce qui avait dépendu de moi, la déférence que dans les anciens temps l'on croyait devoir à l'aîné de la famille. Il en paraissait très-flatté, connaissant comme il le faisait mon indépendance d'esprit et de caractère. De son côté, il apportait dans nos relations une aménité, une bonne grâce exquise, une sorte de galanterie fraternelle qui charmait tous ceux qui nous voyaient ensemble. Bien qu'en tout, caractère, opinion, penchants, habitudes d'esprit, nous fussions très-opposés, une chose nous était commune, la douceur des manières, l'ouverture d'esprit, la bienveillance dans les jugements, le désir naturel de nous complaire et de nous faire valoir. Bien qu'il fût un peu timide d'esprit, il prenait goût aux hardiesses du mien, et se bornait à dire, en souriant, que la nature apparemment s'était trompée en faisant de lui le frère et de moi la sœur. Les rôles changés, ajoutait-il, tout eût été au mieux, aucune difficulté ne fût survenue, et nos destinées à tous deux eussent été parfaites.

X

Francfort et les fêtes du *Bundestag*. — M. de Chateaubriand. — Préjugé francfortois contre les juifs. — *Le Ghetto* — La visite de *Amschel Rothschild*. — Colère de la *vieille dame*.

L'année qui suivit fut longue et triste. J'ai beau chercher dans ma mémoire ce qui se passa chez nous, je ne me rappelle rien ni de mes études, ni de mes distractions, ni de mes amitiés, ni même de mes sentiments intimes. On dirait que le vide s'était fait dans mon existence, et que, avec la personne adorée de mon père, tout avait disparu, tout s'était évanoui dans mon cœur et dans mon esprit.

Cependant la jeunesse a trop besoin de mouvement, la vie, en elle, est trop intense pour qu'elle puisse indéfiniment s'absorber dans un regret, si profond qu'il soit. Un événement extérieur vint faire diversion à ma douleur qui, en se prolongeant, altérait ma santé et même mon caractère.

A la fin de notre deuil, nous allâmes en Allemagne (1820-1821). Mon père qui avait, paraît-il, le goût, mais non la capacité des affaires, avait compromis la fortune de ma mère dans des entreprises malheureuses et qui embarrassaient la succession. L'oncle Bethmann conseillait à sa sœur de venir à Francfort, promettant d'obtenir de mon aïeule, pour cette première année d'une liquidation difficile, la remise de la pension de vingt-cinq mille francs que, en vertu du testament de mon grand-père, chacun de ses enfants servait à la *vieille dame*.

Mon frère, par la protection de M. Pasquier, ami et allié de notre grand'mère Lenoir, et qui avait depuis un an (novembre 1819) le portefeuille des affaires étrangères, entrait dans la carrière diplomatique [1]. Il était attaché à la légation de France en Prusse, et devait rejoindre, à Berlin, son ministre, le marquis de Bonnay. Nous partîmes donc tous trois ensemble pour Francfort vers la fin de novembre de l'année 1820. Il ne pouvait plus être question de me mettre en pension. — J'avais quatorze ans et je paraissais en avoir seize. La tristesse qui m'avait pénétrée après la mort de mon père, la nature, qui s'était dé-

1. Appendice I.

clarée en moi dans ce premier ébranlement, la rêverie romanesque qui m'avait tout envahie, me donnaient un air de gravité au-dessus de mon âge. Comme aussi ma mère, que mon oncle avait priée d'aller dans le monde avec sa jeune femme, ne voulait pas me laisser aux soins d'une dame de compagnie, chez ma grand'-mère aveugle, elle me conduisit avec elle au bal, dans les concerts, dans les réunions de la société francfortoise et du *Bundestag*. C'était un moment très-brillant. Les ambassadeurs accrédités auprès de la diète germanique, que présidait alors le comte de Buol-Schauenstein, ministre d'Autriche, donnaient des fêtes splendides; le haut commerce et la banque ne restaient pas en arrière : magnificences de toutes sortes, orchestres retentissants, buffets immenses tout chargés de vaisselle d'or, riches livrées, c'était une émulation sans paix ni trêve de plaisirs et de vanités. Un concours extraordinaire de belles personnes, les demoiselles de Buol-Schauenstein, la comtesse de Maltzahn, belle-fille du comte von der Goltz, ministre de Prusse, ma tante Bethmann, madame de Guaita et ses deux sœurs, les demoiselles Schweitzer, les deux filles de la comtesse de Pappenheim, etc., répandaient sur ces assemblées un éclat de vie que toutes les profusions du luxe ne sauraient suppléer là où il manque.

C'était véritablement un monde féerique; et quand je me le rappelle aujourd'hui, je me demande quelle supériorité ou quelle infériorité de nature m'y laissait comme indifférente.

Ma mère me conduisait aussi au théâtre. On y donnait l'opéra allemand avec une troupe excellente. J'y retrouvais, vivantes, animées, les partitions où l'on m'avait enseigné la musique : *les Noces de Figaro, Don Juan, Obéron,* l'*Alceste* et l'*Orphée* de Gluck, *la Vestale* de Spontini. Là, j'étais véritablement charmée. Là, mon âme s'ouvrait à des joies profondes. Là, tout enfant que j'étais par les années, j'éprouvais des émotions si vives que le souvenir m'en est resté ineffaçable.

Au bal, sans me dire pourquoi, ma mère m'interdisait de valser. Elle suivait en cela les bienséances françaises, qui ne permettaient pas à cette époque la valse aux jeunes demoiselles. Mais sa prudence, si c'en était une, y gagnait très-peu, ou point du tout. Comme l'orchestre ne jouait pas plus de deux ou trois contredanses par bal, le reste du temps, les banquettes se dégarnissant des jeunes valseuses, j'y restais seule assise, sans occupation ni contenance. Il arriva qu'un jour, par hasard, un vieux diplomate étant venu s'asseoir auprès de moi, il noua la conversation en m'interrogeant sur la société parisienne ; mes réponses lui plurent. Il le dit à ses collègues et leur vanta mon esprit.

Tous y vinrent l'un après l'autre : *M. Lamb*, ministre d'Angleterre ; *M. de Pechlin*, envoyé de Danemark ;

M. de Blittersdorf; le syndic de Hambourg, *M. Gries*; curieux d'abord, puis charmés de trouver dans une enfant le sérieux d'une intelligence formée. On m'entoura, on me flatta, on me *fit la cour*. En voyant que des hommes de tant d'esprit préféraient ma conversation à toute autre, ma pauvre petite cervelle entrait en ébullition. Mon frère, qui nous arrivait de Berlin, s'en aperçut. Il en fit apercevoir ma mère; et ils décidèrent entre eux que, s'il fallait revenir une autre année, on me laisserait à Paris, plutôt que de m'exposer encore une fois à des excitations de l'amour-propre qu'ils jugeaient, avec raison, au moins prématurées. Mais on ne me dit rien de ce complot, et je continuai à m'amuser dans la très-flatteuse et un peu dangereuse compagnie des vieux diplomates du *Bundestag*.

Un incident de cette vie, étrange pour une enfant, mérite d'être rapporté.

M. de Chateaubriand venait d'être nommé ministre plénipotentiaire de France en Prusse. Il se rendait à Berlin (6 janvier 1821), pour y remplacer M. de Bonnay, et devait, passant par Francfort, s'arrêter un jour chez le comte de Reinhardt [1] Ma mère, qui désirait de recommander son fils au nouvel

---

[1]. Le comte de Reinhardt, ministre plénipotentiaire de France à la diète germanique, passait pour un très-savant diplomate. Il connaissait son mérite et l'accusait par la plus incroyable raideur que j'aie jamais vue. « Il se tient si droit qu'il passe la perpendiculaire », avait dit de lui M. de Talleyrand.

ambassadeur, avait prié un attaché à la légation française, M. Denys-Benoist, de la prévenir du passage de l'homme illustre. « Je vous annonce un voyageur », dit M. Denys-Benoist d'un air tout heureux, en entrant une après-midi dans le petit salon que nous occupions au *Vogelstrauss :* puis il nous invita, de la part du comte de Reinhardt, à venir prendre le thé, le soir même, à l'ambassade, avec le vicomte de Chateaubriand. Je me sentis très-émue à la pensée que j'allais voir tant de gloire. J'avais lu le *Génie du Christianisme* et *les Martyrs.* Les tableaux de Guérin, de Girodet, de Gérard, *Atala et Chactas, Eudore et Cymodocée*, hantaient mon imagination. Je voyais dans mes rêves l'immense Atlantique, les savanes, les forêts, les déserts du Nouveau-Monde, les rives du Meschacébé, et surtout cette cellule solitaire, sur les grèves de l'Armorique, où l'amour et la foi, la passion et l'honneur se livraient dans l'âme d'Amélie le combat mortel. Je me croyais, moi aussi, en proie au *vague des passions*, à cet *ennui* de source divine, dont Chateaubriand répandait, de sa coupe enchantée, sur toute ma génération, la dangereuse ivresse. Je me croyais, moi qui n'avais rien fait encore, et presque rien pensé, je me sentais, avec René, « fatiguée de la gloire et du génie, du travail et du loisir, de la prospérité et de l'infortune! » J'étais *chateaubrianisée* enfin, de telle sorte qu'il ne fallut pas moins de deux révolutions et de toute leur puissance d'affranchissement pour m'arracher à ce grand fascinateur, à ce Jean-Jacques aristocratique qui régnait alors sur la jeunesse, sur les femmes en particulier, d'un empire aussi absolu que celui du Jean-Jacques plébéien sur le siècle qui venait de finir [1].

En voyant ma mère faire les apprêts de sa toilette sans s'occuper de la mienne, j'eus le cœur bien gros. Elle s'en aperçut, et me voyant prête à pleurer, elle me dit de passer une robe pour venir avec elle à l'ambassade. La joie que je ressentis n'est pas imaginable. Il me semblait que j'allais voir un être à part, un homme au-dessus de tous les autres, un demi-dieu! — Le demi-dieu fut très-poli pour ma mère, mais il ne m'adressa pas la parole. Au bout d'une heure, nous partîmes sans qu'il eût daigné voir que j'étais là. Moi, je n'avais pas vu qu'il ne me regardait pas, tant je m'étais oubliée à le contempler.

1. Il est digne de remarque que les trois femmes les plus illustres de la France, en ces derniers temps, procèdent toutes trois de Jean-Jacques. Madame Roland s'en émancipait à peine, par Tacite, lorsqu'elle fut soudain moissonnée par le couteau de la guillotine, avant l'entier affranchissement de sa pensée. Madame de Staël, en ses jeunes écrits, est élève de Rousseau; l'Allemagne et l'Italie élargirent plus tard ses horizons, mais sans la soustraire complétement à l'influence première. Madame Sand, enfin, emprunte à l'auteur d'*Emile* et des *Confessions* tout le fond de ses sentiments, tout ce qui n'est pas spontané dans le mouvement de son style.

Chateaubriand, bien qu'il eût alors cinquante-deux ans, et qu'il parût, comme on sait, un peu contrefait à cause de sa tête très-forte pour son corps assez petit, était d'une beauté frappante. La grandeur était à son front ; dans ses yeux, la flamme ; dans sa belle chevelure, le souffle du génie ; dans toute sa personne, une grâce superbe, un air d'ambition lassée qui semblait descendre vers vous du haut d'un trône ; sur ses épaules inégales [1], comme une pourpre invisible, qui mettait la distance entre lui et le commun des mortels.

Quand je revis, cinq ans après, Chateaubriand, c'était dans tout l'éclat d'une fête qu'il donnait au ministère des affaires étrangères ; je le revis encore, et pour la dernière fois, à l'Académie française, un jour qu'il avait voulu y venir pour honorer la réception de Ballanche. Combien je le trouvai changé, alors ! La vieillesse, le chagrin et comme la honte de vieillir

---

1. On a disputé sur l'inégalité des épaules et sur la couleur des yeux de Chateaubriand. Quant à son air superbe et ennuyé, je lui appliquai plus tard ce vers du bon compagnon *Frosch*, lorsqu'il voit entrer, dans la taverne d'*Auerbach*, Faust et Méphistophélès :

« Sie scheinen mir aus einem edlen Haus ;

« Sie sehen stolz und unzufrieden aus. »

« J'ai été frappé en le revoyant de son attitude infirme, écrit Alfred de Vigny en 1842 ; ses jambes sont fort courtes, ses épaules hautes et la droite très-grosse, sa tête énorme et son nez long et pointu, ses manières pleines de bonne grâce du grand monde. »
(*Journal d'un poète.*)

avaient fait en lui d'affreux ravages. Tout s'était affaissé, l'âme et le corps. Il ne marchait plus qu'en apparence ; ses jambes grêles et fléchissantes ne le portaient pas ; on le soutenait, et il en ressentait une contrariété ingrate. A un passage du discours de Ballanche où il était nommé, il pleura comme un enfant ; il tira de sa poche pour essuyer ses larmes un immense mouchoir à carreaux bleus qui me rappela, par contraste, la rose épanouie dont il jouait gracieusement pendant la visite de ma mère à l'ambassade de France. La caducité de Chateaubriand me fit mal à voir. Toutefois la première impression, la première et noble image qui s'était gravée de lui dans ma mémoire me revint plus tard et finit par chasser l'autre. Je lui gardai un culte. De secrètes affinités m'attiraient vers ce gentilhomme, voyageur à travers le monde et les idées. Encore aujourd'hui, certaines pages de *René*, certains tableaux des *Mémoires d'outre-tombe* exercent sur mon esprit une séduction que je ne saurais attribuer uniquement à leur beauté littéraire.

La tombe du *Grand-Bé* a vu mon pieux pèlerinage ; la terre bretonne, avec sa grande tristesse, m'attire. Je ne prononce pas enfin ce beau nom de Chateaubriand sans qu'il éveille en moi d'incroyables solennités.

Un jour, peu de temps après la publication de mon premier roman — *Nélida*, — j'appris qu'on l'avait lu à l'auteur de *René*, du moins en partie, et qu'il avait dit, — se souvenait-il de l'auteur? — « J'aime ce talent singulier. » Ces quelques paroles, rapportées par un ami, me donnèrent une joie extrême. Je ne crois pas qu'aucun succès m'ait jamais trouvée plus sensible.

— Je ne quitterai pas ma ville natale, je ne quitterai pas ces bords du Mein où j'ai vu le jour, sans leur donner encore un regard. Je m'en éloigne en ce moment pour ne les plus revoir que vingt ans plus tard et dans des circonstances entièrement changées [1]. Il faut me pardonner si je m'y arrête quelque peu, et si je me complais à les décrire tels qu'ils apparaissent dans les frais souvenirs de mon adolescence.

La ville de Francfort [2] est une des mieux situées que je connaisse, et des plus intéressantes par ses contrastes. Elle est assise sur les deux rives du Mein, dans une large vallée que borne à l'horizon la chaîne du *Taunus*, au milieu de prairies, de vergers, de champs fertiles, où l'air pur des cimes boisées entretient une fraîcheur délicieuse.

L'empire de Charlemagne et le moyen âge ont

---

1. Les circonstances étaient alors changées pour moi seule. Elles le sont à cette heure aussi pour la vieille cité impériale arrachée violemment à son existence indépendante et historique. (1869).

2. Aux temps anciens *Hélénopolis*, s'il faut s'en rapporter à Henri Estienne. Appendice J.

laissé à la vieille cité leur rude empreinte, tandis que l'activité spontanée et le libre développement de la richesse moderne ajoutaient, d'année en année, quelque agrément à sa physionomie riante et charmante.

Le dôme, avec sa haute tour, la maison de ville ou *le Rœmer*, bâti sur l'emplacement de l'antique *Burg* des empereurs, qui venaient y prendre la couronne, et où, deux fois l'an, au printemps et à l'automne, se dressaient les boutiques, les étalages des foires immenses [1], l'*Eschenheimer Thor*, le *Nürnbergerhof*, le *Braunfels*, restes des anciens cloîtres; les rues étroites aux courbes capricieuses, les maisons en bois aux toits aigus surplombants, le *Ghetto*, rendaient présent dans Francfort un sombre et lourd passé, féodal et monacal. Mais, depuis plus d'un quart de siècle, tout y allait rapidement vers l'air et la lumière. Les remparts abattus, les fossés comblés faisaient place à une ceinture de bosquets, de pelouses verdoyantes. De

---

1. Il faut lire, dans les Mémoires de Goethe, la description de ces foires et des cérémonies symboliques qui en marquaient l'ouverture. Le poëte fait au sujet de l'extrême étroitesse des vieilles rues de Francfort une remarque ingénieuse. On dirait, écr l'auteur de *Wilhelm Meister*, que les petits commerçants qui s'y logèrent voulaient pouvoir serrer de plus près le passant, l'atteindre de la voix et du geste, le forcer en quelque sorte à s'arrêter aux étalages qui se joignaient presque d'un bord à l'autre de la rue.

Der Krämer liebt die engen Strassen, als wenn er den Käufer mit Händen greifen wollte.

jolies *villas* à l'italienne s'élevaient, entourées de jardins, dans des rues spacieuses. Le théâtre, le musée, la bibliothèque, de magnifiques hospices, les statues monumentales de Guttemberg et de Goethe, le cimetière nouveau, sur la colline, avec ses grands horizons, ses galeries ouvertes, ses sculptures, ses corbeilles de fleurs, ses salles vigilantes où la mort apparente est protégée contre la précipitation des vivants [1]; toutes les sollicitudes, toutes les bienfaisances, toutes les élégances de la vie moderne donnent au citoyen, donnent à l'étranger dans Francfort un sentiment de sécurité, de bien-être et de douce animation que je n'ai rencontré au même degré nulle part.

Au temps dont je parle, une seule chose faisait tache dans ce riant tableau : le *Ghetto* et sa population frappée d'anathème par le préjugé chrétien. En dépit des décisions du congrès de Vienne, il avait fallu des années, la puissance croissante des Rothschild, le crédit des Metternich et des Hardenberg, l'effort des hommes éclairés, de mon oncle Bethmann

---

1. Avant de clouer le mort dans sa bière, on le laisse, pendant un temps plus ou moins long, couché sur un lit de repos, la main sur le cordon d'une sonnette que mettrait en mouvement la plus imperceptible agitation d'un doigt léthargique. Tout à côté se tient le gardien. Dans les salles voisines tout est préparé pour de prompts et énergiques secours. On s'étonne qu'une telle précaution ne soit pas organisée dans toutes les villes d'Europe. Elle fait le plus grand honneur à la municipalité de Francfort qui l'a établie une des premières.

entre autres, pour que la grille haineuse qui séquestrait chaque soir la tribu de Juda dans ses rues sordides fût enlevée. Les catholiques, presque tous d'origine italienne [1], les *Brentano*, les *Guaita*, les *Penco*, les *Leonhardi* etc., ne montraient point d'aversion pour les juifs, mais ils étaient comme eux en minorité, et l'opinion luthérienne les accablait de mépris; ma mère qui, à demi française, avait perdu à l'égard des juifs, comme à tant d'autres égards, l'âpreté des préjugés francfortois, envoyait chaque matin mon frère au *Ghetto*, pour y apprendre la mathématique d'un vieux juif qui passait pour le plus grand et qui était, à coup sûr, le plus sale, le plus déplaisant algébriste du monde. Elle vint aussi en aide à l'*oncle* dans une occasion délicate où il s'agissait de remporter une victoire décisive sur les préventions de la *vieille dame*. Ma tante Louise venait de mettre au monde un fils. Elle recevait, dans un beau lit à estrade, couchée dans la dentelle et la fine batiste, les visites de couche. Le chef de la maison Rothschild s'annonça [2]. Mon oncle ne vit rien là que de très-simple,

---

[1]. Cet élément italien de la population de Francfort m'a souvent fait réfléchir. Goethe n'aurait-il pas puisé dans son sang, ai quelque alliance de famille, cette *Sehnsucht* de l'Italie qu'il a si bien fait sentir dans sa création de Mignon? — Moi-même, n'aurais-je pas, de cet aïeul maternel qui portait le nom d'*Adami*, le goût, l'inclination, la passion de la terre italienne?

[2]. Amschel-Rothschild, fils aîné de Meyer Amschel, fondateur

et, dans le récit sommaire qu'il faisait chaque soir à mon aïeule de l'emploi de la journée, il mentionna cette visite projetée d'Amschel Rothschild. Il n'avait pas prévu le soulèvement d'indignation qu'il provoqua. Quoi ! ce malheureux fils de juif allait venir en sa maison, il allait entrer dans la chambre de sa belle-fille, toucher de ses mains, peut-être, le berceau chrétien de son petit-fils ! Cette pensée la mettait hors d'elle-même, et il ne fallut rien de moins que l'accord de toute la famille pour la réduire à supporter ce changement des temps et cette incroyable diminution de la fierté chrétienne dans sa propre famille !

L'obstination du préjugé francfortois contre les juifs avait de quoi surprendre dans une population qui d'ailleurs était extrêmement cultivée.

Comme dans tous les pays protestants, la culture et le désir du progrès descendaient dans Francfort jusqu'au plus bas des couches populaires. Le gouvernement municipal, où les artisans avaient part et qui se renouvelait fréquemment par l'élection, n'était pas sans quelque analogie avec l'État florentin. Comme à Florence, on avait à Francfort le goût des arts, on honorait la science; on fréquentait le théâtre. Les fêtes du couronnement avec leurs pompes tradition-

de la maison, frère du baron James, du baron Charles, du baron Salomon et de Nathan de Rothschild.

nelles, les grandes foires privilégiées qui s'ouvraient au pied du *Rœmer* par des cortéges symboliques, les vieilles légendes du Rhin, les chants de Luther, entretenaient au foyer et même au comptoir une certaine flamme poétique qui relevait la médiocrité de la vie bourgeoise. Il est bien entendu que je ne faisais alors aucune de ces réflexions; mais, sans m'en apercevoir, je m'imprégnais par tous les pores des influences d'une atmosphère physique et morale que je ne saurais mieux caractériser qu'en l'appelant goethéenne [1].

1. Appendice K.

XI

L'hôtel Biron. — Le couvent du Sacré-Cœur. — Le père Varin. — Madame Eugénie de Gramont. — Madame Antonia.

L'année suivante, ma mère, obligée de retourner à Francfort, et rendue attentive, par les observations de mon frère, aux inconvénients sans nombre pour une aussi jeune fille que je l'étais, de toutes ces dissipations, de toutes ces splendeurs du *Bundestag*, décida de me laisser à Paris dans un pensionnat. Celui des *Dames du Sacré-Cœur* était estimé alors le plus *comme il faut* de tous. Je ne crois pas qu'on eût d'autres motifs de le choisir. En ce qui me concernait, je ne fis pas une observation. La volonté de ma mère et de mon frère aîné ne me paraissait pas chose discutable. D'ailleurs la vie mondaine que l'on redoutait pour moi avait eu des prises si superficielles sur mon âme et sur sa simplicité qu'elle n'y laissait aucune trace. J'entrai sans répugnance au couvent du Sacré-Cœur. Rien n'avait été négligé pour m'en rendre le séjour agréable. Mes parents avaient demandé pour moi des priviléges; on les avait accordés sans trop de peine. Les congrégations dirigées par les jésuites savent faire ployer la règle dans toute occasion importante : j'en étais une.

Appelée par mon nom et par ma fortune à quelque grand mariage; destinée, on pouvait le croire, à faire quelque figure dans le monde, j'étais une influence à ménager, à conquérir, pour la plus grande gloire de Dieu et pour l'avantage de l'ordre. Il n'y avait donc pas lieu de se montrer récalcitrant, ni de trop débattre les conditions que mettait ma mère à mon entrée dans le pensionnat. J'eus ainsi une chambre pour moi seule, au lieu du lit au dortoir; un piano, pour moi seule, dans cette chambre, avec le privilége d'y prendre mes leçons de musique et d'y recevoir, sous la surveillance d'une religieuse, un vieux maître en perruque, un professeur du conservatoire, M. Adam. Il fut entendu aussi que je sortirais non-seulement à mon tour, et selon l'ordre établi, mais toutes les fois qu'on me demanderait, soit chez ma grand'mère Lenoir, soit chez la princesse de La Trémoïlle, soit chez ma sœur de mère, madame Auguste Ehrmann. Les réserves tant soit peu hérétiques de ma mère touchant les abstinences ne furent pas non plus discutées; et de la sorte, sauvegardée contre la rigidité de la vie monastique, le 28 du mois d'avril de l'année 1821, moi qui avais vu de près déjà Satan, ses pompes et ses œuvres, je franchis, docile et résignée, sans retourner la tête, le seuil de la maison du Seigneur.

Il faut dire que cette maison, comme le *monde* d'où l'on me retirait brusquement, avait un air de grandeur.

J'ignore si les changements projetés dans les alignements du faubourg Saint-Germain doivent le faire disparaître, mais à l'heure où j'écris [1], l'hôtel Biron est debout encore dans toute sa fierté et tel qu'il s'élevait, un siècle auparavant, sur le plan majestueux de l'architecte Gabriel. Entre sa cour d'honneur et ses jardins célébrés jadis comme une des merveilles de Paris, et qui s'étendent le long du boulevard des Invalides, sur le vaste espace compris entre la rue de Varennes et la rue de Babylone, à l'ombre de ses quinconces de tilleuls et de marronniers, entourée de ses dépendances seigneuriales, avec son haut perron et ses abords imposants, la demeure du maréchal Biron « qui poussait la galanterie à son dernier période [2] », devenue l'asile des dames du Sacré-Cœur de Jésus et du Sacré-Cœur de Marie, garde

1. 28 juin 1866.
2. Du Coudray.

dans son aspect beaucoup plus de l'orgueil de sa condition d'autrefois que de l'humilité de son état nouveau. L'appropriation aux exigences d'une institution monastique et scolaire n'avait guère plus modifié l'intérieur que l'extérieur de l'hôtel Biron. Les classes et les parloirs du rez-de-chaussée, l'escalier monumental, les dortoirs du premier étage conservaient l'ordonnance et les nobles proportions de leur destination première. Les glaces ôtées ou voilées, le crucifix suspendu aux rinceaux dorés des salons avertissaient, à la vérité, qu'on était dans un lieu de pénitence ; mais l'impression qu'on recevait en y entrant, l'air qu'on y respirait, libre et sonore, n'inclinaient le cœur ni à la servitude volontaire ni à la modestie des vertus chrétiennes. Les religieuses, non plus, sous leur voile noir, avec leur croix d'argent sur la poitrine et leur long rosaire au côté, ne se piquaient pas d'oublier leur origine. La plupart étaient d'ancienne maison, quelques-unes d'un sang illustre. Elles ne prenaient leurs élèves, à de rares exceptions près, que dans les familles nobles de la cour ou de la province ; et, sans qu'il fût précisément question de différence de rang ou de supériorité de race dans l'éducation qu'elles donnaient, le ton général en était au plus haut point aristocratique. Ce ton ne me déplaisait pas. Bientôt aussi, malgré l'indifférence religieuse où j'avais été élevée dans la maison maternelle, je me laissai aller au charme mélancolique de la vie des cloîtres. Ce charme agit sur les jeunes âmes d'autant plus qu'elles ont en elles plus de facultés poétiques et une plus fervente ardeur d'aimer [1]. Il m'enveloppa si bien qu'il faillit me retenir.

— Mais je n'en suis pas encore là, et je reviens à la première heure de mon entrée dans les classes de l'hôtel Biron.

J'en vois d'ici le tumulte. On était en récréation. La religieuse qui présidait aux amusements déclara, en me nommant aux élèves, qu'en l'honneur de la *nouvelle* elle accordait une prolongation d'un quart d'heure. Une acclamation bruyante lui répondit. On m'entoura, on me fit fête. On m'ouvrit les *rondes* : *Nous n'irons plus au bois*; *La tour, prends garde*, etc. On me mit au courant des jeux que je ne connaissais pas; on me bombarda de questions : Quel âge avez-vous? Dans quelle classe entrez-vous? Combien de temps resterez-vous ici? L'une des élèves ayant dit aux autres que j'allais avoir *ma chambre à moi*, les étonnements n'eurent pas de fin. A mesure qu'on se familiarisait, malgré mon extrême réserve, on me faisait des déclarations d'amitié. On louait mon air doux; on a'e os-

[1]. On dirait qu'aux approches d'un temps où la vie monastique n'aura plus de raison d'être, et où les couvents catholiques disparaîtront, ce charme, comme tout ce qui va finir, a exercé une action plus vive. Il faut relire les aveux de madame Roland, de Lamennais, de George Sand, d'Ausonio Franchi, de Lacordaire.

tiquait que j'allais être d'agréable compagnie. Avant la fin de la récréation, on m'avait inventé un surnom qui n'avait rien de fâcheux . Ma future camarade de classe, Marie de Menou [1], ayant spontanément découvert l'anagramme de mon nom de famille, elle m'appela aussitôt d'un nom barbare et fier, qui sentait son héroïne de roman du Nord : la belle *Yngivalf*. Assez déconcertée d'un accueil et d'un succès qui contrastaient étrangement avec mes succès du *Bundestag*, ne sachant s'il y avait dans cette appellation, *la belle Yngivalf*, plus de sympathie ou de moquerie, j'éprouvais un certain malaise à la vue de cet essaim bourdonnant de jeunes filles, mal attifées dans leur uniforme de mérinos amarante singulièrement bigarré, selon les classes, de rubans jaunes, verts, bleus ou blancs, les cheveux mal peignés retenus dans de vilains filets noirs, mal chaussées, mal tenues enfin des pieds à la tête. J'éprouvais encore un autre embarras qui me venait, celui-là, de ma modestie.

On m'avait demandé dans quelle classe j'allais entrer. Je n'en savais rien. Je me figurais, je ne sais pourquoi, que les élèves du Sacré-Cœur étant nécessairement très-savantes, je me verrais reléguée parmi les petites filles, dans les classes inférieures; je rougissais à l'avance de la confusion qui m'attendait et j'en dormis fort mal à l'aise la première nuit. Mais, à ma

---

1. Depuis comtesse de Luppé.

grande surprise, dès le lendemain matin, sans aucun examen préalable, la maîtresse générale, madame Eugénie de Gramont, en venant s'informer elle-même de la manière dont j'avais passé la nuit, me remit de sa main, avec un grave sourire, la ceinture en ruban noir, qui distinguait, au-dessus de toutes les autres, la *classe supérieure*. Cette classe où les élèves étaient censées avoir achevé leur éducation, et où elles ne faisaient plus qu'entretenir dans leur mémoire les choses apprises, se composait de cinq grandes jeunes filles, de quinze à dix-huit ans : Marie de Menou, Anaïs de Vence, Sophie de La Myre, Elisa de Montarby, une autre encore dont j'oublie le nom : je fus la sixième. J'y soutins mon rang sans effort et l'honneur de l'enseignement laïque. Sur ces cinq nobles demoiselles, élevées par de nobles dames, deux seulement écrivaient correctement l'orthographe. Ce fut un grand soulagement. Le bel aspect des lieux, les jardins, le verger en fleurs, la propreté, la gaieté de ma chambrette, dont la fenêtre ouvrait sur un massif de tilleuls, les cérémonies du culte, les promenades, les cantiques en l'honneur de Marie, les prévenances de mes maîtresses, la déférence que me témoignèrent bientôt mes compagnes, me réconcilièrent avec les côtés moins aimables de ma vie nouvelle. Il y en avait plusieurs. Sous le rapport de l'hygiène, par exemple, il régnait au Sacré-Cœur une négligence qui ne paraîtrait plus croyable aujourd'hui, et qui n'existe jamais, au même degré, ailleurs que dans les institutions religieuses. Le dédain professé des choses de ce monde et le mépris de la chair apparaissent là dans toute leur absurdité. Je le dirai, non par rancune, car je n'ai emporté de mon séjour au couvent que les meilleurs souvenirs, mais par devoir d'avertissement : on ne saurait rien se figurer de plus insuffisant, de plus négligé, que la nourriture et les autres soins du corps dans les pensionnats tenus par des nonnes.

Un médecin, choisi pour sa dévotion encore plus que pour sa renommée, le docteur Récamier, avait, au Sacré-Cœur, la haute direction de l'infirmerie, et l'on ne pouvait s'empêcher de remarquer, sans toutefois en rien conclure, qu'il mourait entre ses mains un nombre disproportionné de jeunes élèves. Il ne paraissait pas d'ailleurs s'inquiéter de notre régime. Nos repas ne péchaient pas seulement par l'absence d'aliments substantiels et d'une boisson salubre — nous ne mangions à l'ordinaire que du bœuf bouilli, des haricots blancs, des choux, du lard, etc... nous ne buvions que de l'eau ou du mauvais vin frelaté — ils étaient encore accommodés de telle sorte par les sœurs converses, les viandes en étaient si desséchées par la cuisson ou si arrosées d'une graisse nauséabonde, que, malgré nos jeunes appétits, la répugnance l'emportait le plus souvent et nous réduisait au pain sec. La paresse, l'économie, l'esprit de communauté avaient part peut-être également à la désespérante monotonie de nos repas. Je vois d'ici les vastes *tourtes à la viande* qui paraissaient invariablement sur notre table le *jeudi*, et qui se faisaient à la veille des jours maigres, pour utiliser, en les hâchant menu ensemble, jusqu'aux derniers restes des viandes qu'on nous avait servies durant la semaine. Je crois sentir à mes lèvres la saveur brûlée d'un clair chocolat, préparé, pour notre déjeûner du dimanche, et, selon le même principe, d'un mélange indescriptible des chocolats de toutes qualités, de tous prix, de toutes saveurs, vanille, canelle, salep, fleur d'oranger, etc..., que les parents envoyaient, chacun selon ses moyens ou ses goûts, à leurs enfants. C'était bien le plus indigeste breuvage et le plus déplaisant du monde. Mais ce qui, bien plus encore que la mauvaise cuisine des religieuses, répugnait à mes instincts délicats, c'était leur peu de souci de la propreté personnelle. Nos classes et nos dortoirs étaient bien tenus, balayés et frottés suffisamment; quant à nos personnes, il n'en allait pas de même.

Une idée d'indécence s'attachant pour les religieuses au corps humain, il faut en détourner les yeux et la pensée autant que le permet l'infirmité de notre nature déchue. On ne prenait de bains au Sacré-Cœur que par ordonnance du médecin, en cas de maladie. On avait chaque matin *dix minutes* pour se débarbouiller, se brosser, se peigner. Hiver comme été, en toutes circonstances, de l'eau froide, une toute petite cuvette, une serviette si grossière qu'on en évitait autant que possible le contact; de miroir, on n'en voyait qu'à la sacristie [1].

J'entre dans ces détails qui me dispensent de toutes réflexions; j'ajoute, pour l'enseignement du médecin et des mères de famille, un fait qui n'est pas, je crois, sans intérêt. Le changement total que la vie du couvent apportait dans mes habitudes produisit instantanément un effet physiologique très-singulier. Depuis deux ans déjà la nature avait opéré en moi la crise par laquelle la constitution des jeunes filles achève de se former pour la maternité. A partir du jour où je quittai la maison maternelle, sa douce liberté, ses soins exquis, il se fit en moi un arrêt subit de ce mouvement régulier de la circulation. Je ne me rappelle pas en avoir souffert; seulement j'engraissai d'une manière anormale, malgré la détestable nourriture dont je viens de parler. Les religieuses ou bien

---

[1]. Il y avait cependant au couvent du Sacré-Cœur de grandes dames qui avaient mené, avant d'y entrer, la vie du monde et connu toutes les recherches de l'élégance. Madame de Marbeuf, la veuve du gouverneur de l'île de Corse, me contait un jour toute la peine qu'elle avait eue à se déshabituer de la propreté. « Ma sœur, est-ce que je sens la crasse? » demandait-elle incessamment, dans ses premières inquiétudes, à sa voisine de table ou de récréation. Mais on finit par se résigner à tout, me disait-elle, même à la crasse!

n'y prirent pas garde ou bien ne voulurent point me parler d'un phénomène de la vie physique qu'en d'autres temps peut-être on eût attribué à quelque puissance démoniaque. Le médecin ne fut pas appelé. Ce fut tout aussi bien par le fait, puisque, un an après, jour pour jour, à peine rentrée sous le toit maternel, tout reprit son cours régulier, sans que cette étrange suspension eût causé en moi aucune perturbation organique.

On se tromperait néanmoins, si l'on inférait de ce qui précède que je souffrais, au Sacré-Cœur, une contrainte quelconque.

Je m'étais très-vite pliée, accoutumée, je le croyais du moins, à la règle du couvent. Qu'était-ce donc que cet arrêt de vie qui se faisait en moi ? une révolte de la nature physique quand la nature morale obéissait ? une protestation de l'instinct persistant contre la raison persuadée ? Ce phénomène s'est reproduit dans tout le cours de mon existence d'une manière très-constante et vraiment extraordinaire. Douée d'une volonté forte et d'un grand empire sur moi-même, je résistais aisément, en apparence, aux violences du sort ou des passions ; je gardais tous les dehors de la tranquillité ; mais la nature domptée dans mon âme s'exaltait dans les phénomènes inconscients de la vie végétative ; elle se vengeait par le trouble de mes sens, du calme mensonger de mes pensées [1].

— Mais revenons à l'hôtel Biron.

On a vu que, en y entrant, je n'y apportais guère d'instruction religieuse, moins encore de pratiques dévotes. J'avais fait ma première communion, de la manière que j'ai dite, et j'avais coutume de faire mes Pâques; mais, soit négligence de ma grand'mère, soit tout autre motif, je n'avais pas reçu le sacrement de Confirmation [2]. En me recevant dans leur pensionnat, les dames du Sacré-Cœur se chargèrent de m'y préparer, et l'on me remit tout aussitôt à la direction du confesseur des élèves, le père Varin. Le père Varin ne ressemblait aucunement à l'abbé Rougeot. C'était un jésuite de la plus fine trempe, aussi insinuant, pénétrant, compliqué, que le bon séculier était simple et ingénu. Après avoir sondé, avec des précautions infinies, l'état de mon âme et de mes croyances, après

---

[1]. J'ai observé à ce sujet le phénomène curieux du rêve : les personnes et les choses que je parvenais, par un effort énergique de ma volonté, à écarter entièrement de ma pensée pendant le jour, s'en emparaient avec d'autant plus de violence pendant la nuit; mes actions étaient depuis longtemps conformes à la réflexion, que mes rêves appartenaient encore au seul instinct.

[2]. « Au train dont vont les choses, écrit madame Roland dans ses *Mémoires* en racontant sa préparation au sacrement de Confirmation, ceux qui liront ce passage demanderont peut-être ce que c'était que cela. »

Le *train des choses* n'a pas été aussi précipité que madame Roland le supposait. Il n'est pas encore nécessaire à l'heure où j'écris d'apprendre au lecteur ce que c'est que la Confirmation.

avoir reconnu, sans doute, en moi je ne sais quel obscur levain de protestantisme, avec une sincérité d'esprit à outrance, sur laquelle il ne pouvait avoir qu'une influence indirecte, le père Varin s'appliqua, de toute sa souplesse, à détourner, à tromper mes curiosités intellectuelles. Il éluda mes questions; m'exhortant à me défier des piéges de Satan, du désir de savoir et du besoin de comprendre, écartant ou voilant, dans l'explication des mystères, tout ce qu'il voyait être inacceptable à mon bon sens, ou bien incompatible avec la fierté de mes instincts, il me jeta au pied du crucifix, dans les bras de Marie, dans ce qu'il appelait le sein de Dieu, où toute raison devait s'abîmer.

Une autre influence encore, involontaire celle-là, mais pénétrante et persuasive à son insu, assoupit les curiosités de mon esprit : ce fut la tendre affection que me témoigna et m'inspira madame Antonia. Madame Antonia était la sœur cadette de notre maîtresse générale, madame Eugénie de Gramont. Elle faisait la classe supérieure et présidait aux soins de la chapelle. Jamais je n'ai rencontré aucune femme qui m'ait paru plus attrayante, de ce mystérieux a．．ai que le poëte germanique appelle l'*Éternel féminin*. Madame Antonia n'était pourtant pas belle, du moins de cette beauté qui se peut définir ; ses traits n'avaient rien de régulier, son visage était couturé par la petite vérole; mais la grâce était dans toute sa physionomie, dans tous ses mouvements : une grâce ineffable, qui passait de son regard à son sourire; de son sourire au geste lent et triste qui ramenait son voile à son front; de son geste à sa voix, pâle comme son visage, quand elle murmurait au pied de l'autel, au son de la cloche du soir, la salutation angélique. D'un sang fier, et qui montait à sa joue en subites et vives rougeurs, mais ployée sous je ne sais quel poids invisible, madame Antonia passait dans nos classes, elle glissait plutôt qu'elle ne marchait au milieu de nous, enveloppée d'un mystère que nous eussions voulu, mais que nous n'osions pas deviner, tant elle nous inspirait de respect. Sa sœur Eugénie, altière dans sa petite taille bossue, avec ses yeux gris et secs, avec sa voix fêlée, ses longs doigts osseux et son dur accent de commandement, la traitait de haut; les autres religieuses lui parlaient peu. Il était souvent question de son départ pour une maison de province. La pensée qu'elle pouvait nous quitter me désolait, et pourtant je ne lui parlais guère non plus, si ce n'est pour lui répondre à la classe. Mais ce peu avait suffi pour lui gagner toute mon affection. Elle aussi, elle avait, en me reprenant, une douceur d'accent très-sensible. Quand il lui fallait me louer devant mes compagnes, on eût dit qu'elle en rougissait pour moi d'une timidité pleine de candeur; et quand, après les offices du soir, je m'oubliais en prières à la chapelle, il ne se passait jamais un long temps sans qu'un frôlement de robe, un soupir, un murmure, ne vînt m'avertir d'une présence bien chère, d'une union intime et tout émue dans l'amour du divin Sauveur.

XII

Ma dévotion. — Les enfants de Marie. — Fanny de la Rochefoucauld. — Adelise de X***. — Le bouquet de madame Antonia. — Le prix de science et le prix de sagesse. — Le parloir. — Les sorties. — La princesse de la Trémoïlle. — Ma sœur Auguste. — Léon. — Mes adieux au couvent.

Ma piété, ma dévotion fervente allait chaque jour croissant et comblait de joie les religieuses. Elles mettaient en moi, pour l'avenir, les plus grandes espérances. La conversion de ma mère eût été, cela se comprend, pour la congrégation du Sacré-Cœur, une gloire. Mais, sans attendre jusque-là, et dans des visées moins hautes, plusieurs de ces dames, madame Eugénie de Gramont entre autres, pensèrent pouvoir me dresser à des fins plus prochaines.

Une jeune fille de mon âge, qui, elle aussi, avait déjà entrevu le monde, Fanny de Larochefoucauld, fille de la duchesse d'Estissac, entrait au pensionnat. Jolie, coquette, enivrée de succès et de plaisirs, Fanny venait, comme moi, au couvent pour un temps très-court et pour y faire sa première communion très-retardée — elle avait quinze ans. — Elle ne cachait pas son dépit et soupirait tout haut de sa captivité. D'inclination dévote, elle n'en avait aucune et le laissait voir. Ignorante, mais très à l'aise dans son ignorance et ne souhaitant pas d'en sortir, elle s'asseyait sans honte au dernier bout de la classe, l'esprit ailleurs, l'imagination hantée de bals, de gentils cavaliers, de beaux ajustements et de galants propos. La parité des situations plus que la ressemblance des caractères, les souvenirs du monde où nous avions vécu toutes deux, les mêmes habitudes, les mêmes perspectives de vie parisienne et aristocratique nous eurent bientôt liées. Les religieuses favorisèrent le penchant que Fanny avait pour moi. Elles espéraient que ma piété se communiquerait à elle par une heureuse contagion. Puis, voyant que cela tardait, elles voulurent m'y employer plus activement. La chose était d'importance.

La supérieure de la communauté, madame Barat, femme de grande autorité et qui se laissait peu voir, me fit mander auprès d'elle. Elle me donna, de sa voix sévère, de discrètes et chrétiennes louanges. Elle vanta ma sagesse, ma foi sincère. Elle parut surprise de ne pas voir à mon cou la médaille et le ruban des *Enfants de Marie*. C'étaient des insignes honorifiques accordés à la régularité de la conduite, et qui donnaient certains droits, avec une grande autorité morale dans le pensionnat. Les *Enfants de Marie* formaient, entre le pensionnat et la communauté, une petite congrégation à part, qui avait ses règles et ses rites. En apparence, les *sages*, comme on les appelait, n'avaient d'autre but et d'autre office que de donner le bon exemple, en pratiquant une vertu plus parfaite.

En réalité, elles avaient mission de surveillance sur leurs compagnes. Elles pratiquaient le système de délation, de police mutuelle sainte et sacrée, qui fait partie de l'éducation des jésuites [1]. A plusieurs reprises déjà, depuis mon arrivée à l'hôtel Biron, on m'avait insinué que j'étais plus qualifiée que personne pour l'admission aux *Enfants de Marie*. Moi si sage, si exemplaire en toutes choses, quels services ne pouvais-je pas rendre à la communauté ! J'avais toujours fait la sourde oreille. Appartenir à une police quel-

---

1. La dénonciation, dit M. Huber, est élevée au rang d'un devoir sacré. Grâce aux affiliés, elle s'exerce dans la société laïque, aussi bien que dans la Compagnie. Elle a des espions dans les familles. Elle en a surtout dans les cours auprès des souverains. A Rome, les cardinaux, les prélats, les ambassadeurs, le pape en sont entourés. La confession est un bien grand moyen ; ils confessent à tout moment, à l'extérieur comme à l'intérieur. L'officine d'informations fonctionne nuit et jour pour le général. « Nul monarque, a dit Spittler, n'est aussi bien renseigné que le général des jésuites. »

conque, si sainte qu'elle fût, me répugnait; la pensée d'une trahison envers mes compagnes, même autorisée, sollicitée, récompensée par nos professes, m'inspirait une véritable horreur.

L'amitié des élèves m'était chère. L'estime des religieuses ne venait que bien après, et je pouvais m'en passer si elle ne s'accordait pas avec ma propre estime. En outre, les pratiques des *Enfants de Marie*, la récitation du chapelet, le scapulaire, ce laid morceau de laine peinte, que je ne pus jamais me résoudre à suspendre à mon cou, les *Sacrés-Cœurs* saignants ou percés de flèches, ne m'attiraient point. Déjà mon instinct du beau, les curiosités élevées de mon esprit se détournaient de ces laideurs et de ces *abêtissements*. J'acceptais les grands mystères du catholicisme: la Trinité, l'Incarnation, la Chute, la Rédemption, par cela seul qu'ils étaient grands. J'aimais les cérémonies du culte à cause de leur beauté symbolique; mais les petites dévotions, les petits miracles, la petite imagerie, les niais emblèmes, toutes les fadeurs, toutes les superstitions d'un catholicisme idolâtrique et sensuel, abaissé à la mesure des petits esprits, me répugnaient invinciblement [1]. Ces dames

---

[1]. A aucune époque de ma dévotion, la pensée ne me serait venue de prier aucun saint en particulier dans un lieu spécial ni le demander une entremise auprès de Dieu pour obtenir un privilége, une faveur quelconque.

étaient très-fines. Le père Varin était très-expérimenté. Après quelques vaines insinuations pour me faire adopter le scapulaire et pour me faire entrer dans les voies obliques de la dévotion équivoque au Sacré-Cœur, on sentit qu'on n'y devait pas insister. On me laissa, non sans regret, je crois, à l'indépendance de ma dévotion et je n'entendais plus parler de rien, quand, à propos de ma nouvelle amie, la supérieure crut pouvoir risquer encore une tentative, mais qui ne devait pas avoir meilleure issue.

Au bout de quelques moments d'entretien, madame Barat vit, à sa grande surprise, que mon amitié pour Fanny ne m'inspirait pas le moindre zèle pour sa conversion. Elle devina même peut-être, dès lors, une faculté singulière qui devait se développer en moi et qui a donné occasion plus tard à beaucoup de gens de me méconnaître : un penchant à ne rien examiner, à ne rien voir de défavorable chez quiconque possède à mes yeux ce qu'on appellerait aujourd'hui une *qualité maîtresse*, un don, une grâce, un charme réel ; la puissance de m'attacher à ce don unique, et de braver, dans ma prédilection, les plus équitables jugements de l'opinion ; une adoration instinctive enfin, germanique ou païenne, je ne sais, mais peu française, peu chrétienne, à coup sûr, un culte véritable de la beauté.

Fanny de la Rochefoucauld (plus tard comtesse de

Montault) était prodigieusement jolie. Petite, avec un juste embonpoint et un éclat de fraîcheur que je n'ai jamais vu qu'à elle, elle avait deux grands yeux noirs bordés de longs cils, un regard et un sourire d'un attrait irrésistible. Ses lèvres de rose et ses dents d'émail étaient d'une princesse de contes de fées. Je m'émerveillais à la regarder. De son esprit, bien qu'elle en eût, je ne me rappelle rien. De son caractère moral, lorsque je le vis formé dans la suite, je n'aurais su rien dire, si ce n'est qu'il était avec le mien en opposition complète. Au moment dont je parle, Fanny et moi nous étions déjà telles que nous devions rester : les deux personnes les plus disparates du monde en toutes choses. Mais, de cela, nous ne savions rien, nous ne sentions rien, ni l'une ni l'autre. Notre naturelle douceur, nos instincts d'élégance, nos *succès* au parloir, qui nous distinguaient de nos autres compagnes, suffisaient à notre intimité [1]. Elle se renoua dans le monde, avant et après notre mariage ; et quand, après une longue interruption, nous la reprîmes, nous en trouvâmes toutes deux le charme encore vif.

Au moment où j'en suis de mon récit, j'ai à dire une autre intimité de couvent, beaucoup moins mo-

---

[1]. Je reviendrai plus tard à cette charmante femme, un moment célèbre par une aventure d'éclat, morte, très-jeune encore, de la rupture d'un anévrisme.

tivée en apparence, et qui n'avait pas, celle-là, pour motif les grâces naturelles.

Elle était née d'un penchant, très-fort aussi, mais tout à fait autre, de mon cœur.

Elle avait pour objet une jeune fille aussi laide que Fanny était belle, disgraciée de corps et d'esprit, autant que Fanny était douée.

Adelise de X., d'un sang illustre, destinée à posséder un jour une grande fortune, était à seize ans d'une puérilité d'intelligence qui donnait à toute sa personne, à sa démarche, à son geste, à son regard, un air d'*empêchement* dont la laideur de ses traits, de son teint, de ses cheveux roux, se trouvait encore enlaidie.

La pauvre créature, exposée dans un bruyant pensionnat à la raillerie universelle, était digne de pitié. Plus de soixante enfants, à l'envi moqueurs et cruels, faisaient d'elle leur jouet.

Un jour, pendant la récréation au jardin, comme elle était en butte à je ne sais plus quelles dérisions, je vins à passer. Elle jeta vers moi un regard qui implorait compassion et secours. Je lui donnai d'un même élan l'un et l'autre. La prenant par le bras à la surprise générale, je l'emmenai avec moi dans une allée écartée, je lui parlai comme si elle avait pu m'entendre, et, pendant tout le reste de la récréation, je ne m'occupai que d'elle. Ce fut une révolution dans le pensionnat. J'y avais une autorité si grande qu'à partir de ce moment, et par cela seul que je prenais Adelise sous ma protection, personne n'osa plus lui faire d'affront.

Mais ce n'était pas assez pour moi; les vagues lueurs d'intelligence qui vacillaient dans les yeux de l'idiote, et qui, à mon approche, semblaient parfois se fixer comme en un rayon, m'animèrent d'un espoir secret. Je me persuadai, sans en rien dire à personne, que je pourrais, peut-être, rendre la faculté de penser à la pauvre créature qui n'avait pas perdu la faculté d'aimer. Je m'y appliquai de tout mon cœur. De son côté, Adelise devenait ingénieuse à me marquer sa tendresse; elle trouvait mille moyens de me la faire connaître. Elle avait remarqué mon goût pour les fleurs. Il était interdit aux pensionnaires d'en cueillir dans les plates-bandes. Adelise bravait la défense, elle dérobait pour moi des roses, des œillets, du jasmin, qu'elle cachait sous son tablier et qu'elle jetait en passant dans ma cellule quand la porte en restait entrebâillée. Elle avait vu aussi, dans nos leçons de dessin, qu'il me répugnait fort de tailler mes crayons et de salir mes doigts de leur poussière. Désormais, chaque jour, en m'asseyant à mon chevalet, j'y trouvais une ample provision de crayons taillés de sa main. Et tout ainsi. De jour en jour, elle me témoignait mieux, d'une manière plus sensible et plus réfléchie, qu'elle voulait répondre à mes soins. De jour en jour je m'attachais à elle davan tage. Il y avait entre nous comme un lien mystérieux, quelque chose de singulier qui charmait en moi, peut-être, l'*Enfant de minuit.* Elle m'inspirait cette ambition de vaincre l'obstacle, ce désir de l'affection exclusive qui naguère m'avait si fortement attachée à ma farouche *Diane.* Elle m'aurait révélé dès lors, si j'avais été capable d'observation sur moi-même, un des traits persistants, un des périls de ma vie : la promptitude à braver le *qu'en dira-t-on ;* le défi imprudemment jeté, et sans calculer mes forces, aux injustices de l'opinion ou de la fortune [1].

Avant de m'éloigner du couvent, je rapporterai encore un autre incident, où se peignent à la fois mes dispositions intimes et les mœurs de la communauté.

J'ai dit ce qu'était pour moi madame Antonia. Son charme singulier la faisait chérir presque également des cinq autres élèves de la classe supérieure.

Le jour de sa fête approchait. Nous convînmes de nous cotiser pour lui offrir un bouquet. Je fus chargée de l'acheter, de le faire apporter en secret. Nous ne regardions pas au prix. Il fallait qu'il fût digne de notre incomparable amitié et de son objet incomparable. Ce qui fut dit fut fait. Je ne saurais exp.. m.

---

[1]. Une de mes filles, faisant un jour allusion à ce penchant qui dégénérait parfois en manie et me jetait à l'aveugle en mille embarras, me disait avec enjouement : « Maman, que n'écrivez-vous, sur la porte de la maison : *Secours aux blessés !* »

avec quelle émotion je déposai moi-même, le soir, en grand mystère, dans la cellule, au pied du lit de madame Antonia, le bouquet magnifique, odorant et resplendissant, que j'avais choisi pour elle chez la bouquetière du Palais-Royal, la célèbre madame Prévost, le fournisseur en vogue de la cour et de la ville. Mais, au lendemain, quelle consternation, en entendant madame Antonia nous remercier à mots couverts, et en apprenant d'elle qu'elle n'avait pas même vu notre bouquet, confisqué, nous dit-elle, et elle pleurait presque, *par ordre de madame la supérieure!*

Nous n'y pouvions rien comprendre et nous allions entrer en révolte, si notre maîtresse bien-aimée ne nous eût, à son exemple, imposé la soumission. Mais ce n'était pas tout. Mandée chez madame Eugénie, il me fallut ouïr, de sa voix la plus sèche, que j'étais grandement coupable; que j'avais entré en fraude un bouquet qu'on nous avait interdit d'acheter, que j'avais, de la sorte, donné à mes compagnes l'exemple et l'occasion de l'indocilité, de la tromperie; que d'ailleurs ce bouquet, tout mêlé de fleurs roses, bleues, rouges, était une insulte à la virginité de madame Antonia, et que j'aurais en conséquence à demander pardon de ma faute à la prochaine réunion de la communauté. L'indignation, la fierté de mon innocence m'ôtèrent la parole. Je me retirai, je traversai les classes sans rien dire à mes compagnes de ce qui venait de m'arriver.

Montée à ma chambre, c'était l'heure de la récréation où j'avais mon entière liberté d'aller et de venir, je me jetai au pied du crucifix suspendu à mon chevet, et j'éclatai en sanglots. Ni mes pleurs ne me soulagèrent, ni ma prière ne m'apaisa. Moi, si soumise à la règle, si attentive à tous mes devoirs, moi, si loyale, soupçonnée de fraude, de désobéissance furtive! moi si tendre et si respectueuse envers notre sainte mère Antonia, accusée de l'avoir outragée! Sensible comme je l'étais alors, par nature et par suite de l'éducation la plus douce, il se fit dans tout mon être une révolution.

La fièvre se déclara. Il fallut me mettre au lit. Après un accès assez long, je tombai dans un abattement complet. Je ne mangeais plus, je ne dormais plus. Le médecin appelé, ne voyant en tout cela nulle cause physique, demanda si je n'avais pas — quelque peine morale. On avisa l'histoire du bouquet. On me caressa du mieux que l'on put pour en effacer la trace. Mais rien n'y faisait. Il fallut que madame Barat, la supérieure générale, dont l'autorité invisible et redoutée inspirait au pensionnat une sorte de terreur, vînt elle-même à mon chevet, où depuis toute une semaine trouvais plus le sommeil, et qu'elle rendît pleine justice à ma droiture [1]. Elle me dit avec une simpli-

---

[1]. Les phrénologues ont constaté plus tard, à mon crâne, l'énormité de l'organe de la justice, et m'ont annoncé, ce qui s'est vérifié plus d'une fois, que *j'en souffrirais beaucoup*.

cité très-chrétienne que l'on s'était trompé à mon égard, que l'on m'avait fait tort, qu'on le regrettait, elle plus que personne; qu'on savait maintenant à n'en pouvoir douter que je n'avais connu ni la défense du bouquet, ni l'usage des communautés, ni la signification des couleurs. Sans flatteries, sans caresses ni promesses, par la simple vertu d'une parole vraie, madame Barat me calma et me guérit. La main dans sa main, réconciliée, j'écoutai les réflexions qu'elle crut devoir faire, les avertissements qu'elle me donna sur les inconvénients, sur le danger des affections trop vives, sur la nécessité de modérer même les plus légitimes.

Je promis de n'oublier point ses conseils; hélas!...
— A partir de ce jour, je ne vis plus madame Antonia qu'à la classe. Quand je quittai le couvent, elle était absente. Je ne lui dis pas adieu, je ne l'ai jamais revue. Je crois qu'elle ne vécut pas très-longtemps. Elle était de ces êtres délicats, voilés, mystérieux, qui ne font que passer sur la terre.

A la fin de l'année scolaire, aux fêtes de Pâques de l'année 1822, on nous annonça que l'archevêque de Paris allait venir présider à la distribution des prix, et j'appris à ma grande surprise que j'avais *le prix de science*. J'en fus toute confuse. Ma conscience me disait que cette couronne de lauriers qu'on allait mettre à mon front s'y posait sur une multitude d'ignorances. J'avais bien mieux mérité *le prix de sagesse*, — c'étaient les deux prix d'honneur, — car je n'avais pas cessé, durant toute l'année, de donner l'exemple de l'application, de la soumission, de toutes les vertus par excellence des pensionnaires. Mais, pour obtenir cette récompense, il ne suffisait pas de l'avoir méritée ; il aurait fallu être *Enfant de Marie*. On sait pourquoi je n'avais pas voulu l'être. Je portai sans murmurer, et cela m'est arrivé plus d'une fois dans ma vie, la peine de ma doctrine. — Puisque j'ai parlé de ma *science*, je m'arrêterai un moment à considérer en quoi elle consistait et quelle était alors l'instruction des jeunes filles de la meilleure noblesse dans la maison d'éducation la plus renommée de France.

Dans la distribution du temps consacré aux études, la plus notable part revenait aux talents dits d'*agrément*. Il était entendu qu'une demoiselle bien élevée, lorsqu'elle entrait dans le monde, devait avoir appris avec ou sans goût, avec ou sans dispositions naturelles, la danse, le dessin, la musique, et cela dans la prévision d'un mari qui, peut-être, il est vrai, n'aimerait ni les arts ni les bals, et qui, au lendemain du mariage ferait fermer le piano, jeter là les crayons, finir ' danses, mais qui, possiblement aussi, en serait amateur.

Le mari, le mari conjectural, et de qui on ne saurait, grâce aux coutumes françaises, se former aucune opinion, etc., dans les éducations françaises des jeunes filles, ce que l'on pourrait appeler en langage stratégique l'*objectif* des parents et des institutrices ; objectif vague et mobile, qui donne à tout le plan des études quelque chose de vague aussi, d'inconsistant, de superficiel, dont se ressentira toute sa vie la femme la plus sérieuse.

Lorsqu'il s'agit, comme c'est le cas dans les éducations germaniques, de former pour elle-même, de développer selon sa nature propre, pour une fin morale indépendante des accidents extérieurs et des situations variables, l'intelligence, le cœur, la raison d'un être humain, on peut se tracer un plan bon ou mauvais, meilleur ou pire ; on peut avoir un système conséquent, des principes bien établis. Mais lorsqu'on ne conçoit, comme il est arrivé chez nous jusqu'à cette heure, l'existence d'une femme que d'une manière toute relative, dépendante, impersonnelle en quelque sorte et subordonnée, quel esprit veut-on qui préside à l'éducation des jeunes filles ? Que pourrait-on leur enseigner sérieusement, solidement, quand on suspend toute leur destinée aux bienséances éventuelles d'un mariage tout de circonstance ? quand l'intelligence peut devenir une difficulté, la raison un obstacle, la conscience une occasion de lutte ou de révolte, dans une existence où l'on ne peut prévoir d'autre vertu que la docilité au maître, la résignation au sort, quel qu'il soit? Que dire, qu'enseigner dans de telles éducations, qui ne soit puérilité, futilité, vanité qu'un souffle emporte ?

Aussi, non-seulement dans l'enseignement des arts et des lettres, où jamais nous n'entendions parler ni d'Athènes, ni de Rome païenne ou chrétienne, ni de l'antiquité ni de la renaissance [1], ni d'aucune origine ou raison des choses, mais dans l'enseignement scientifique, dans l'histoire falsifiée à notre usage par les *Pères de la Foi*, et jusque dans l'instruction religieuse des dames du Sacré-Cœur, quel vide, quelle pauvreté, quelle absence d'élévation et de sérieux !

Choisie par les jésuites, avec l'habileté qu'on leur connaît, notre nourriture catholique s'imprégnait de je ne sais quelle saveur fade, bien faite pour nous corrompre le goût et pour nous énerver l'esprit. Ni théologie solide, ni exposition rationnelle des dogmes, ni pénétration de la grande poésie hébraïque, mais une confusion perpétuelle de l'histoire et de la légende, de la doctrine et du miracle, calculée, on pourrait le croire, pour troubler nos jeunes cervelles, pour leur

---

1. Jamais on ne nous donnait à étudier en musique, ou en dessin, que des œuvres de la dernière platitude. Jamais ni Mozart, ni Beethoven, ni Raphaël, ni Titien, n'entraient chez nous ; encore bien moins un moulage d'après l'antique. Je me rappellerai toujours une certaine tête de Savoyard dont on me fit, un mois durant, copier et recopier, en en comptant les hachures, le bonnet énorme et informe !

ôter toute force de discernement et toute faculté d'examen.

De notre conscience, rien ; de nos devoirs futurs, comme femme et comme mère, rien ; d'histoire naturelle, rien : la nature, c'est Satan.

Dans la piété, beaucoup de sensations, d'effusions provoquées dans les confidences du confessionnal, entretenues dans les larmes au pied du crucifix, dans le jeûne ou l'abstinence, par les images idolâtriques, par la lecture dangereuse des pages brûlantes d'une Thérèse, d'une Chantal, d'un Liguori, par tout un langage mystique qui, à l'âge où nous étions, ne pouvait autrement que nous jeter en langueur ou en extase.

Quand je me remets en mémoire toute cette perversion de nos sens et de nos imaginations, notre goût ainsi faussé à plaisir, des années entières employées à nous déshabituer de penser et de vouloir, à nous *abétir*, à nous alanguir de corps et d'esprit, je ne sais ce qui l'emporte en moi de la tristesse où de l'indignation.

Temps précieux, heures premières du matin de la vie, où tout se grave en traits si purs, quel irréparable malheur que celui de vous avoir ainsi perdus !

O mes maîtres, ô mes guides, ô mes bons génies trop tard connus, lumières trop tard levées sur mon entendement ; rosées trop tardives sur ma moisson déjà pleine d'ivraie! Esprits de vérité et de vie, Homère, Sophocle, Dante, Shakespeare, Spinoza, Herder, Goethe, et vous-même, Bossuet, Pascal, en qui la foi est grandiose et nourrice de mâles vertus, que n'eussiez-vous pas été pour moi, rencontrés plus tôt, quand l'essor de mon esprit était encore libre et fier, quand ma vive intelligence ne s'était point encore prise et misérablement débattue aux filets de l'oiseleur!

Cependant, sauf l'incident de madame Antonia, dont ces dames se hâtèrent d'effacer la trace, mon existence au couvent n'avait rien qui me chagrinât, tout au contraire. Je m'y attachais chaque jour davantage et parfois à la pensée des *dangers du monde*, dont ces dames et le Père Varin nous faisaient une vague, mais effrayante peinture, sans nous dire de quelle nature étaient ces dangers, mon imagination prenait peur et me montrait la vie religieuse, sa réclusion, son silence, comme un abri dans le sein de Dieu, où je devais demeurer.

On m'avait confié, ou peu s'en fallait, la direction de la musique de la chapelle, je présidais au choix des morceaux, je jouais de l'orgue, je chantais les soli, l'*O Salutaris*, le *Sanctus*, le *Veni Creator*, le *Magnificat* : c'était un intérêt très-grand dans mes journées, c'était une double satisfaction donnée à mon âme très pieuse et à mon organisation très-musicale.

J'avais aussi des distractions mondaines. On venait beaucoup me voir au parloir; et à mesure qu'approchait l'heure où j'allais quitter le couvent, mes jours de congé se multipliaient.

Le *parloir* se tenait tous les jeudis, présidé par une religieuse qui en avait la surveillance et en faisait les honneurs. La salle du parloir était une des plus spacieuses de l'hôtel Biron, avec de larges fenêtres sur le jardin, de belles boiseries sculptées; nulle apparence de grilles ni d'autorité. Autour de chaque élève, il se formait un cercle, une conversation animée. D'un cercle à l'autre, il va sans dire qu'on se regardait beaucoup. Les familles qui se rencontraient là, les *Vence*, les *Faudoas*, les *Clermont-Tonnerre*, les *Gramont*, les *Larochejacquelein*, les *Vogué*, les *Rougé*, les *d'Autichamp*, les *Charnacé*, appartenant toutes au même monde aristocratique et royaliste, on en venait à se saluer, à se parler. La religieuse de service allait et venait dans le dédale de ces petits cercles, où se rendaient assidûment un grand nombre de frères, de cousins des pensionnaires; collégiens, saint-cyriens, polytechniciens, pages, dont les curiosités, les espiègleries et le babil, défiant l'inquisition de la professe, passaient en contrebande derrière son dos, se glissaient entre les plis de son voile, et nous mettaient, à ses dépens, tout en joie.

Dans ces rencontres de frères et de cousins ger

mains, mon amie Fanny et moi, nous étions fort remarquées ; à notre entrée au parloir on faisait silence. Plus grandes que la plupart, plus formées, plus *usagées* que nos compagnes, d'une beauté que ne parvenaient pas à dissimuler entièrement les laideurs de l'uniforme [1], nous attirions les regards ; charmés de mon air doux, les parents commençaient à s'informer de ma fortune. Les élèves et même les religieuses me répétaient en récréation les propos flatteurs tenus sur mon compte pendant le parloir.

Dans mes jours de congé, je n'avais pas moins d'agrément. On me comblait de louanges et de caresses. Outre ma grand'mère Lenoir qui m'emmenait avec elle quand elle voulait, je sortais, comme je l'ai dit, par permission spéciale, chez ma sœur Auguste et chez la princesse de la Trémoïlle.

La princesse de la Trémoïlle, bien qu'elle en eût voulu à mon père de sa mission *pacificatrice* dans la Vendée, m'avait prise en très-grand gré et me le marquait à tous propos. Elle vantait mon esprit, elle lisait tout haut les billets que je lui écrivais de l'hôtel Biron

---

[1]. Les religieuses nous faisaient faire à Fanny et à moi 's pèlerines plus longues qu'à nos compagnes. Madame de Marbeuf, à qui Fanny s'en plaignait un jour, lui répondit que pour les enfants qui n'avaient encore rien là... il n'y avait pas d'indécence, tandis que pour nous !... Ce *rien là*, cette notion d'indécence attachée au développement et à la beauté des formes, m'ont paru plus tard, en y songeant, la plus triste des indécences

pour lui annoncer ma visite, elle s'occupait déjà, je devais l'apprendre bientôt, de me trouver un *bon parti* ; elle venait à nos *parloirs*, ce qui faisait sensation. C'était à tous égards une personne considérable; les religieuses avaient, en lui parlant, des révérences toutes particulières de langage et d'attitude qui me surprenaient, moi qui prenais au sérieux le mépris évangélique des grandeurs et l'égalité devant Dieu des filles de Jésus-Christ.

Les journées que je passais chez ma sœur Auguste étaient toujours trop courtes à mon gré, tant elle trouvait moyen de les bien remplir. Longtemps j'avais ignoré le nom et l'existence de cette sœur aînée. Jamais on ne parlait d'elle en ma présence. Notre mère, malgré ses propres souvenirs qui auraient dû la rendre indulgente sur ce point, ne pardonnait pas à sa fille de s'être mariée sans son aveu.

Toute jeune et sous l'empire d'une passion mutuelle, Auguste Bussmann avait épousé le poëte catholique Clemenz Brentano [1] et, trois mois après le mariage, les époux, s'apercevant qu'ils ne se convenaient point, avaient divorcé. Madame Brentano avait alors quitté Francfort pour venir à Paris. L'oncle Bethmann n'avait pas cessé de la voir, malgré l'exis-

---

1. Il devint plus tard très-célèbre; sa sœur, Bettina Brentano, épousa M. d'Arnim et occupa toute l'Allemagne de sa correspondance passionnée avec Goethe.

tence à part qu'elle s'y était faite, l'entourage assez bizarre qu'elle s'était choisi et surtout l'exaltation de ses opinions politiques, qui l'avaient poussée dans le journalisme et jusque dans les complots du libéralisme bonapartiste. En 1815, Auguste avait sollicité la faveur d'être admise parmi le petit nombre des fidèles qui devaient suivre l'empereur à Sainte-Hélène: c'en était assez, on le comprend, pour la rendre incompatible avec notre milieu vendéen.

D'autre part, l'oncle Bethmann, qui n'approuvait guère plus qu'on ne le faisait chez nous les opinions de sa nièce et craignait ce qui en pourrait suivre, entreprit de la ramener à Francfort, et, pour ce faire, il lui persuada de prendre un second mari. Il en tenait un tout prêt à sa disposition, une personne versée dans les affaires de banque et qu'il estimait capable d'entrer comme associé dans la maison Bethmann : M. Auguste Ehrmann, de Strasbourg, neveu du ministre résident des villes hanséatiques près la cour de France. Après les premiers pourparlers, quand mon oncle eut l'agrément de ma sœur pour son projet, — c'était durant l'hiver de l'année 1817 — il amena chez nous son *futur neveu*.

J'avais onze ans. Un jour, fort irritée des visites interminables que faisait à mes parents M. Ehrmann, dont l'arrivée était chaque fois le signal de ma sortie du salon : « Que ce monsieur m'ennuie ! m'écriai-je, je voudrais le voir à cent lieues d'ici. » Mon père sourit. « Ce serait dommage, me répondit-il, car ce monsieur est très-aimable, et de plus, la semaine prochaine, il sera ton frère. »

— Mon frère?

— Il va épouser ta sœur.

— Ma sœur?

— Oui. Tu ne savais pas que tu avais une sœur. Elle a longtemps voyagé. Elle viendra demain dîner ici. Il faudra l'embrasser et lui dire que tu l'aimeras bien.

J'avais un tel respect pour mon père que je ne me permis pas une question. Mais on peut s'imaginer si cette sœur qui me tombait des nues excitait ma curiosité.

Le soir même, j'entendis ma mère et mon oncle délibérer sur ce point : si l'on m'emmènerait, oui ou non, au temple pour y assister à la célébration du mariage. Ma mère semblait d'avis de me laisser à la maison ; cela me contrariait. Mon oncle, à sa manière, plaisanta, trancha la question. « Ne faut-il pas, dit-il en me donnant une petite tape sur la joue, que Marie voie comment les choses se passent? ce sera son tour bientôt. »

A partir du mariage, le ménage Ehrmann vint chez nous, mais de loin à loin, et sans que, malgré les efforts de mon père, très-gracieux pour sa belle fille, la glace fondît entièrement.

Pendant mon séjour au couvent, ce fut tout autre chose. En l'absence de notre mère, Auguste, plus à l'aise, fut pour moi pleine de tendresse. Comme elle avait infiniment d'esprit et de gaieté dans l'esprit, je me plaisais beaucoup avec elle. Sa maison était modeste, mais nullement banale d'aspect. Située au fond de la cour d'un hôtel de la rue des Saints-Pères, justement en face de la rue Taranne, avec un joli jardin que ma sœur et son mari cultivaient à leurs heures perdues, elle avait un air de campagne, retiré, silencieux, qui me causait, au sortir de mon brillant et bruyant Sacré-Cœur, une sensation agréable. J'y trouvais une bibliothèque, un piano à queue, des revues *illustrées*. Auguste ne manquait jamais, pour mes jours de congé, de préparer quelque divertissement instructif : une visite au Musée, au Jardin des Plantes, un concert.

Au retour, on s'amusait avec les enfants. Elle avait deux fils, Maurice et Léon, dont elle raffolait. Le plus jeune, Léon, âgé de six ans, était le plus joli enfant que j'eusse jamais vu. Habituellement silencieux, n'aimant pas à jouer avec son frère, craintif avec ses parents, il s'était pris pour moi, à ma première visite, d'une sorte de passion. Il m'appelait *Marie-Tante*; et dès que Marie-Tante paraissait, il se pendait à sa jupe, d'où l'on ne pouvait plus l'arracher. Le soir, quand il fallait se dire adieu, c'étaient des pleurs, des sanglots, des désespoirs; et sa mère se plaignait que, après cela, on ne pouvait plus l'endormir de toute la nuit.

Hélas! de ce doux foyer qui réunissait alors quelques êtres privilégiés, contents de s'appartenir, heureux d'être ensemble, que reste-t-il à cette heure? Le vent de la dispersion a soufflé; le malheur est venu; la mort a fait son œuvre. De ces cinq personnes qui s'étaient chères, deux ont rejeté la vie, n'en pouvant plus supporter les peines et les dégoûts. Des trois autres, séparées à jamais, seule, peut-être, j'ai préservé de l'outrage ou de l'oubli la fidélité du souvenir et je garde le respect des amitiés éteintes.

Mais voici que je touche à la fin de mon existence de pensionnaire.

On entrait dans la seconde moitié de l'année 1822.

Je savais que le retour de ma mère était proche. J'en étais préoccupée et je m'en voulais en sentant confusément que j'en avais plus d'appréhension que de joie.

Une après-midi, étant dans ma chambre, à ma fenêtre ouverte, où je respirais le parfum des tilleuls en fleur, j'entendis sur le sable de la cour un bruit de roues qui me fit tressaillir. Peu après, je vis entrer la maîtresse générale. Je pâlis. Madame de Gramont, d'un air grave, me dit que ma mère était là, qu'elle venait pour m'emmener. Nous descendîmes ensemble en silence le grand escalier. Arrivées au bas, voyant que j'allais pleurer : « Calmez-vous, mon enfant, calmez-vous, dit enfin madame Eugénie ; c'est la volonté de Dieu. »

Nous entrâmes au parloir. Ma mère, très-émue aussi, me serra dans ses bras. J'y restai quelques instants sans relever la tête, cachant sur son sein mes yeux pleins de larmes. Après quelques paroles de politesse échangées avec madame de Gramont, ma mère s'excusa de m'emmener si vite et s'avança vers le perron où l'attendait sa voiture. Avec l'aide de la tourière, je mis à la hâte et sans trop savoir ce que je faisais mon mantelet, mon chapeau.

Comme j'étais déjà dans la voiture :

— Adieu, Marie, adieu, s'écria madame de Gramont, ne nous oubliez pas, que Dieu vous garde !

Je me penchai à la portière pour lui répondre. La grande porte cochère de l'hôtel Biron s'ouvrait, elle se referma lentement derrière moi. Un quart d'heure après, nous descendions sous la voûte d'un hôtel de la place Vendôme, dont ma mère venait de louer le premier étage [1], et elle me conduisait à la chambre que j'allais occuper près d'elle jusqu'au jour où je devrais la quitter pour entrer dans la maison étrangère de l'homme qu'elle me choisirait pour époux.

[1]. L'hôtel qui forme un des pans coupés de la place et qui portait alors le n° 22. Il est occupé aujourd'hui par l'état-major de la garde nationale. (1847.)

J'avais le cœur serré, l'âme inquiète. C'est à peine si je pouvais retenir mes pleurs. A un mot que me dit ma mère de ses projets de divertissements pour moi, de bals, de spectacles, je fus sur le point d'éclater et de la supplier de me ramener au couvent, cette fois pour n'en plus sortir. Je ne sais quel effroi du monde où j'allais entrer troublait mes esprits. Pourquoi? Je n'aurais su le dire. Je ne voyais devant moi qu'annonces et promesses de la plus douce existence. Et pourtant j'avais peur: peur de ma jeunesse, peur de la vie! Le souvenir de mon père me revenait avec une intensité douloureuse; et j'étais triste à mourir.

XIII

Mes seize ans. — Oppositions entre ma mère et moi. — Les lois du sang. — Ma dévotion. — M. Coëssin et sa secte. — L'abbé Gallard et les *puits d'amour*. — Mes romans évanouis.

Les cinq années qui vont s'écouler entre le jour où je sortis du couvent et le jour de mon mariage furent, sous les dehors les plus riants de plaisirs et de liberté, pleins d'ennui et de mélancolie.

A considérer ce qu'il y avait en moi et autour de moi de préparation à la vie heureuse, je devais paraître à tous les yeux la personne la plus enviable du monde. J'étais en toute première fleur de jeunesse et de beauté : j'avais seize ans. Grande, svelte, élancée avec une noblesse naturelle dans tous mes mouvements, un teint d'un éclat de neige [1], de grands yeux

---

[1] Cet éclat s'est gardé très-tard. A vingt années de distance

bleus, limpides, une blonde chevelure qui ruisselait à longs flots, un regard, un sourire rêveurs [1], je semblais une princesse des légendes du Rhin ou des ballades de Schiller.

Ce qu'il y avait en moi de français : la précision dans les lignes du front, des sourcils, du nez, de la bouche, la démarche fière et légère, la facilité du rire et le pli moqueur aux lèvres, ne s'accentua que plus tard. En cette éclosion de mon printemps, en ce crépuscule du matin, tout restait vague encore et comme indéterminé. Apparition, illusion, fantôme aérien, j'appartenais aux songes plus qu'à la réalité.

Mon intelligence était comme mon corps jeune et candide. J'avais le désir de tout connaître, l'aptitude à tout comprendre. Mon éducation, très-brillante, était

---

mon petit *page* disait, comme on l'a vu, que mademoiselle Marie était *blanche comme du sucre*, et Rossini, dans un bal où je me trouvais, à Milan, avec la belle, mais un peu noire comtesse Somaïloff, s'écriait en passant devant nous avec quelques jeunes gens : « Voyez, messieurs les Italiens, la différence qu'il y a entre le cuir de Russie et le satin français ! » Ce qui dominait dans l'impression que l'on paraissait recevoir de moi à première vue se traduisait invariablement par des exclamations où s'exprimait la sensation de lumière. Je crains bien qu'on ne m'accuse ici de fatuité. Il me semble, quant à moi, que je ne suis pas trop blâmable de garder, comme toutes les vieilles femmes, quelque complaisance pour le souvenir de la beauté passée. C'est le sentiment le plus naturel et le plus inoffensif du monde.

1. Avec les années ce regard et ce sourire parurent, selon l'expression d'une personne de mes amies, comme une douloureuse interrogation au destin.

tenue pour achevée. Toute une année passée dans la classe supérieure d'un grand pensionnat, la couronne de *science* posée sur mon front par la main d'un prélat vénérable ne permettaient à cet égard aucun doute : je savais tout, absolument tout ce qu'une demoiselle de mon rang devait savoir. J'allais, du consentement général de l'opinion, sous les yeux d'une mère idolâtre, faire mon *entrée dans le monde :* aller au bal, au concert, à l'Opéra italien [1]; danser, chanter, jouer du piano, plaire et m'amuser, du mieux que je pourrais, dans la plus noble et la plus élégante compagnie de France. Il n'y avait ni à délibérer sur ce point, ni à consulter mes goûts, ni à se régler sur mon caractère : tout le monde faisait ainsi; nous ferions comme tout le monde; c'était alors, ce sera peut-être toujours le dernier mot de la sagesse française.

Ma mère, quoique très-allemande par certains côtés, protestante de naissance et d'éducation, ne réagissait aucunement contre cette sagesse toute française, et au fond, dans sa frivolité, toute catholique. Elle laissait faire l'usage et sans peine s'y conformait. Le tour de son esprit ne la portait pas à la critique des choses

[1]. Dans un très-grand nombre de familles du faubourg Saint-Germain, on ne conduisait pas les jeunes filles au spectacle; mais on faisait exception, de l'avis même du confesseur, pour le théâtre italien; et cela, par deux considérations assez bizarres : les chanteurs italiens n'étaient point excommuniés, et l'on ne comprenait pas les paroles du *libretto!*

établies. Sa passion pour mon père l'avait jetée un jour dans la révolte, mais ce n'avait été là qu'une fougue passagère et elle était vite rentrée dans l'ordre et la règle.

Longtemps indifférente en matière de religion, ma mère, lorsqu'elle se fit catholique, obéit à un besoin de pratique et de strictes observances plutôt qu'à une conviction raisonnée de la supériorité du dogme. Elle ne connut pas le zèle des néophytes. Son bon sens, sa modération, sa simplicité d'âme la préservèrent, là comme ailleurs, de tous excès; elle ne pratiqua ni les macérations, ni les mortifications, ni les jeûnes, ni aucune des rigueurs ostentatoires de la haute dévotion; elle n'aima point à s'entourer de prêtres, et n'entra jamais dans les arrière-fonds de la sacristie. Dans un temps où la cour était dévote et la compagnie de Jésus souveraine, la suggestion ne lui vint pas, comme à tant d'autres, de faire servir à ses intérêts mondains sa conversion, moins encore de se faire, à son tour, convertisseuse. Elle demeura, après comme avant, incapable de calcul, exempte de préoccupations ambitieuses ou égoïstes, exempte même de cette légitime personnalité qui donne à la vie l'impulsion et le caractère.

Au moment présent, ma mère, qui avait renoncé depuis longtemps à la fréquentation du temple luthérien, ne paraissait pas très-intéressée aux choses du ciel.

Ne voulant pas toutefois me confier à la garde d'une femme de chambre, elle m'accompagnait dans les églises, assistant, sans en exprimer jamais le moindre ennui, aux offices, aux sermons, à tous les exercices pieux dont mon âme, avide d'émotions, s'était fait un besoin et une habitude. Mais, à la façon dont elle m'en parlait, je voyais bien qu'elle n'y entendait pas grand'chose et qu'elle venait là, comme elle eût été ailleurs, par bienséance maternelle, nullement pour son propre compte.

Ce fut un premier chagrin dans notre vie à deux, un premier refoulement de mon sentiment le plus vif. Bientôt, sur beaucoup d'autres points, en dépit de l'extrême tendresse de ma mère et de sa constante sollicitude pour moi qu'elle chérissait au-dessus de tout, la discordance que la nature avait mise entre nos tempéraments et nos esprits se fit sentir à moi cruellement.

On a vu de quel irrésistible attrait j'avais été portée vers mon père; chez lui tout me semblait grâce et beauté. Le contraire m'arrivait, à ma douloureuse surprise, avec ma mère, qui ne me plaisait pas. Elle avait dû pourtant être jolie; une miniature que possède mon frère, et qui fut faite lorsqu'elle pouvait avoir vingt ans, l'atteste. Elle gardait encore de magnifiques cheveux blonds, un bras d'une beauté rare, de petits pieds cambrés, fort peu allemands; elle avait, quoique petite, la taille très-bien prise, et elle apportait beaucoup de soin dans son ajustement. La célèbre *Victorine*, habilleuse de mademoiselle Mars, faisait ses robes.

Cependant, sa présence, sans que j'eusse su dire pourquoi, ne m'était point agréable; sa conversation ne tenait pas mes esprits en éveil. Bien qu'elle n'eût pour moi qu'indulgence et complaisance, l'idée ne me serait pas venue de lui ouvrir mon cœur. Je lui obéissais en toutes mes actions, — il est vrai qu'elle commandait peu — mais elle n'avait aucune prise sur mes pensées. Presque toujours ensemble, nous ne nous parlions jamais néanmoins de choses intimes.

Ma mère attachait à la ponctualité dans l'emploi des heures et à la surveillance du ménage une importance extrême. Elle administrait sa grande fortune, balançait ses dépenses et ses revenus avec une exactitude toute francfortoise. Plus tard j'ai apprécié ces qualités solides, cette capacité pour les affaires qui me manquait, mais alors j'en étais comme importunée. Je ne m'intéressais guère davantage aux propos qui s'échangeaient dans les visites que nous recevions ou rendions; les disgrâces, les travers, les ridicules d'un chacun, dont on s'entretenait dans ces fréquentations avec une vivacité singulière, ne donnaient à mon imagination aucun aliment; mon attention se détournait, je tombais dans une distraction complète, et l'ennui me sortait par tous les pores.

Je m'en faisais reproche. N'était-ce pas bien mal de ne pas me plaire dans la compagnie d'une personne à qui j'étais si chère et que tout me commandait d'aimer? Ce trouble de ma conscience ne faisait qu'accroître mon déplaisir. Heureusement ma mère ne sentait pas ce qui manquait à nos rapports. Elle n'était que bonté, moi que douceur. Comment n'aurait-elle pas eu l'illusion d'une intimité parfaite?

Quel mystère en effet que ces oppositions de nature, si fréquentes et si douloureuses, entre deux êtres de même chair et de même sang, dont l'un est sorti des flancs de l'autre, s'est nourri de sa substance, a grandi sous ses yeux, par ses soins, dans une même atmosphère! Plus j'y ai réfléchi, moins j'ai pu comprendre une telle ironie de l'hérédité, qui met en présence, dans la relation la plus étroite que puissent créer l'instinct, le devoir et l'habitude, deux personnes en qui tout diffère et dont tous les penchants se contredisent. L'opinion frivole du monde, qui se paye d'apparence, n'admet pas ces anomalies; mais quel est le moraliste, le philosophe, qui n'en a pas observé des exemples consternants?

Ce que nous appelons *lois du sang*, c'est chose bien obscure encore, et, sans le silence des familles qui recouvre plus d'un secret terrible d'antipathies fatales ou d'affinités plus fatales encore, nous serions épouvantés de ce que la nature recèle, dans son sein indifférent, de contradictoire à la conscience humaine.

J'ai vu de près, j'ai connu par de tristes confidences plus d'un exemple de ces erreurs du sang. Ici du moins, grâce à l'inépuisable et un peu aveugle tendresse de ma mère, il n'y eut qu'une fatalité très-adoucie par la raison, par la volonté, par la gratitude.

Peu après ma sortie du couvent, nous allâmes en Touraine, et les alternatives régulières de nos saisons à Paris et à la campagne reprirent comme auparavant, avec cette différence néanmoins que j'étais plus qu'auparavant seule avec ma mère.

Ma grand'mère Lenoir, quoique en excellents termes avec sa belle-fille, ne vint plus au Mortier après la mort de son fils. Elle alla se fixer à Château-Thierry auprès de la famille Tribert, liée de longue date avec la famille Lenoir. Ma sœur Auguste quitta Paris pour aller s'établir à Francfort. Mon frère, depuis qu'il était entré dans la diplomatie, désireux de faire son chemin et de contenter ses chefs, ne prenait que de rares congés ; l'*oncle* aussi ne faisait plus que de courtes apparitions en France, et comme ma mère n'avait aucunement l'esprit de tradition, comme elle ne me parlait jamais ni d'elle-même, ni de mon père, ni d'aucun de nos proches ou de nos ancêtres, il arriva que, dans un âge aussi tendre, portée comme je l'étais au respect, à la docilité hiérarchique, à la vénération, je ne connus guère de la famille que le nom, et que mon inexpérience ne trouva où s'appuyer ni sur qui se modeler dans ce premier essai de la vie. Abandonnée ainsi à moi-même et sans épanchement filial, ma pente naturelle à la rêverie s'accentua, et pendant un assez long temps cette rêverie empreinte de mysticisme alla vers le cloître.

Bien que ma chère madame Antonia, mon amie Fanny et même la pauvre Adelise eussent quitté l'hôtel Biron, j'y retournais fréquemment; j'assistais dans la chapelle du Sacré-Cœur aux offices des fêtes de la Vierge et de la quinzaine de Pâques, y goûtant plus qu'à ma paroisse cette saveur de dévotion qui s'exhale en soupirs séraphiques du sein des jeunes cloîtrées. Nulle autre part le *Miserere*, le *Parce Domine*, chantés par des voix émues où tremblait l'amour divin, ne me pénétraient d'une si suave mélancolie.

Lorsque je montais à l'orgue et que je mêlais ma voix au chœur, j'éprouvais un ravissement auprès duquel mes plaisirs mondains me paraissaient insipides.

On s'étonnera peut-être que l'exaltation de ma piété ne me portât pas à souhaiter, à tenter la conversion de ma mère. Mais j'ai tout lieu de croire que, dès cette époque, le sang protestant qui coulait dans mes veines mêlait à ma ferveur catholique des inconséquences et des contradictions qu'il n'eût pas fallu serrer de trop près. Je faisais au confessionnal des questions sur les dogmes auxquelles on ne me répondait que par des exhortations à la soumission d'esprit : je suis bien certaine, par exemple, de n'avoir jamais cru à l'éternité des peines de l'enfer; et sans aucun doute aussi mon indifférence à l'endroit de la conversion de ma mère provenait de ce que l'article de foi qui la damnait ne m'était jamais entré dans la cervelle. Cette conversion, qui devait se faire quelques années après, sans ma participation, mais dont assurément les premiers germes furent déposés dès cette heure dans l'âme maternelle par la contagion de ma jeune ferveur [1],

---

[1]. J'ai bien souvent médité sur cette suite irrégulière et irrationnelle des choses qui amène ce qu'on appelle le progrès de l'esprit humain. Je nais protestante; tout enfant on me fait catholique sans mon aveu et par pure convenance mondaine. Dans ma jeunesse, sans le vouloir, sans le savoir, je convertis ma mère protestante à la foi catholique, que mon âge mûr cesse de professer pour embrasser la religion sans dogmes et sans culte du poëte qui bénit mon enfance. Qu'y a-t-il eu là de nécessaire, de contingent? à quel moment, à quel point de cet entrecroisement de hasards et d'aventures, ma volonté eût-elle pu intervenir, et de quoi suis-je responsable?

De l'émigration qui amène mon père à Francfort et lui fait épouser ma mère? De la règle des unions mixtes qui me fait protestante? De la sagesse mondaine de ma grand' mère qui me fait catholique? De la pente naturelle et héréditaire de mon esprit qui me ramène au libre examen? Quelle psychologie, quelle physiologie assez subtiles pour démêler un tel embrouillement de causes et d'effets?

était alors, sans que je le susse, le point de mire des congrégations, le désidératum des sectaires et des missionnaires de toutes sortes.

L'un d'eux, qui a laissé quelques traces dans les annales catholiques de la Restauration, M. Coëssin, entreprit l'œuvre sainte et profitable, d'une manière qui vaut d'être rappelée ici.

Sauf à quelques jours de particulière dévotion qui me ramenaient au Sacré-Cœur, j'étais très-assidue aux offices de la paroisse — la Madeleine. — Nous avions, ma mère et moi, nos deux places réservées, à l'entrée de la chapelle de la Vierge. On me remarquait là comme ailleurs. Je ne tardai pas, de mon côté, à remarquer les allures singulières d'un groupe, voisin de nous, également assidu, et qui, sans que nous le connussions, paraissait nous connaître. Ce groupe se composait d'un homme déjà mûr et de quatre jeunes gens, dont l'un portait la soutane. Leur attitude était modeste, presque humble, et pourtant de personnes qui ne voudraient pas être confondues. A la grand'messe, le moment de la communion venu, tous ensemble ils se levaient; les mains jointes, les yeux baissés, d'un air de componction, ils allaient à la sainte table; généralement ils y étaient seuls, les communiants choisissant de préférence les heures plus matinales et les messes basses. Au retour de la sainte table, ils demeuraient tous cinq longtemps agenouillés, la tête inclinée sur le prie-dieu, le visage caché dans leurs mains, plongés dans une méditation profonde et poussant des soupirs à fendre les murs.

Insensiblement, sans nous parler, et comme il est permis entre voisins à l'église, le chef du groupe d'abord, puis l'un ou l'autre des jeunes adeptes, avaient trouvé moyen d'entrer en relation avec ma mère et moi. La corbeille du pain bénit qu'on se passe dans les rangs, la quête, l'importunité de la loueuse de chaises, l'entremise des bénitiers surtout, à la sortie, qui rapproche les doigts pieux, offraient à nos paroissiens bien usagés mille occasions discrètes de politesses.

Les yeux de M. Coëssin, car c'était lui, me regardaient jusqu'au fond de l'âme, et ses lèvres, sans articuler une parole, murmuraient à mon oreille je ne sais quoi d'indistinct, d'attirant et de caressant; le jeune abbé de la Trèche, le saint Jean entre les disciples, adressait ses empressements et ses révérences à ma mère. Les disciples laïques, un chevalier de Bauterne, entre autres, dont l'air était plus galant et la façon plus mondaine, se risquaient, lorsque nous arrivions à vêpres en retard, jusqu'à me passer le paroissien ouvert et à m'y indiquer le verset.

Ce manége avait pour but de préparer une connaissance plus intime et de pouvoir, un jour ou l'autre, s'introduire chez nous. Une mère riche à convertir, une fille riche à épouser ou à marier n'étaient pas un mince appât pour la convoitise de nos dévots. Et, de fait, à quelque temps de là, un jour que je me trouvais seule à la maison, la femme de chambre vint m'avertir que M. l'abbé de la Trèche demandait à me parler. Je fis répondre que, ma mère étant sortie, je ne pouvais recevoir personne. Il insista et me fit passer sa carte avec un petit mot au crayon sur l'urgence de la communication qu'il avait à me faire. Mais j'étais prévenue par le curé de la Madeleine — l'abbé Gallard — qui n'aimait point cette petite église dans son église, qu'il y avait là sous jeu quelque intrigue, et je m'obstinai dans mon refus.

Notre prochain départ mit fin à l'incident. L'année d'après, sans que j'aie jamais su pourquoi, M. Coëssin et sa secte avaient disparu de l'Assomption. Peut-être l'abbé Gallard leur avait-il fait entendre qu'il les connaissait et les surveillait; toujours est-il qu'en cette occasion, comme en plusieurs autres, il me prémunit contre les dangers de la vie dévote, auxquels mon extrême candeur m'exposait plus que personne.

Ce bon abbé Gallard, devenu mon confesseur, n'avait ni grand esprit ni grand talent, mais c'était un homme de grand bon sens, et tel qu'il le fallait à mon âme ardente pour la préserver de ses propres entraînements.

Bien que d'une assez humble origine et d'un âge

moyen, il avait l'usage du monde et de l'expérience. Sa foi était sincère, mais sans enthousiasme ; ses mœurs étaient pures, mais sans ombre de rigidité. Admis dans l'intimité des familles, il y était bien vu de toutes les générations parce qu'il y portait l'esprit de paix. Aplanissant tout, conciliant tout, dissuadant toujours des mesures extrêmes, l'abbé Gallard pratiquait, en religion, cette doctrine de juste milieu qui devait bientôt triompher dans la politique.

Cet agréable curé aimait à dîner en ville, et ses opulentes paroissiennes lui en offraient souvent l'occasion. De visage et de cœur ouverts, d'humeur bienveillante, de propos gai, il attirait à soi les enfants de la maison.

Je ne sais comment, il s'était fait, dans ce petit monde une renommée pour sa manière de creuser les oranges en *puits d'amour* ; c'était, paraît-il, quelque chose d'inimitable et de tout à fait délicieux. Rien n'était comique, le dessert venu, comme d'entendre, d'un bout de la table à l'autre, une voix partie d'un groupe de jeunes filles lui crier sans aucun embarras, devant vingt personnes : « Monsieur le curé, faites-nous donc un puits d'amour! »

Quoi qu'il en soit, je dois à cet excellent homme d'avoir échappé au zèle des accapareurs de conscience et de ne m'être point abandonnée à une fausse vocation.

Tempérée du côté des choses du ciel, mon imagination manquait d'aliment. J'ai parlé de mes premiers rêves romanesques. Depuis longtemps, comme on peut croire, le petit amoureux de quatorze ans, blond, blanc et rose, qui me dérobait un gant, et à qui j'avais en retour juré fidélité éternelle, était oublié. Pendant que de petite fille je me faisais belle demoiselle, il devenait un assez lourdaud campagnard. C'est à peine si je le reconnus quand il me vint gauchement prier à danser, dans un bal du voisinage; et son air provincial effaça tout aussitôt l'image gracieuse qui m'était restée de lui.

A défaut de romans, de rêves d'amour, les perspectives sérieuses du mariage s'ouvrirent devant moi.

XIV

Les mariages à la française.

Les perspectives sérieuses du mariage, voilà ce que je viens d'écrire. Sérieuses en apparence, bien frivoles en réalité, on en jugera. Je vais dire de quelle façon les choses se passaient.

On sait que, dans l'opinion française, un mariage d'inclination est réputé sottise ou folie, pis que cela, chose malséante et de petit monde. Le mariage, aux yeux des Français, c'est un arrangement, un calcul; deux fortunes qui se joignent pour créer une fortune plus grande, deux crédits qui s'associent pour fournir un crédit plus grand. Les deux plus grandes fortunes et les deux plus grands crédits réunis, c'est l'idéal.

On ne croit point à l'amour en France, on en rit;

on croit moins encore à la fidélité conjugale, on s'y soustrait gaiement ; aussi le divorce a-t-il toujours paru chez nous chose complétement inutile. Il serait trop long d'examiner pourquoi, en cette matière, les idées des Français diffèrent complétement du sentiment des Allemands, qui s'en indignent, et de celui des Anglais, qui nous ont sur ce point en grand mépris.

Je me borne à rappeler que, pour une demoiselle de la noblesse, il ne pouvait pas être question, au temps dont je parle, une seule minute, de consulter son cœur dans le choix du mari auquel elle allait remettre toute sa destinée. Le mariage qu'on appelait « de convenance » était seul admis en principe. On ne pouvait différer que dans l'espèce. La naissance, la fortune, la situation, les alliances, « les espérances », c'est-à-dire l'héritage présumé plus ou moins proche, selon l'âge des parents et des grands parents, telles étaient les convenances entre lesquelles il était permis d'hésiter et de choisir.

On ne mariait plus les jeunes filles sans leur aveu. On ne les contraignait pas ; les menaces de couvent, de suppression de dot ou d'héritage, n'étant plus de mise, c'était toujours de son plein gré que la demoiselle à marier donnait sa main. La fiction d'une préférence, d'un penchant soudain qui s'était déclaré chez elle, à première vue, s'accréditait même assez généralement, de vieille femme à vieille femme. La vieille femme, ou tout au moins la femme d'un âge très-mûr, jouait dans les affaires matrimoniales un rôle actif. La Parisienne surtout, d'un naturel officieux et ingénieux, trouvant un accroissement d'importance dans la *réussite* d'un beau mariage, en faisait volontiers son affaire. Elle obligeait deux familles. Elle se créait des relations intimes. Elle passait son temps ainsi, grande difficulté à cet âge intermédiaire où la femme du monde n'est plus propre à la galanterie et n'a pas encore pris son parti de *tomber*, comme on disait alors, dans la *haute dévotion*, qui supplée à tout.

D'ordinaire, la dame obligeante attirait l'attention d'un jeune homme ou de sa mère sur une famille où se trouvait une demoiselle à marier. Elle jetait en avant quelques chiffres au hasard, un héritage prochain, la description d'un château, par surcroît la bonne éducation de la jeune fille au Sacré-Cœur, etc. Si l'on ne repoussait pas de prime-abord l'idée d'une alliance, elle s'en allait incontinent trouver la mère de la demoiselle. Là, mêmes ouvertures, mêmes chiffres mensongers, ou tout au moins gonflés : un château également, un frère poitrinaire ; y avait-il duché-pairie, ou seulement pairie, on glissait sur tout le reste.

La pairie, sous la Restauration, c'était le rêve, l'ambition, l'ardente rivalité des familles ; elles en étaient éblouies et ne regardaient plus à rien d'autre.

Après que l'entretien des dames avait amené les choses à un certain point de maturité, la négociation passait aux mains des hommes. Notaires et avoués, mis en présence, se communiquaient *les papiers*. On tâchait bien encore de jouer au fin, en mariage, comme en chevaux, l'honneur n'obligeant pas; cependant, dans les *études* tout prenait corps: chiffres réels, hypothèques, actes de naissance, contrats de vente ou d'achat, testaments, etc. Il n'y avait plus trop moyen de tricher. Désappointement réciproque; hésitations, reculades; rupture quelquefois; mais les dames r'arrangeaient tout, elles se compromettaient entre elles, elles s'engageaient de parole. Quelque petit avantage, tenu en réserve par la prévoyance des parents d'un ou d'autre côté, mettait fin aux difficultés. Un projet de contrat s'ébauchait. C'est à ce moment d'ordinaire que se proposait l'*entrevue*.

L'*entrevue* de la demoiselle à marier avec son futur époux était le point délicat des préliminaires du mariage. Jusque-là, la jeune fille ignorait, ou du moins elle était censée ignorer tout ce qui s'était dit ou fait à son occasion. On avait cette délicatesse de la vouloir étrangère à toute discussion de chiffres. Mais dans l'entrevue la fiction cessait, le rideau se levait, la jeune fille entrait en scène. Elle était regardée, elle regardait, quelquefois même elle parlait, ou on lui parlait; on pouvait lui plaire ou lui déplaire; elle

pouvait paraître agréable ou désagréable. Chose grave !
le secret n'était plus gardé; l'opinion des salons intervenait, et, si le mariage manquait, il y avait compromission, il y avait presque affront de part ou d'autre.
On imagine aisément de quelles précautions on entourait l'entrevue, comme on la voulait brève, comme on la feignait fortuite, comme on arrangeait tout pour qu'elle ne pût pas avoir d'issue négative.

J'ai dit que les demoiselles disposaient librement de leur main. On le leur disait bien haut, on le leur persuadait même assez souvent. On ne heurtait de front ni leur fierté, ni l'instinct du cœur féminin qui rêve le bonheur dans l'amour conjugal; mais que d'art pour donner le change à l'inexpérience ! Quel abus de tous les meilleurs sentiments et des choses les plus saintes, de la piété filiale, de la volonté divine, que l'on faisait intervenir par la voix du confesseur, pour amener aux lèvres d'une enfant, qui ne sait rien d'elle-même ni de la vie, un *oui* dérisoire !

La jeune fille n'aime pas, elle le sent bien, mais elle aimera, sa mère le lui dit : une jeune fille bien née aime toujours l'homme qu'elle épouse; tel est aussi l'avis du confesseur. Et puis les enfants viendront, le grand amour de la femme; on les chérira ensemble, ensemble on se réjouira de leurs caresses, on leur donnera ensemble l'éducation chrétienne ! Quel lien ! quel avenir, quel intérêt sacré, toujours croissant, quelle bénédiction céleste! Des intérêts qui sont le motif vrai du mariage, on en parle peu ou point à la jeune fille.

La jeunesse est idéaliste de sa nature, et, sinon par exception, peu sensible aux biens de la fortune [1]. Cependant un grand nom, un nom héroïque exerce son prestige sur les imaginations. La perspective des bienfaits qu'on peut répandre au moyen de grandes richesses ne s'offre pas sans quelque attrait aux cœurs généreux. Une famille aussi bonne que celle où l'on est née, une maison où règne la concorde, une belle-mère qui est invariablement la perle des belles-mères, enfin le doigt de Dieu visible en tout ceci, et qui, selon l'opinion de tous, a manifestement conduit toutes choses, c'en est assez, c'en est trop pour triompher d'hésitations inconscientes et d'appréhensions vagues qu'on ne saurait ni définir ni même comprendre.

A peine son consentement donné, la jeune fille est étourdie d'un tel concert de félicitations, éblouie de tels présents, ses heures sont à tel point entraînées dans un courant de futilités qui se précipitent, elle devient si entièrement la proie des faiseuses et des marchandes, on lui parle si constamment de dentelles et de diamants, d'équipages, de présentation à la cour et de visites de noce, qu'il n'y a plus pour elle aucun

---

[1]. Ceci fera sourire les jeunes filles d'aujourd'hui. (*Note écrite en 1869.*)

moyen de se recueillir, pas même au confessionnal, où toute réflexion, toute aspiration propre, si elle venait à naître, serait aussitôt réprimée par l'homme de Dieu. Pour le prêtre catholique, le mariage n'étant autre chose, selon la définition du catéchisme, qu'un sacrement destiné à donner des enfants « à l'église », l'amour n'étant qu'une « œuvre de chair », la personne du mari, cela se conçoit, n'est que de bien peu d'importance. On ne s'informe pas au confessionnal si le fiancé est aimable; chose bizarre ! on s'inquiète même assez peu de ses croyances ou de ses mœurs. Il est désiré des parents, cela suffit. S'il est bon catholique, tant mieux; s'il ne l'est, — « Clotilde a converti Clovis, » et tout est dit. Ce qui a droit de surprendre aussi dans les unions françaises, c'est le peu de souci qu'y prennent les familles, au point de vue de la race, de la pureté constitutive du sang auquel on s'allie. On prend à ce sujet des informations très-sommaires. Les médecins sont rarement ou très-légèrement consultés. « Il faut que jeunesse se passe », « on se range en se mariant », ce sont les réponses viriles aux scrupules qu'élève parfois la mère touchant ce qu'on appelle volontiers *les fredaines* du gendre qu'on lui propose. Que ces *fredaines* aient à jamais vicié son sang, flétri sa jeunesse, on le verra bien assez tôt. Il n'est pas temps d'en parler. L'essentiel, c'est qu'au plus vite on s'assure par contrat et par sacrement une fortune considérable, une alliance profitable.

Et ainsi se consomment ces tristes mariages sans amour et sans vertu, ces marchés cyniques auxquels la noblesse française a donné le nom *de mariages de convenance*, ces unions indissolubles où nulle sympathie ni de l'âme, ni de l'esprit, ni des sens, n'est consultée, et auxquelles, si l'on y regardait de près, il ne faudrait peut-être pas attribuer une médiocre part dans l'appauvrissement des anciennes races et dans la décadence des mœurs. Les familles travaillent elles-mêmes à leur ruine. Elles introduisent la mort aux sources de la vie ! — Mais quittons ces réflexions trop graves et revenons aux apprêts des noces.

Nous en étions restés à l'*entrevue*. Elle se faisait, selon la saison où la circonstance, à l'église ou à la promenade, au *salon* [1] ou dans une soirée intime. Ce dernier mode étant le plus embarrassant et le plus compromettant, la mère de la jeune fille ne l'acceptait pas volontiers. L'échange de quelques regards dans une allée des Tuileries ou des Champs-Élysées, la rencontre devant un même tableau au salon carré du Louvre, un salut sur les marches de l'*Assomption* ou de *Saint-Thomas-d'Aquin*, semblaient assez.

Puis on brusquait les choses. Il ne faut pas qu'un projet de mariage, une fois ébruité, *traine en longueur;*

1. On appelait ainsi l'exposition des beaux-arts dans les galeries du Louvre.

on aura bien le temps, on aura toute la vie pour se connaître : c'étaient les axiomes reçus. En effet, si par hasard on eût découvert, de part ou d'autre, un vice quelconque sur lequel il n'y eût pas moyen de fermer les yeux ; si le fâcheux caractère du futur époux éclatait dans ses visites quotidiennes ; si sa maîtresse congédiée, reprenant par surprise l'ascendant de l'habitude, s'opposait à la célébration du mariage et menaçait d'un éclat ; si l'on découvrait que la demoiselle a une fausse dent, de faux cheveux ; si l'on apprenait qu'elle a eu quelque petite intrigue, qu'elle a écrit quelques lettres imprudentes, quel embarras ! quel scandale !!

D'ailleurs ce temps des préliminaires est si fastidieux ! ces perpétuels essayages de robes, ces choix de cachemires et de dentelles, ces stations interminables dans les boutiques... la pauvre mère est sur les dents. Et ces assiduités de commande, ces dîners de famille où tout le monde se compose, ces félicitations menteuses, ces confidences plus menteuses encore ; et les sentences banales et les assurances de bonheur auxquelles personne ne croit, et jusqu'à cet insipide bouquet qu'apporte chaque matin le laquais du futur époux ! il tarde à tout le monde d'en finir. Un mois, c'est tout ce qu'on peut supporter d'une existence aussi contrainte. C'est le temps strictement nécessaire pour composer, pour faire exécuter la *corbeille* et le trousseau. Le jour de la signature du contrat, on commence à respirer. Les parents de la demoiselle donnent une grande soirée, dont l'intérêt majeur consiste dans l'exhibition des présents.

La corbeille en satin blanc, qui renfermait jadis les joyaux de la mariée, n'est plus de mode. On l'a remplacée par un meuble de fantaisie élégant et utile. Ce meuble est tout chargé de pierreries : colliers, bracelets, agrafes, perles, diamants *substitués*. Des couronnes, des bouquets de fleurs artificielles en marquent le centre. De longues écharpes en dentelles, de riches tissus brochés d'or et d'argent, des châles de l'Inde, des plumes d'autruche, des fourrures de martre ou d'hermine retombent autour ; c'est un somptueux autel à la vanité conjugale. Le trousseau, moins éclatant, est de la part des femmes l'objet d'un examen plus sérieux. Les robes, les peignoirs brodés garnis de dentelles sont suspendus dans un bel ordre par des rubans roses ou bleus le long des murs ; au-devant et au-dessous, ornés de pompons, les mouchoirs, les jupes de fine batiste, les bas, les bonnets du matin et jusqu'aux chemises de jour et de nuit, disposés avec art, s'étalent douzaine par douzaine. C'est là que s'exerce la critique des matrones. Il y a trop de ceci, trop peu de cela. On a eu tort de prendre chez telle marchande de modes ; on aurait dû aller chez telle autre, chez mademoiselle *Minette*, chez *Herbault*, etc.

Les demoiselles à marier écoutent et regardent : c'est un enseignement dont il faut tirer profit.

Cinq ou six jours après la signature du contrat, avaient lieu, dans la même matinée, le mariage à la mairie et le mariage à l'église. La noblesse ne s'était pas encore accoutumée à prendre au sérieux le mariage civil. La jeune fille surtout ne se croyait engagée que par le *oui* dit à l'autel. On riait de l'écharpe de monsieur le maire, du petit discours d'office qu'il prononçait. La gravité ne paraissait sur les physionomies qu'en entrant à l'église. La contenance de la demoiselle était réglée à l'avance. Il fallait qu'elle fût émue, point trop, on ne lui voulait pas les yeux rouges, ni les joues trop pâles. Quant aux parents, il était d'usage que le père fût grave; la mère, sans manquer aux convenances, pouvait, en conduisant sa fille à l'autel, paraître radieuse ou désolée. Il lui était permis de pleurer ou de triompher. Après la messe, elle ramenait sa fille chez elle. Le départ, à la façon anglaise, des nouveaux époux, le voyage de la lune de miel n'était pas encore en usage. Il eût paru de la dernière inconvenance.

On ne s'inquiétait pas plus dans la bonne société française de la pudeur de la jeune fille qu'on ne s'était inquiété de son amour. Moins encore songeait-on au recueillement que voudrait l'âme pieuse qui vient de contracter devant Dieu un engagement solennel.

La journée de la mariée appartenait aux curieux, ses pensées à tout le monde. Il fallait qu'elle subît, pendant tout un jour, les regards, les sourires, les équivoques, les mille quolibets qu'inspire à la gouaillerie française le divertissement du mariage. Il fallait qu'elle reçût tout en plein, à la soirée de ses noces, ce premier enseignement de frivolité, d'incrédulité, d'indécence et de raillerie qui, de génération en génération, perpétue chez nous la dérision du mariage; il fallait qu'à minuit elle disparût avec son mari et sa mère, au milieu des chuchotements, des sourires goguenards. On ne voudra pas croire un jour que dans cette société si polie une pareille grossièreté de mœurs ait pu s'établir!...

Le lendemain matin, la coutume était que le marié et la mariée allassent ensemble à leur paroisse entendre la messe qu'on appelait « *d'actions de grâces* ». Huit jours après commençait la série des visites de noce, précédées ou suivies, selon que la cour se trouvait ou non à Paris, de la présentation au roi.

Pendant toute la première année de son mariage, la jeune femme n'allait pas dans le monde sans son mari, sa mère ou sa belle-mère. Mais ensuite, et du moment surtout qu'elle avait eu un enfant, elle entrait à cet égard dans une liberté parfaite, recevant, allant et venant, à sa guise, et sans offenser l'usage. Dans la société aristocratique de Paris, le mari, en tant que mari, ne comptait guère. Au delà d'un terme très-court, s'occuper de sa femme eût été une inadvertance. La trouver aimable, l'aimer, eût passé pour ridicule. Se laisser voir assidûment à ses côtés, soit chez elle, soit dans les salons, c'était se donner un brevet de niais ou de fâcheux. Dans ce temps-là, un mari ne montrait de savoir-vivre qu'en disparaissant le plus possible de la compagnie de sa femme et de sa propre maison. Au bout d'assez peu de temps on voyait avec plaisir qu'il prît habitude ailleurs. Les cercles et les clubs n'étant point encore importés chez nous, tout « galant homme », sous peine de ne savoir que faire de ses soirées, devait se constituer le familier d'un salon. La pensée d'une soirée passée chez soi, en tête-à-tête, ne venait jamais à des époux parisiens ; accueillir à son foyer des amis communs n'était pas estimé chose agréable, ou seulement possible.

D'autre part, les maîtresses de maison n'aimaient point à recevoir ensemble mari et femme; cela glaçait, disait-on, les entretiens. Le bel esprit, le désir de plaire, la coquetterie, la verve, la provocation piquante, tout ce qui fait l'animation et la grâce des conversations parisiennes, s'éteignait dans le commerce insipide de l'habitude conjugale; il fallait, pour en retrouver le don, aller chacun de son côté dans un salon différent où rien ne rappelait la chaîne du devoir. C'était là un arrangement, une convention qui s'établissait très-vite, tacitement, entre les époux et que tout favorisait. On comprend, sans que j'y insiste, les conséquences d'une séparation si facile. Le monde y gagnait en agrément, le bel esprit s'en trouvait bien, la galanterie encore mieux. Le ménage et la famille n'y gagnaient pas. Mais, dans les mariages français, ce qu'on semble le moins prévoir, c'est précisément le ménage et la famille.

XV

Ma valeur matrimoniale. — Les demandes en mariage. — Un amour vrai. — Le comte de Lagarde. — Un seul mot peut changer une destinée.

J'étais, selon l'expression consacrée, un *très-bon parti*. Une jeune fille bien née, bien élevée, bien dotée — ma mère me donnait trois cent mille francs, somme considérable pour ce temps-là, et s'offrait à me garder chez elle, à Paris et à la campagne, moi, mon mari, nos enfants s'il en venait, nos serviteurs, — avec des *espérances solides* — pas moins d'un million d'héritage maternel — pouvait prétendre à tout.

J'entendais ces propos, dans la bouche des douairières, avec d'autres qu'on y ajoutait, les plus flatteurs du monde, sur ma personne.

Le jour même où ma mère était venue me chercher

à l'hôtel Biron, une de nos professes, madame de Marbeuf, lui avait fait au parloir, en ma présence, la demande de ma main pour l'un de ses parents, qu'elle disait extrêmement riche. Quelques jours après, la princesse de la Trémoïlle, consultée sur cette ouverture, avait prononcé de son autorité souveraine, en ma présence encore, que le baron de P... était de trop petite noblesse — on appelait cela n'être *pas bon!* — et qu'une fille de bonne maison telle que moi devait trouver beaucoup mieux.

J'étais donc bien avertie de ma grande valeur matrimoniale. En effet, depuis ce jour, pendant l'espace de cinq années, les propositions, les demandes plus ou moins directes, les négociations de toutes sortes, se succédèrent chez nous presque sans interruption. J'entendis nommer comme aspirant à ma main l'amiral Mackau, le marquis de Castelbajac, le comte de Marcellus, le baron de Bourgoing, le comte de Custine, à peine veuf de sa première femme, qui, au dire de la princesse de la Trémoïlle [1], grandement favorable à ce projet d'union, avait été très-heureuse en ménage.

Mon frère, qui me trouvait l'air et les manières d'une ambassadrice, aurait vu avec plaisir mon ma-

---

1. A quelque temps de là, un éclat scandaleux montra que la princesse n'était pas toujours infaillible en ses jugements sur les choses et les personnes, ce qui étonna chez nous.

riage avec l'un ou l'autre de ses collègues en diplomatie. Mais, dans les premières années de ma vie mondaine, je n'accordai à toutes ces demandes que fort peu d'attention.

Comme personne ne me parlait du mariage autrement qu'au point de vue des avantages extérieurs et que je n'avais aucune convoitise ni de grandeurs ni de richesse, comme aussi toutes ces négociations entamées se rompaient avant d'en venir au point où il eût fallu me prononcer sur le mérite ou le charme de la personne qu'on me proposait pour époux, je voyais défiler sous mes yeux des chiffres, des généalogies, des énumérations de titres, de fonctions, des noms de châteaux, etc, sans y chercher autre chose qu'un passe-temps.

Mes jeunes amies, Fanny de Larochefoucauld, Esther Le Tissier, et surtout Lucile, — je n'étais plus aussi liée avec Adrienne de Bizemont, dont les parents ne venaient point à Paris, — ne comprenaient pas mon indifférence en ces matières. Tout à l'ambition d'un mariage brillant, toutes françaises en leur idéal de mariage, sans un atome de cette poésie germanique qui me faisait rêver l'amour éternel dans l'union conjugale, sans inclination romanesque, elles m'entretenaient avec une vivacité extrême *des partis* qui se présentaient pour elles, elles en balançaient tous les avantages avec une passion où le cœur n'avait certes aucune part.

C'était là encore pour moi un sujet d'étonnement, un chagrin qui me repliait sur moi-même, qui me refoulait de plus en plus dans le vide et le silence de mon cœur altéré d'amour.

Le jour n'était pas loin où ce cœur s'allait remplir d'un sentiment vrai, profond, et qui faillit changer entièrement le cours de mon existence.

Entre les personnes qui venaient chez nous souvent, parmi celles qui s'occupaient de moi, il en était une, une seule, vers laquelle m'inclinait une sympathie vive, mais timide à l'excès, et que je n'aurais su définir. Relativement à moi, relativement aux amis de mon frère, qui m'entouraient et me *faisaient la cour*, un homme de quarante-cinq ans — c'était l'âge du comte de Lagarde — devait paraître un vieillard. Et pourtant ce fut lui qui me captiva, qui m'inspira un sérieux désir de plaire. Ce fut lui qui bientôt occupa toutes mes pensées.

Le comte Auguste de Lagarde était un homme du monde accompli, de l'esprit le plus fin, d'une grâce exquise. Mais il était mieux que cela, il l'avait prouvé. Chose rare! la finesse de l'esprit s'alliait en lui à l'élévation du caractère, et la politesse du langage à la sincérité d'une âme forte. Soldat et diplomate, longtemps aide de camp du duc de Richelieu, dont il partageait les opinions libérales, le général de Lagarde portait sous son cordon rouge la marque d'une action héroïque, la

PREMIÈRES ANNÉES (1806-1827).

cicatrice d'un coup de feu, reçu à bout portant, en pleine poitrine, dans une lutte sanglante où il avait tenté d'arracher à la rage des fanatiques des hommes de bonne foi qui voulaient prier Dieu selon leur conscience [1].

Il venait, dans son ambassade d'Espagne, de donner de ses talents l'opinion la plus haute. On l'avait nommé pair de France. M. de Lagarde avait beaucoup voyagé, pratiqué les affaires, fréquenté les princes et vu de près les cours. Il connaissait le monde et la vie;

---

[1]. On se rappelle que le général de Lagarde, commandant la division militaire dans le Gard, fut envoyé à Nîmes pour contenir les troubles religieux. Le duc d'Angoulême en quittant la ville (7 novembre 1815) avait ordonné la réouverture du temple protestant. Le chef de bandes Trestaillon excitant la population catholique à la révolte, M. de Lagarde n'hésita pas à le faire arrêter, mais un des agents de Trestaillon continua son œuvre. Le jour de l'ouverture du temple, pendant le service, une multitude fanatisée et armée assaillit les portes de la maison de prière et se rua sur les protestants ; un affreux massacre commençait, quand le général, averti, accourut à la tête d'une poignée d'hommes ; presque seul, il poussa son cheval au plus fort de la mêlée. De la voix et du geste, il s'efforçait de calmer ces furieux, de leur arracher leurs victimes, quand l'un d'eux, un garde national nommé Boivin, saisissant la bride de son cheval, lui appuie sur la poitrine une arme à feu. Le coup part. Atteint presque mortellement, le général Lagarde se soutient encore quelques instants, malgré le sang qu'il perdait à flots, et menaçait les révoltés de sa main mourante. Enfin il chancelle, les siens arrivent, on le tire de la mêlée, on l'emporte sur un brancard. Longtemps il demeura entre la mort et la vie, et jamais il ne se remit entièrement des suites de cette profonde blessure.

son expérience était complète, mais sans amertume. Il avait, en parlant des hommes et des choses, un sourire désabusé plein de douceur. Son corps maigri, son visage miné par la souffrance, gardaient une élégance et un charme incomparables. Il aimait la conversation des femmes. Il y portait cette pénétration discrète, ce *sous-entendu*, ce je ne sais quoi délicat et tendre qui leur plaît et les retient attentives. Les nuances, les insinuations de sa voix et de son sourire étaient infinies, surtout lorsqu'il voulait persuader. Rien n'égalait pour moi le plaisir d'entendre sa parole qui cherchait la mienne, de sentir son regard qui cherchait le mien.

Il est de la nature féminine, courageuse dans l'ordre moral, mais aisément intimidée et d'une faible initiative dans le monde de l'action, qu'elle soit attirée vers les qualités qui lui manquent et qui la complètent.

Quand M. de Lagarde qui, d'habitude, parlait peu de lui, me racontait quelques faits de sa vie passée, quand, dans la simplicité de ses récits, je sentais sous son apparence débile la constance de son courage, tout en moi se recueillait pour mieux l'entendre et pour l'admirer.

Dès la première fois que nous nous étions rencontrés — c'était chez le marquis d'Autichamp, gouverneur du Louvre, parent de M. de Lagarde, à l'occasion de la procession de la Fête-Dieu que suivaient les princes, et que nous étions allées voir passer, ma mère et moi, d'une fenêtre du palais — je m'étais sentie très-intéressée à sa conversation, bien qu'elle roulât sur la politique, dont je ne savais absolument rien. Lui, de son côté, surpris peut-être d'être écouté de la sorte par de grands beaux yeux, pleins de curiosité et de candeur, m'avait beaucoup regardée.

Se faisant connaître à ma mère pour un ami de l'oncle Bethmann, il lui avait demandé, à ce titre, la permission de se présenter chez elle. Le lendemain il nous faisait sa visite. Invité à la renouveler, à venir dîner chez nous, il ne se fit pas prier, et bientôt, aussi bien à lui qu'à moi, il parut tout simple et comme nécessaire de ne laisser passer, pour nous voir ou nous écrire, aucun de ces mille prétextes que font naître journellement, entre gens de bonne compagnie, les usages et les politesses du monde. Chaque jour j'étais plus charmée de tant de grâce et d'esprit, plus sensible à la beauté morale qui rayonnait si doucement dans toute la personne de cet homme aimable, plus touchée du sentiment qui l'amenait vers moi et qui l'y retenait sans s'exprimer. Chaque jour je prenais plus en dégoût les *mariages de convenance*. Je ne souffrais plus qu'on m'en parlât. Lorsqu'un jour, mon frère, récemment arrivé de Londres, dit devant moi à ma mère que bien certainement M. de Lagarde ne venait pas ainsi chez nous sans intention, et qu'il fallait savoir ce que l'on répondrait à une demande formelle, lorsqu'elle nous serait faite, j'en ressentis un trouble, une joie extrême, et que je ne confiai à personne.

Comment celui qui me l'inspirait ne l'a-t-il pas devinée? Comment, dans l'espace de deux années que nous nous vîmes presque chaque jour, a-t-il pu ne pas sentir que la différence des âges disparaissait à mes yeux dans la ressemblance des goûts et des pensées? qu'à l'éclat de la jeunesse, qui brillait dans d'autres yeux, je préférais sa mélancolie; à l'expansion bruyante des plus gais entretiens, sa gravité; aux hommages déclarés de mes hardis prétendants, son assiduité craintive et, par-dessus tout, son silence?

Cependant les jours s'écoulaient et M. de Lagarde ne s'expliquait pas. Il n'osait, — c'est du moins ce que me dit plus tard l'amie pour laquelle il n'avait pas de secret, — tant il redoutait un refus qui lui eût commandé de s'éloigner. Il me voyait si jeune, je lui paraissais si belle, et il me savait si recherchée, qu'il faisait sur lui-même, sur son âge, sur le déclin des ans, des retours cruels. Il hésitait; il s'enhardissait en venant vers nous; y était-il, il perdait aussitôt courage. Quand il me voyait au bal dans mes fraîches parures, quand je faisais devant lui de ces longs projets qui ne comptent ni avec le temps, ni avec la maladie, ni avec la mort, il devenait tout à coup pensif; il nous quittait brusquement, lui si plein de courtoisie. Il s'excusait le lendemain, disant qu'il avait souffert de sa blessure et qu'il se sentait bien vieux... Il souriait alors d'un indéfinissable sourire, qui me pénétrait de tristesse.

Il paraît que, dans ses perplexités, M. de Lagarde se confiait à une femme du monde, dont il avait été l'amant dans sa jeunesse et qui se flattait encore de le reprendre en ses lacs. Les visées de la marquise de ***, en cela très-semblable à la plupart des femmes parisiennes, plus ambitieuses que tendres ou scrupuleuses, c'étaient, en faisant épouser à M. de Lagarde l'une de ses filles, fort laide et insignifiante, de garder sur l'esprit d'un homme en faveur une influence utile.

L'amour de M. de Lagarde pour moi, surtout si le mariage devait s'en suivre, dérangeait ces combinaisons. Aussi, en paraissant le conseiller selon son cœur, la marquise employa-t-elle tout ce qu'elle avait d'artifice à le jeter plus avant dans l'hésitation. Le voyait-elle résolu de faire sa demande, elle offrait de s'en charger. Il acceptait, tout heureux d'échapper à l'embarras de cette démarche toujours différée ; alors, sous un prétexte, puis sous un autre, elle différait à son to , elle inventait des délais plausibles, et finalement, par quelque nouvelle perfidie, elle replongeait toutes choses dans l'incertitude.

Ce manége dura toute une saison.

D'autre part, ma mère, mon frère, la princesse de la Trémoïlle, toujours interrogée comme l'oracle en ces occasions, l'oncle Bethmann par correspondance, se consultaient. Le caractère et la situation de M. de Lagarde ne souffraient pas d'objections, mais la princesse le trouvait, chose grave ! trop libéral. Quant à mes parents, ils eussent été contents d'une telle alliance, mais ils craignaient de me donner pour mari un homme déjà trop atteint par l'âge et par la souffrance.

Les jours et les mois passaient ainsi. Nous étions au mois de juillet de l'année 1825. Tous les ans, vers cette époque, le général de Lagarde se rendait aux eaux de Gastein pour sa blessure. Le jour de son départ approchait. Jamais je n'en avais ressenti une peine aussi vive.

Une après-midi, il vint chez nous pour nous dire adieu : il partait le lendemain. J'ai su depuis que, en butte à de vives instances pour un mariage dans sa parenté, il avait pris à deux mains son courage et résolu, à ce dernier moment, de s'expliquer enfin avec moi. Depuis près d'une heure déjà M. de Lagarde était au salon avec ma mère, quand je me décidai d'y entrer. Il m'avait fallu du temps pour composer mon visage. Quand j'ouvris la porte du salon, M. de Lagarde était levé et prenait congé. Je m'avançai vers lui, et lui tendant la main : — Vous partez, lui dis-je, et les larmes me venaient aux yeux.

— Oui, je pars, répondit il, en attachant sur moi un long regard, et, comme je demeurais muette..... « je pars, reprit-il en appuyant sur les mots; et, d'une voix altérée, je pars... à moins que vous ne m'ordonniez de rester. »

« Restez!... » Ce mot si court, ce mot qui décidait de toute mon existence, il vint, plus prompt que la pensée, à ma lèvre, je l'y sentis vibrer et trembler... il y expira. Il s'y éteignit dans une incroyable défaillance de mon amour et de ma volonté...

Quelqu'un venait; M. de Lagarde sortit. Je rentrai dans ma chambre. J'entendis la voiture rouler sourdement sous la voûte, le marchepied s'abattre, la portière se refermer. Tout était dit. Je mis ma tête dans mes mains et je fondis en larmes.

Trois mois après, M. de Lagarde, cédant à des sollicitations de famille, épousait une de ses cousines à peine sortie de pension.

Lorsque nous nous revîmes dans le monde, nous ne nous parlâmes jamais du passé. M. de Lagarde ne vint pas chez moi après mon mariage. Il y eut toujours entre nous quelque chose d'à part : une nuance d'accueil et d'accent insaisissable pour les indifférents mais infiniment douce et triste. Et chaque fois mon regret devenait plus intense par la connaissance que j'avais acquise du monde et de moi-même.

Avec quelle amertume, dans le long cours des ans,

je me suis accusée et repentie de n'avoir pas écouté la voix de mon cœur! Avec quelle obstination, revenant sur le passé, j'ai cherché à me représenter ce qu'eût été ma vie si j'avais eu le courage de ma tendresse, et si, mettant ma main dans la main de cet homme aimant et bon, je lui avais dit : *Restez!* restez près de moi, restez avec moi, soyez mon ami, mon guide, mon conseil et ma conscience, mon paternel époux!..... Ah! combien il eût été facile à cette main prévoyante, si ferme et si douce, de me retenir avec elle dans les voies aplanies où le devoir s'appuie et s'abandonne aux secrets penchants du cœur!

Quel renouvellement indéfini de respects et de tendresses ma jeunesse eût puisé dans le commerce d'un homme en qui la grandeur et la bonté ne faisaient qu'un avec l'intelligence et le courage! Quelle animation de l'esprit à tout apprendre, quel repos du cœur à se sentir aimée, comprise toujours, d'une si pénétrante et indulgente amitié! Quel bonheur de rendre plus douce à cette âme virile l'acceptation des peines de la vie! Quelle joie à démentir les prévisions de la commune sagesse! Quel orgueil dans un bonheur si haut!...

Je n'étais pas appelée à une telle destinée. Je ne devais connaître le repos qu'à l'autre bout de la vie. Il me fallait chercher, douter, lutter, souffrir, être misérablement déchirée, dans toutes les fibres de mon cœur; inquiétée, déconcertée, dans toutes les aspirations de mon esprit; trouver enfin la paix, mais la paix les solitudes, la tardive sagesse qui croît sur les tombeaux, comme le lierre sans parfum, au fruit inutile!

XVI

Mon chagrin. — Comment on essaie de me distraire. — Le chapeau de paille d'Italie. — Les mosaïques de Rome. — Le bois de Boulogne d'autrefois et d'aujourd'hui. — Le roman anglais.

Le vide que fit dans mon existence l'absence du comte de Lagarde, le chagrin que je ressentis à l'annonce de son mariage, les projets insensés que je formai pour rompre une union dont je ne pouvais supporter l'idée, causèrent au dedans de moi de grands ravages. Par un mélange de fierté et de timidité qui m'a privée dans mes plus violents chagrins du soulagement que les âmes tendres trouvent à s'épancher, je n'ouvris mon cœur à personne, ni à ma mère, ni à mon frère, ni à mes jeunes amies [1]. En revanche, je

[1]. Que de fois ne me suis-je pas appliqué dans mes chagrins silencieux ce mot du poëte : « J'ai un ami, mais ma peine n'a pas d'ami. »

me plongeai avec une sorte de frénésie dans mes lectures romanesques : *Werther, René, Adolphe, Manfred, Faust,* qui, en exaltant ma sensibilité, m'inoculaient un poétique et maladif dégoût de la vie.

Autour de moi on s'inquiétait. Ma mère consultait les médecins; ceux-ci conseillaient de me distraire; on en multipliait les occasions. Comme j'avais le goût des élégances, on me prodiguait les présents. A chacun de ses voyages, mon frère me rapportait des pays lointains quelque objet curieux : de Berlin des parures en fer travaillé à jour, qui, sur la peau satinée d'une blonde de dix-huit ans, ne laissaient pas de produire un assez joli contraste; de Lisbonne, des ouvrages en plumes faits selon l'antique art plumaire — *arte plumaria* — d'oiseaux venus du Brésil. Du congrès de Vérone, où il avait suivi M. de Chateaubriand, il m'envoya un de ces beaux chapeaux en paille que tissent, sur les bords de l'Arno, les jeunes contadines et qui étaient tenus pour choses fort rares alors à Paris. Celui-ci fit sensation; il n'avait pas coûté moins de cinq cents francs; c'était une merveille de finesse et de souplesse. Une autre fois je recevais de Rome un bracelet en mosaïque dont les médaillons représentaient le *Colysée,* le *Panthéon,* le *Château Saint-Ange,* etc. Ce fut une première image et peut-être un premier désir inconscient de cette Italie que je devais tant aimer.

Outre la distraction que l'on cherchait pour moi dans les bals et les parures, les médecins ayant conseillé le grand air, on me menait souvent en promenade au bois de Boulogne.

J'ai quelque peine aujourd'hui, tant il est changé dans son aspect pittoresque, et, si l'on peut ainsi dire, dans sa physionomie morale, à me remettre devant les yeux ce qu'était alors ce *bois*, et quelle place il occupait dans la vie parisienne.

On y arrivait par la grande route postale, en tout temps boueuse ou poudreuse. Il était clos de murs, coupé à angles droits d'allées monotones qui se croisaient dans des taillis d'arbres rabougris, dans d'arides clairières, où naguère campaient les *alliés*.

On n'y avait ouvert aucune perspective. Il n'offrait d'autre point de ralliement que la *mare d'Auteuil*, où coassaient, dans une eau stagnante, sous l'immobile tapis d'une végétation visqueuse, d'innombrables et insupportables grenouilles.

Ce *bois* paraissait si loin, si loin de Paris, le chemin en était si long, si maussade, qu'on y allait rarement; c'était une affaire d'État. Sauf les jours de *Longchamp*, le vendredi saint surtout, où l'on 'y faisait voir dans un nouvel équipage, les cochers de bonne maison regimbaient contre une telle corvée. Ils prétextaient d'un accident subit: un cheval qui boitait, sans qu'on sût du tout comment; un harnais qui venait de rompre. Ce lieu était réputé sauvage, on y associait, comme si l'on fût encore aux temps des ménestrels, des images de guets-apens, d'assassinats.

Inaccessible à la petite bourgeoisie pédestre et aux gens de métier, à cause de son extrême distance, il appartenait exclusivement à l'aristocratie, mais à l'aristocratie malade, envieillie, endolorie, qui s'en venait traîner ses maux et ses ennuis dans ce pitoyable désert.

Aujourd'hui — 1868 —, comme par le sifflet du machiniste, tout est changé. Le *bois* s'est rapproché, s'est ouvert de toutes parts en d'agréables accès. Il a jeté bas ses murailles grises ; il a doré ses grilles et logé ses gardiens en de plaisants pavillons. Par de secrets artifices, il a étendu ses horizons ; le Mont-Valérien, la Muette, les collines de Meudon, le cours du fleuve, des cascades, des lacs, de vastes pelouses semées de corbeilles de fleurs, des *villas*, des *chalets*, des *fabriques* de toutes sortes, varient à chaque pas le décor. Des gondoles sur les lacs, des cafés dans les chalets, des courses sur le *turf*, des revues sur les pelouses, des jeux, des concerts y attirent perpétuellement la foule des désœuvrés. Dans les allées élargies, bien sablées, bien arrosées, autour des grands lacs, se croisent, aux heures de la *fashion*, quatre ou cinq rangs d'équipages : *phaétons, victorias, calèches, paniers, huit-ressorts.* Les dames du *high-life*, comme on les appelle, et les demoiselles galantes avec qui il leur plaît de se confondre, descendent là par caprice et balaient le sol de leurs froufrous traînants. Dans les contre-allées, passent rapides, le cigare en bouche, des cavaliers et, cravache levée, des cavalières dont les éclats de voix, les rires bruyants, les propos, mêlés de toutes les langues, de toutes les *argots* de l'Europe, étonnent la feuillée. Anglais par son *turf*, italien par son *corso*, allemand par ses musiques, hollandais par ses patins, chinois par ses lanternes, français par ses demoiselles et ses gendarmes, le bois de Boulogne, autrefois infréquenté, silencieux, que traversaient deux fois l'an, dans leur berline fermée, sans escorte, le plus modeste ménage royal qui fut jamais, est à cette heure le retentissant rendez-vous des vanités, des effronteries du pêle-mêle cosmopolite. Il offre au moraliste, concentré sur un point très-apparent, l'image du changement complet, ailleurs moins sensible, des goûts, des bienséances, des mœurs de la société française sous le régime impérial.

Tout s'y est agrandi, enrichi, embelli, je l'accorde; tout y a pris les dehors riants des plaisirs faciles. Mais je ne sais quoi de malsain, de ul gaire, se décèle sous ces brillants dehors. Un air d'insolence, une allure de parvenu, y blesse le goût. Notre physionomie nationale s'y est effacée sous l'ostentation des vices cosmopolites. Et parfois l'esprit chagrin, en regardant ces merveilles d'un luxe inouï, se demande si partout le progrès, dans ses résultats imprévus, n'aura pas, comme au *bois,* détérioré ce qu'il a paru embellir, et si, tout en multipliant nos jouissances, il n'aura pas altéré, abaissé, dépravé en nous la faculté de jouir.

Dans le même temps que ma mère me prodiguait les distractions extérieures, j'en trouvais une dans mon propre esprit qui lui allait mieux. Depuis le départ du comte de Lagarde, la lecture était la seule chose qui suppléât pour moi en quelque manière à l'intérêt de son entretien. Aussi avait-on peine à m'arracher à mes livres. Ce que mon frère me racontait de l'Angleterre m'avait rendue curieuse de littérature anglaise. Je connaissais, dans la traduction allemande, les principales tragédies de Shakspeare, je lisais en français Walter-Scott, Thomas Moore et lord Byron.

Mais déjà, sans aucune étude des langues comparées, je sentais d'instinct qu'un grand écrivain traduit perdait la saveur de son génie, et, comme il m'est arrivé plus tard d'apprendre l'italien uniquement pour lire dans l'original la *Divine Comédie,* le latin pour les *Annales* et les *Histoires,* je souhaitais maintenant d'apprendre l'anglais afin d'aborder sans intermédiaire mes héros de prédilection : Manfred et Child-Harold.

On me donna une maîtresse d'anglais, — miss James

— fraîchement débarquée d'Irlande, sans esprit, sans aucune instruction, mais d'autant plus pédante et sentencieuse [1]. Bientôt, rebutée par l'insipidité de ses leçons, pour y mettre, en dépit d'elle, quelque mouvement, je proposai à mon amie Lucile, qui avait commencé l'étude de l'anglais en même temps que moi, d'écrire à nous deux un roman par lettres. J'en dressai très-sommairement le plan, laissant beaucoup à la fantaisie, ou plutôt au vocabulaire très-restreint qui nous commandait entièrement [2].

Je voudrais retrouver ce roman, humble gage d'une vocation littéraire très-inconsciente alors; premier pas dans l'obscur sentier où mon esprit devait reconnaître un jour ce qui serait pour lui la *diritta via*.

1. Au bout de trois mois de leçons, lorsqu'en sa présence on me demandait si je parlais l'anglais : Do you speak english? miss James, n'attendant pas ma réponse, crainte sans doute de ma sincérité qui eût confondu son professorat, disait invariablement de son ton le plus solennel: She could if she would, but she won't; cela nous faisait beaucoup rire, mon frère et moi.

2. Goethe, dans ses *Mémoires* que je ne connaissais pas alors, raconte quelque chose de très-semblable. Pour apprendre à écrire en différentes langues, sans s'astreindre à l'étude de la grammaire qu'il haïssait, il imagina le plan d'un roman où six ou sept frères et sœurs, séparés les uns des autres, correspondaient celui-ci en grec, l'autre en latin, d'autres en allemand, en italien, en français, en anglais.

XVII

Mon mariage.

Mais ni le roman anglais, ni le bal, ni les distractions qu'on multipliait autour de moi ne changeaient au fond ma disposition d'esprit. Les propositions de mariage, les entrevues continuaient et me devenaient tout à fait insupportables.

Un jour, je ne saurais trop dire par quelle suite de réflexions, j'en vins, à part moi, à la résolution bien arrêtée d'y mettre fin. Je fus trouver ma mère, et lui exprimant la répugnance extrême que j'éprouvais pour le rôle qui m'était assigné dans les préliminaires d'un acte où je ne voyais autre chose que l'accomplissement nécessaire, mais indifférent, d'un devoir, je la conjurai, à la première demande qui lui serait faite, de se concerter avec mon frère, puis de dire *oui* ou *non* sans m'en parler, promettant de ratifier ce *oui* prononcé par deux personnes d'un jugement sûr et que je reconnaissais, en toute manière, infiniment supérieur au mien.

Ma mère, tout en blâmant ce parti pris, trop absolu, disait-elle, n'en était pas, au fond, trop mécontente. De son côté, mon frère était d'avis que j'arrivais à l'âge où il est sage de marier les jeunes filles. Ma pâleur et ma mélancolie semblaient lui donner raison.

Mon amie Esther était à la veille de se marier, Fanny était depuis six mois comtesse de Montault, et toutes deux paraissaient s'accommoder très-bien de ce changement d'état. Chaque fois que j'allais à confesse, l'abbé Gallard, après m'avoir donné sa bénédiction, ne manquait jamais d'ajouter : « J'espère bien, mon enfant, vous bénir à l'autel avant qu'il soit peu. »

Et voici qu'à point nommé, le prince et la princesse de la Trémoïlle, qui jamais ne convenaient sur rien, se mettaient d'accord pour proposer à ma mère une alliance qui, à leurs yeux, était la plus souhaitable du monde.

Issu d'une des plus anciennes maisons de France, alliée aux maisons de Castellane, de Sabran, de Forbin-Janson, de Simiane, etc., et qui avait exercé des droits souverains, le comte Charles d'Agoult, colonel de cavalerie, aide de camp du général Latour-Maubourg, neveu du vicomte d'Agoult chevalier des ordres du roi, premier écuyer de madame la Dauphine, demandait ma main.

Il n'avait pas une fortune égale à la mienne; mais, vaillant soldat, signalé dans toute l'armée pour sa brillante bravoure, proche parent de la plus intime amie de la future reine de France, il ne pouvait manquer d'obtenir un avancement rapide, avec quelque charge de cour, qui compenseraient par de beaux traitements ce qui manquait à son patrimoine. C'était à tous égards une grande alliance. Toutes informations prises, ma mère en agréa la proposition. Mon frère absent — il était secrétaire d'ambassade à Londres auprès de M. de Polignac — y donna par lettre son assentiment. Mon confesseur m'exhortait à entrer dans une famille si chrétienne et si bien en cour.

Deux fois rompues sur des malentendus dans les évaluations de fortune, les négociations furent deux fois renouées par l'intervention efficace du prince de la Trémoïlle.

On a vu comment j'avais à l'avance résolu d'accepter le premier projet qui conviendrait à ma mère. Je ne revins pas sur ce que j'avais dit. Tout se passa selon les bienséances du monde et de la cour, à la ɉu e j'allais appartenir. Le roi Charles X, Louis-Antoine dauphin, Marie-Thérèse dauphine de France, Marie-Caroline duchesse de Berry, Louis-Philippe d'Orléans, Marie-Amélie, mademoiselle d'Orléans, qu'on devait appeler, à la cour de son frère devenu roi, madame Adélaïde, signèrent à mon contrat. Le 16 mai 1827, à midi, en l'église de l'Assomption, l'abbé Gallard, curé de la paroisse de la Madeleine, vicaire général du diocèse, me donna en présence d'une nombreuse et illustre assistance la bénédiction nuptiale.

FIN DE LA PREMIÈRE PARTIE

DEUXIÈME PARTIE

LE MONDE
— LA COUR ET LES SALONS. —
LA MODE

> Le monde, c'est transformation ;
> la vie, c'est opinion.
> MARC-AURÈLE.

AVANT-PROPOS

(écrit en 1867.)

Le monde où j'ai passé ma jeunesse ne ressemblait en rien à celui où nous vivons aujourd'hui. Trois révolutions : la royauté bourgeoise, la république et l'empire démocratique ont si bien effacé les dernières traces de cette société traditionnelle, qu'à cette heure, ceux qui ne l'ont pas connue ne sauraient véritablement s'en former aucune idée.

J'ai assisté à ces trois révolutions; j'en ai senti les atteintes et j'en ai vu les effets. En 1830, l'ancienne noblesse de cour qui, depuis le retour des Bourbons, donnait le ton et décidait seule des bienséances, subit un premier échec politique qui diminue sensiblement l'importance de ses salons; la haute bourgeoisie, arrivée au pouvoir, soit que le temps, soit que le goût lui manque, ne forme les siens qu'imparfaitement.

En 1848, vieille noblesse et haute bourgeoisie, surprises par la même tempête, en proie aux mêmes frayeurs, ne prennent plus plaisir à la vie élégante. L'égalité démocratique, proclamée et rétablie, déconcerte et discrédite l'esprit des salons. Quand viendra la troisième révolution, le *coup d'État*, on s'apercevra soudain que la société d'autrefois, « l'arbitre des élégances », n'existe plus, et que, ni dans les salons ni dans les châteaux, aucune puissance aristocratique n'est plus capable désormais d'arrêter le mouvement nouveau des mœurs.

Ma naissance et mon mariage, mes curiosités et le hasard des choses m'ont fait successivement traverser ou côtoyer ces trois mondes très-divers. J'ai été élevée, j'ai grandi dans le cercle le plus exclusif de la vieille noblesse. J'ai vu la cour de nos anciens rois; j'ai été admise dans la familiarité de la Dauphine de France. Une des premières, en dépit des rancunes et des dédains qui voulaient encore, dans les commencements du règne de Louis-Philippe, maintenir l'esprit d'exclusion, j'ai ouvert aux idées et aux personnes nouvelles mon cercle, jusque-là strictement fermé.

Lorsque éclata la révolution de février, elle me trouva — je dirai ailleurs par quels brisements — en dehors de ce qu'on appelait encore le *monde*, éloignée d'une société dont les éléments, anciens et nouveaux, n'avaient jamais pu se fondre entièrement et dont la dispersion fut rapide. Des voyages, de longs séjours en Suisse, en Italie, en Allemagne, en Angleterre, en Hollande, etc., mes études, mes travaux, me mirent, à partir de l'année 1835, en relation avec les hommes de cœur et d'intelligence qui préparaient dans tous les pays, dans toutes les classes, l'avénement d'une société nouvelle. A mon retour, j'essayai de rendre l'hospitalité que j'avais reçue. J'accueillis en ma maison des étrangers, exilés ou voyageurs, qui venaient chercher en France le repos ou le travail. Du mélange de ces éléments cosmopolites il se forma à mon foyer, sous l'ascendant de l'esprit français, une intimité charmante et comme une petite république pleine de grâce et de douceur. Puis enfin, toutes choses changées encore dans nos rêves et dans nos mœurs politiques, après un nouveau dispersement, j'ai vu se reformer peu à peu autour de moi, des débris, des épaves de tous ces mondes divers, un noyau, ce serait trop dire, une sorte de nébulosité intellectuelle, mise en mouvement par une même attraction, retenue par un même désir : le désir de retrouver ensemble, s'il se peut, quelque chose des entretiens, des agréments, des intimités délicates de cette société polie dont la France donnait jadis à l'Europe le parfait modèle.

Les images et les réflexions qui naissent dans mon

esprit au souvenir de tant de choses et de tant de gens, disparus pour la plupart, les comparaisons que j'en puis faire avec ce qui m'entoure, tout ce côté extérieur et comme accidentel de ma vie, je me propose de les rappeler ici brièvement et sans suivre un ordre régulier, avant que de reprendre le récit plus personnel de ma vie intime.

DEUXIÈME PARTIE

1827-1849

I

La société du faubourg Saint-Germain.

Au moment où j'entrais dans le monde, la bonne compagnie parisienne se divisait en trois parties principales, dont chacune prenait son nom du quartier qu'elle habitait de préférence : le faubourg Saint-Germain, le faubourg Saint-Honoré, la Chaussée-d'Antin. Ce rapprochement, dans un même quartier, des personnes qui se fréquentaient, ce voisinage de fait, qui devenait aisément voisinage d'esprit, était extrêmement favorable à la sociabilité; on s'en aperçoit aujourd'hui qu'il a cessé d'exister. Avec l'éloignement des demeures, on a vu se produire la froideur des relations;

ce n'en est pas la seule cause, il s'en faut bien, mais ce n'en est pas non plus une des causes moindres.

Les deux premières sociétés, le faubourg Saint-Germain et le faubourg Saint-Honoré, séparées seulement par des nuances d'opinions ou par des situations plus ou moins variables, se rencontraient, se mêlaient aisément. Elles ne voyaient la troisième, formée de gens nouveaux, enrichis dans les affaires, qu'aux rares occasions des fêtes officielles [1].

J'appartenais, comme on l'a vu, par mon père, à la partie la plus exclusive, la plus pure, en ses opinions comme en ses traditions, du faubourg Saint-Germain. L'émigration, la Vendée, le *pavillon Marsan*, la *Congrégation*, le *Bord de l'eau*, tous les défenseurs de l'*autel* et du *trône*, tous les fervents du *Vive le roi*

---

1. Une anecdote de ma vie mondaine montrera comment l'opinion séparait alors ces deux sociétés. Dans un bal qui se donnait à Francfort, chez mon oncle Bethmann, en 1815, quelques dames allemandes, comparant, à la contredanse, une jeune française, mademoiselle Lambert et moi, demandèrent à un secrétaire de notre ambassade laquelle, selon lui, dansait avec le plus de grâce. « Elles dansent toutes deux à merveille, répondit le galant diplomate (M. Denys Benoist, aujourd'hui M. le comte Benoist d'Azy), l'une, comme au faubourg Saint-Germain, l'autre, comme à la Chaussée-d'Antin. » Le mot fut trouvé joli, répété, bientôt altéré. Lorsqu'il revint à son auteur, on lui faisait dire que mademoiselle de Flavigny dansait *comme au faubourg Saint-Antoine*. Les bons Allemands n'y entendaient pas malice; mais, pour nous autres Français, quelle énormité!

quand même, toutes les coteries de l'ultra-royalisme s'y donnaient la main [1].

La vieille aristocratie de la cour, de la ville, de la province, qui faisait le fond de cette noble compagnie, admettait bien dans ses salons, par haute faveur, quelques hommes récents, mais seulement ceux qu'un grand zèle, de grands talents ou des circonstances heureuses, avaient mis à même de servir efficacement la cause des Bourbons, et toujours avec une nuance d'accueil. Les habitudes de ce *monde* par excellence, qui ne voulait connaître et compter que lui seul dans la nation, étaient d'une régularité parfaite : six mois dans les châteaux, six mois à Paris ; le bal en carnaval, le concert et le sermon en carême, les mariages après Pâques ; le théâtre fort peu, le voyage jamais [2], les cartes à jouer en tout temps, tel était l'ordre invariable des occupations et des plaisirs. *Tout le monde,* comme on disait alors, en parlant de soi et des siens, faisait comme tout le monde. Mais *tout le monde,* il faut le dire, s'accordait dans une manière d'être aussi simple qu'elle était noble. Tout avait grand air et bonne façon dans ces châteaux antiques, dans ces vieux

---

1. Les lecteurs qui ne se rappelleraient pas le sens de ces dénominations en trouveront l'impression très-vive dans le volume de *Polémique* des Œuvres complètes de Chateaubriand.

2. On avait encore un peu l'opinion de madame de Sévigné, lorsqu'elle écrit à sa fille : « *Une femme ne doit point remuer ses os, à moins que d'être ambassadrice.* »

hôtels, où la présence des ancêtres, le culte des souvenirs, le maintien des habitudes solennelles ou familières, entretenaient de génération en génération je ne sais quelle gravité douce, je ne sais quelle naturelle fierté qu'on n'abordait pas sans respect. Dans cette société, la plus illustre du monde, comme on se connaissait avant même de s'être vu, dès le berceau, on pourrait dire dès avant la naissance, par alliances, par récits nourriciers, par tout un cousinage historique qu'il n'était pas permis d'ignorer ou de négliger; comme on recevait même nourriture d'esprit, aux pages, aux écoles militaires, au régiment, dans les ambassades et même dans l'Église : égalité entre soi, fière obéissance aux princes, largesses aux pauvres, confiance en Dieu et en la fortune de la France, on apportait, dans le commerce du monde, une aisance parfaite, une sécurité, une ouverture de physionomie, une cordialité d'accueil et d'accent que je n'ai plus jamais rencontrées ailleurs. Il régnait dans les demeures de ces grands seigneurs d'autrefois une certaine magnificence, mais tempérée par un air de vétusté et d'habitude qui lui ôtait toute apparence de faste. Les repas étaient longs, nombreux, substantiels, mais sans grands apprêts. Le maître de la maison servait lui-même; il tranchait, il découpait avec coquetterie et bonhomie. On offrait à ses convives le poisson de ses étangs, le gibier de ses forêts; on leur versait abondamment les vins vieux des ancêtres. Au dessert, la chanson gaillarde; ni gêne, ni piaffe; rien jamais de gourmé, de crêté, d'infatué, dans ces réunions de gentilshommes où personne n'avait ni vouloir ni pouvoir, comme il arrive en nos assemblées de parvenus, de se donner pour autre qu'il n'était, de paraître ce que ne l'avait pas fait sa naissance. Là aussi, contrairement à la vanité bourgeoise, les titres, les charges, les emplois, tous les accidents de la fortune ne comptaient guère, et l'on ne s'y réglait aucunement pour accroître ou diminuer l'honneur de l'accueil. Les femmes, on ne l'ignore pas, recevaient dans cette société d'origine chevaleresque des hommages fervents et constants. Jeunes, elles y régnaient par la beauté; vieilles, elles commandaient au nom de l'expérience; elles gardaient la préséance au foyer, le privilége de tout dire, le *droit d'asile* et de grâce; elles décidaient souverainement de l'opinion dans les délicatesses de la bienséance et dans les délicatesses de l'honneur. De leur accueil dépendait le plus souvent la faveur dans le monde et l'avancement à la cour des jeunes gentilshommes.

La coquetterie et la galanterie ne cessaient à aucun âge dans les relations des deux sexes. En amour comme en amitié, les liens étaient souples, légers; ils rompaient rarement; la vieillesse venue, on les trouvait d'ordinaire resserrés plutôt que relâchés par l'action du temps et de l'habitude. Le temps et l'habitude donnaient à la bonne compagnie, que j'ai vue si brillante encore dans ma jeunesse, une perfection d'intimité et aussi une puissance d'opinion que les sociétés nouvelles et mobiles ne sauraient atteindre. Il s'y produisait, dans une fréquentation à la fois libre et discrète, des nuances d'expression d'une délicatesse infinie. Il y régnait, entre personnes de condition et d'éducation entièrement semblables, un sous-entendu gracieux, une convention facile, observée de tous sans effort, qui prévenait la dispute, écartait l'importunité, détournait ou palliait les fâcheux discours. Il en résultait, sans doute, quelque chose de peu accentué et de trop semblable qui tournait aisément à la monotonie, mais pourtant les salons, les châteaux, les familles avaient chacun sa physionomie propre et sa manière d'être distincte. Je choisirai dans les différents groupes du faubourg Saint-Germain les personnes que j'ai le mieux connues, ou celles qui, tout en ne faisant que passer devant mes yeux, m'ont laissé l'impression la plus vive, afin de donner l'aspect général de ce monde évanoui.

II

Les princes de la maison de Bourbon. — Louis XVIII. — Charles X. — La présentation à la cour. — Madame la dauphine. — Les soirées intimes de la famille royale. — Le duc et la duchesse de Berry. — Le Palais-Royal. — Le duc de Chartres et le comte Walewski.

A tout seigneur, tout honneur ! Je parlerai en premier lieu du roi et des princes, qui, sans dominer l'opinion, avaient néanmoins dans les préoccupations du grand monde une part considérable.

On se gênait fort peu, dans la société du faubourg Saint-Germain, pour critiquer les princes. Quand on avait fait son devoir de gentilhomme, en leur offrant ses biens et son épée, on se tenait pour quitte e. ei eux ; on ne se faisait pas scrupule de dire tout haut ce qu'on avait à reprendre dans leurs personnes.

La noblesse émigrée, ruinée, décimée par la révolution, trouvait ses princes ingrats. Le milliard d'indemnité qu'on lui faisait espérer sous le règne de Louis XVIII, qu'on lui donna sous le règne suivant, les grandes charges rétablies pour elle, n'apaisaient que le plus gros des colères. Il restait mille pointes d'aigreur, un vif déplaisir de la Charte, avec le plus railleur dédain de la politique nouvelle qui accueillait les parvenus, oubliait le passé, cherchait les compromis, prétendait enfin réconcilier des gens irréconciliables. Vainement le roi Louis XVIII avait-il essayé, par de nombreuses faiblesses, de désarmer les royalistes. Un prince philosophe, un prince lettré, assis, quelque peu anglais, non hostile aux parlements, comprenant tout, se faisant expliquer tout, se faisant à tout, n'était guère le fait d'une noblesse orgueilleuse, qui ne voulait connaître que le cheval et l'épée, les droits de la race et les priviléges du sang. On ne pouvait contester à Louis XVIII les dons de l'esprit; on ne pouvait méconnaître dans son caractère une certaine grandeur royale; on s'attaqua aux prétendus vices de son cœur; on railla ses favoris et ses favorites. Les caricatures, les anecdotes, les persiflages, les sarcasmes contre le roi infirme et libéral, couraient les salons. On n'y cachait pas du tout l'impatience d'un nouveau règne. Cependant les profonds respects dynastiques dont la famille royale entourait son chef, l'étiquette rétablie au château, plus que tout cela, la dignité tranquille qui se lisait au front de Louis XVIII, ôtaient, dès qu'il paraissait en public, malgré sa fâcheuse impotence et la bizarrerie de son accoutrement, toute possibilité, toute envie de le trouver ridicule.

Je vis Louis XVIII deux fois, en deux occasions solennelles. Une première fois d'assez loin, à son balcon, où il assistait, le 2 décembre 1823, entouré des princes et des princesses, à l'entrée triomphale dans le jardin des Tuileries de monseigneur le duc d'Angoulême et des régiments de la garde, qui revenaient victorieux de la campagne d'Espagne; une autre fois le 23 mars de l'année suivante, à l'ouverture de la session qui devait être la dernière de son règne.

La cérémonie se faisait en grand appareil, au Louvre, dans la salle des gardes, en présence de toute la cour. Il y avait des places réservées aux dames présentées; d'autres plus en arrière, où étaient admises les personnes non reçues au château. Le spectacle était pour moi tout nouveau. Il fut très-grave. Le vieux roi — il avait alors près de soixante-dix ans, — vêtu selon sa coutume du frac en drap bleu orné de deux épaulettes d'or, couvert des plaques de ses ordres, la chevelure poudrée, renfermée d rriè e la nuque dans un ruban de soie noire, le chapeau relevé, à trois cornes, l'épée au côté, ses jambes enflées enveloppées de larges guêtres en velours cramoisi, entra, roulé par ses pages, dans son fauteuil, entouré des princes et des grands de sa maison. L'œil d'un Holbein aurait vu, appuyées sur le dossier de pourpre du siége royal, les mains pâles de la Mort, officieuses et perfides. Louis XVIII n'avait plus que peu de mois à vivre. Il le savait. Atteint de cette somnolence sénile qui annonçait aux médecins sa fin prochaine, observateur impassible des progrès de la gangrène qui rongeait ses os ramollis et ses chairs paralysées, le roi, lorsqu'il se montrait encore en public, n'avait plus qu'un souci : maintenir dans sa personne affaissée la majesté royale. Par un effort inouï de sa volonté, Louis XVIII, relevant sa belle tête bourbonnienne que la pesanteur du sommeil faisait malgré lui retomber, prononça le discours solennel, dont les phrases, commencées d'une voix vibrante encore, s'achevaient inarticulées dans un pénible et confus murmure.

Le comte d'Artois, debout près de son frère, jetait de loin à loin sur l'assemblée un regard vague ; il souriait, comme par habitude de courtoisie, d'un sourire plus vague encore. A ses côtés, le duc d'Angoulême, le *héros du Trocadéro*, selon le langage des gazettes, embarrassé de sa gloire et de sa contenance. La duchesse d'Angoulême, en costume de cour, droite et raide. La duchesse de Berry, gracieuse dans sa gaucherie enfantine, tout affairée à ses dentelles, à ses plumes, à ses colliers, occupée, sans y parvenir, à se composer un maintien. Les ministres derrière le roi.

Tout en avant, le président du conseil, M. de Villèle, chétif, timide et de peu de mine; le vicomte de Châteaubriand, ennuyé là comme ailleurs, et promenant, sur la foule comme sur le désert, son grand œil superbe. Les officiers de la couronne remplissaient le fond de la scène; tout autour, une rangée de gardes du corps, dans leurs brillants uniformes, en formaient la perspective.

Le discours de Louis XVIII annonçait des changements à la Charte, qui devaient, faisait-on dire à son auteur, *en consolider l'établissement.* Le roi signifiait aux députés qu'un projet de loi leur serait présenté pour substituer au renouvellement annuel, par cinquième, de la chambre, le renouvellement intégral, ou ce qu'on appelait dans le langage parlementaire du temps la *septennalité.* Je ne savais guère alors ce qu'on pouvait vouloir dire par là, mais je n'entendis pas sans émotion ce vieillard royal, dont la voix mourante commandait à une si grande et si noble assemblée un suprême silence.

L'année suivante, 1824, je portais le deuil de Louis XVIII, deuil de père, disait-on, et qu'on devait garder pendant une année entière. Mais après les obsèques, quand le cercueil du feu roi fut descendu au caveau de ses ancêtres, et que, au bruit du canon, le roi d'armes eut proclamé, dans la basilique de Saint-Denis, Charles, dixième du nom, par la grâce de Dieu, très-chrétien, très-auguste, très-puissant roi de France et de Navarre, on tempéra les signes trop lugubres du regret public.

Les fêtes de la saison n'en furent point attristées. On jeta, à l'espagnole, par imitation peut-être des dames andalouses dont nos *héros du Trocadéro* célébraient les grâces piquantes sous la noire mantille, des bouquets de roses sur le crêpe et la gaze de nos robes de deuil et de bal; et cet aspect inaccoutumé des quadrilles, ce mélange de deux couleurs emblématiques de la plus grande tristesse et de la plus grande joie en parut un agrément.

Ce fut à son entrée dans Paris, au retour du sacre — 6 juin 1825 — dans sa vaste voiture d'or et de cristal, traînée de huit chevaux blancs empanachés, que je vis Charles X pour la première fois. L'année suivante, je le vis encore dans une procession du grand jubilé — 3 mai 1826. — Il était cette fois vêtu de violet, en signe de deuil, non plus pour la mort de Louis XVIII, mais en commémoration de la mort de Louis XVI. Il se rendait à la place de la Concorde pour y poser la première pierre d'un monument expiatoire, voté par la chambre *introuvable*, d'après le vœu exprimé par le maréchal Soult, à la mémoire du *roi martyr*, sur le lieu même de son exécution.

Dans l'année 1828, après mon mariage, je fus présentée à la cour. A partir de ce moment jusqu'à la révolution de juillet, je vis assez souvent le roi, soit aux réceptions, soit aux bals ou aux spectacles du château, soit dans les soirées intimes de la Dauphine. Les habitudes et l'étiquette de la maison de Bourbon ayant aujourd'hui une sorte d'intérêt historique, je dirai ce que j'en ai vu.

L'usage voulait alors que les nouvelles mariées fussent, à leur entrée dans le monde, présentées en cérémonie au roi et aux princes. On était pour cette présentation assistée de deux *marraines*, choisies parmi les parentes les plus proches ou les plus considérables. Comme le cérémonial était compliqué, on prenait, pour s'y préparer, des leçons spéciales du maître à danser de la cour, M. Abraham. C'était lui qu'on avait appelé aux Tuileries, dans les premiers jours de la Restauration, quand la duchesse d'Angoulême s'occupa de rechercher l'ancienne étiquette; c'était lui encore qui avait été chargé d'enseigner à la vive Napolitaine qui venait épouser le duc de Berry les lenteurs de la révérence, l'art de tenir les pieds en dehors, et les autres éléments des grâces françaises. Seul, après plus d'un quart de siècle d'émigrations, de prisons, de désastres, M. Abraham, les avait retrouvées intactes dans sa mémoire. Seul, il pouvait professer le beau maintien traditionnel. Selon la coutume, M. Abraham, en jabot de dentelle et en manchettes, me donna trois répétitions de la révérence au roi. Il n'en fallait pas moins pour s'accoutumer à manœuvrer le long manteau de cour, dans des marches et contre-marches où jamais on ne devait tourner le dos à Sa Majesté. Il fallait apprendre à donner lestement, sans qu'il y parût, de petits coups de pied, à lancer de petites ruades à la lourde queue traînante, à désentortiller ses plis confus, à l'étaler largement et bellement aux yeux, sur les tapis. Il fallait aussi se mettre bien en mémoire les trois inclinations profondes, à espace égal, qui se devaient faire avant d'arriver au roi; la première, tout à l'entrée de la galerie à l'extrémité de laquelle il se tenait, entouré de ses gentilshommes; la seconde, au tiers du chemin que l'on faisait vers lui, après une dizaine de pas, graves et mesurés; la troisième, après dix autres pas encore, en présence de Sa Majesté, qui, de son côté, s'était avancée de quelques pas à la rencontre des dames. Enfin, congédiée d'un signe gracieux, on avait à opérer une retraite extrêmement difficile, un mouvement en diagonale, au moyen duquel, en présentant toujours le front au roi, on devait gagner la porte de sortie, qui se trouvait un peu de côté, dans le fond, à l'extrémité opposée à celle par où l'on était entrée. Il y avait là, avec les préoccupations et l'émotion inséparables d'un tel début, si l'on manquait de présence d'esprit, des occasions d'accidents, ou tout au moins de gaucheries, les plus fâcheux du monde.

Les histoires de ces accidents ornaient la mémoire des gens de cour; on ne manquait pas de les raconter à la future *présentée*, ce qui achevait, comme on peut croire, de porter le trouble dans son âme et dans son maintien.

La journée qui précédait la présentation — elle se faisait le soir — appartenait aux faiseuses et aux habilleuses, au conseil en permanence des *marraines* expérimentées. Mes deux marraines étaient la vicomtesse d'Agoult, tante de mon mari, dame d'atours de madame la Dauphine et la duchesse de Montmorency-Matignon. Mon habit de cour était entièrement blanc. Il se composait d'une robe en tulle lamé, tout enguirlandée de fleurs en haut relief d'argent, et d'un manteau en *velours épinglé*, d'un ton plus mat, également brodé d'argent : le tout, *couleur de la lune*, comme la robe de *Peau d'âne*, à ce que je prétendais. Ma coiffure, haute et roide, selon la mode du temps et le goût de la Dauphine, était formée de plusieurs bouches ou *coques* de cheveux énormes, très-avancées sur le devant de la tête, et d'où retombaient en arrière de riches barbes en *blondes*. Ces *coques* étaient surmontées d'un panache de plumes d'autruche. Sur le front, que cachaient en partie deux touffes symétriques de cheveux frisés, reposaient lourdement, en manière de diadème, des fleurs et des épis en diamants. Je portais à mon cou un collier d'émeraudes d'où pendaient d'immenses *poires* entourées de brillants, dont on disait qu'elles surpassaient en grosseur et en éclat la parure, très-vantée à la cour, de madame la duchesse d'Orléans. Un éventail taillé à jour dans la nacre et l'or, un mouchoir garni de vieilles dentelles très-précieuses que le vicomte d'Agoult avait détachées pour moi de son grand costume de l'ordre du Saint-Esprit, une couche de fard sur les joues complétaient mon ajustement et le faisaient tel qu'il devait être pour satisfaire à l'étiquette de la cour du roi Charles X.

Par une spéciale faveur, pour les amis dévoués de son long exil — le vicomte et la vicomtesse d'Agoult n'avaient jamais quitté madame Royale — la Dauphine avait exprimé le gracieux désir de voir, dans son particulier et avant qu'elle parût devant le roi, la nouvelle présentée. En conséquence, nous nous rendîmes dans les petits appartements de la fille de Louis XVI quelques minutes avant l'heure indiquée pour la réception royale. A peine étions-nous dans le salon affecté à la dame d'atours, que la porte s'ouvre. Venant droit à moi, la Dauphine me regarde des pieds à la tête, puis, son examen fait, se tournant brusquement vers la vicomtesse d'Agoult : « Elle n'a pas assez de rouge, » dit-elle d'un ton tranchant ; et, sans un mot de plus, elle regagne la porte comme elle était venue, avec une rapidité foudroyante. « Comment n'avais-je pas vu cela ? » dit la vicomtesse en me regardant à son tour, sans montrer le moindre étonnement du singulier accueil de sa princesse. Mais que faire ? il n'y avait point de remède ; on venait nous avertir que les appartements du roi s'ouvraient.

A cinq minutes de là, la vicomtesse, la duchesse de Montmorency et moi, toutes trois en ligne, nous faisions notre triple, profonde et lente révérence à la Majesté du roi Charles X.

Le spectacle devait être pompeux, de ces trois grandes dames en gala, s'avançant à pas comptés dans cette galerie resplendissante, vers un groupe de grands seigneurs tout chamarrés d'or, qui faisaient cortége au plus grand seigneur entre tous, à Charles de Bourbon, par la grâce de Dieu et de ses ancêtres, très-auguste et très-puissant roi de France et de Navarre.

Charles X, bien qu'il eût alors soixante-dix ans, gardait encore un certain air de jeunesse, avec ce *je ne sais quoi* indéfinissable du gentilhomme français, lorsqu'il a été très-aimé des femmes. Sa taille était mince, souple, élancée. Ni dans l'ovale maigre et allongé de son visage, ni dans son front fuyant, ni dans son regard indécis, ni même dans ses cheveux blancs, il n'y avait de beauté ou d'autorité véritables ; mais l'ensemble de tout cela paraissait noble et gracieux.

On vantait beaucoup aux Tuileries l'affabilité de la parole royale. On répétait des *mots* du roi. Les avait-il jamais dits? Il se pourrait bien qu'il en ait été de tous comme de ce fameux *français de plus*, inventé pour le *Moniteur* par le prince de Talleyrand ou M. Beugnot. Quoi qu'il en soit, quand je fus en sa présence, le roi voulut être, il fut en réalité très-aimable. S'adressant à mes deux marraines, dans l'intention visible d'épargner ma timidité, il tint sur moi, devant moi, mille propos flatteurs, et nous retint beaucoup plus longtemps qu'il n'avait coutume de le faire dans ces fatigantes réceptions où il ne s'asseyait pas. Depuis lors, je retournai régulièrement au château, et toujours Charles X se rappela, avec cette mémoire des petites choses qui sied si bien aux personnes que l'on suppose occupées des grandes, mon visage, mon nom, mes circonstances. Aux petites soirées de la Dauphine, il semblait aussi vouloir me distinguer; mais, sans qu'il y eût de sa part ni raideur, ni hauteur aucune, la stérilité de son esprit suffisait à rendre très-insignifiants les rapports qu'il essayait d'établir. Ces soirées de la Dauphine n'étaient pas d'ailleurs un lieu propice aux conversations agréables. Il y régnait une froideur glaciale, malgré leur apparente intimité. Voici comment les choses se passaient. Assise au haut bout d'un cercle qui s'allongeait en amande des deux côtés de son fauteuil, madame la Dauphine travaillait à un ouvrage en tapisserie. Dans ce cercle, où chacun était placé selon son rang, il n'était pas de mise qu'on parlât à sa voisine, autrement qu'à voix basse, et comme à la dérobée. La princesse tirait ses points d'une main saccadée[1]. Sans s'interrompre, elle jetait de loin à loin, avec une certaine spontanéité apparente, mais réglée en effet par l'étiquette, à l'une ou à l'autre des dames qui siégeaient autour d'elle, une question brusque. La réponse, au milieu du silence général, était, comme on peut croire, aussi brève, aussi banale que possible. En dehors de ce cercle féminin, le Dauphin et d'ordinaire la vicomtesse d'Agoult, sa vieille amie de Mittau, jouaient ensemble aux échecs, silencieusement, cela va sans dire, absolument comme auraient pu le faire deux automates.

Dans le fond du salon, Charles X, silencieusement aussi, faisait sa partie de whist avec trois des gentilshommes de sa maison ou de celle de sa nièce, le duc de Duras, MM. de Vibraye, de Périgord, de Damas, etc. De temps en temps, à la fin d'un *rubber*, il s'élevait une voix; c'était celle du roi, qui se fâchait quand il avait perdu; son *partner* s'excusait, et le silence recommençait jusqu'au prochain *rubber*. La partie terminée, le roi se levait en repoussant son siége; aussitôt, et comme par un ressort, la Dauphine, qui n'avait pas perdu de vue le jeu royal, se levait

---

[1]. Dans la visite que fit M. de Chateaubriand à madame la Dauphine, en 1833, à Carlsbad, il remarqua « ce mouvement *rapide, machinal et convulsif.* » (*Mémoires d'outre-tombe.*)

aussi. Elle jetait sa tapisserie ; et, d'un regard, commandait à son cercle la dispersion. Dans le même temps, à quelque péripétie qu'on fût de la marche des échecs, le Dauphin, quittant tout, se rapprochait du roi respectueusement. On échangeait alors deux ou trois paroles; puis le roi, s'acheminant vers la porte qui conduisait à ses appartements, nous adressait, à chacune en particulier, quelques mots ; après quoi, il se retirait, en faisant une inclination de tête générale à toute l'assemblée. A peine le roi disparu, le Dauphin et la Dauphine disparaissaient également. Les invités rentraient, chacun chez soi, très-flattés assurément, très-enviés, car cette faveur des petites soirées de la Dauphine passait pour la plus grande du monde, mais fort peu avancés en réalité dans l'intimité d'esprit des augustes personnes qui les admettaient de la sorte au silence et au vide imposant du cercle de famille.

Madame Royale, duchesse d'Angoulême, qui portait, malgré sa maturité — elle avait alors quarante-six ans — depuis l'avénement de son beau-père, le titre juvénile de Dauphine[1], n'était pas douée des agréments d'esprit et de manières qui avaient rendu si attrayants l'entretien

---

1. On sait que le titre de Dauphin fut donné pour la première fois, en 1355, au fils aîné du roi de France. A l'avénement de Charles X, en 1824, il sonna étrangement aux oreilles des générations nouvelles. On ne savait plus du tout ce que cela pouvait bien vouloir dire.

et la familiarité de Marie-Antoinette. Elle n'y prétendait pas, loin de là. Quelque chose en elle protestait contre ces grâces imprudentes auxquelles certaines gens, parmi les royalistes, imputaient les malheurs de la révolution.

Marie-Thérèse de France, au moment de son mariage — à Mittau, le 10 juin 1799 — avec son cousin germain, Louis Antoine, duc d'Angoulême, avait une noblesse de traits, un éclat de carnation et de chevelure qui rappelait, disait-on, l'éblouissante beauté de sa mère. J'ai porté longtemps en bague une petite miniature qu'elle avait donnée à Hartwell à la vicomtesse d'Agoult; on l'y voit blonde et blanche, avec des yeux bleus très-doux. Mais, peu à peu, en prenant de l'âge, ce qu'elle tenait de son père s'était accentué : la taille épaisse, le nez busqué, la voix rauque, la parole brève, l'abord malgracieux. Dans les adversités d'un destin toujours contraire, sous la perpétuelle menace d'un avenir toujours sombre, dans la prison, dans la proscription, madame Royale s'était cuirassée d'airain. Sa volonté, toujours debout, refoulait incessamment, comme une faiblesse indigne de la fille des rois, la sensibilité naturelle à son âme profonde. Simple et droite courageuse et généreuse comme il a été donné de l'être à peu de femmes ; intrépide dans les résolutions les plus hardies ; ne cherchant, ne voulant, ne connaissant ici-bas que le devoir ;

fidèle en amitié, capable des plus grands sacrifices, charitable sans mesure et sans fin; malgré tant de vertus, Marie-Thérèse ne sut pas se rendre aimable; elle ne fut point aimée des Français, comme elle eût mérité de l'être. La France, qu'elle chérissait avec une tendresse douloureuse, ne lui pardonna jamais d'être triste. Ni son mari, qui se pliait à sa supériorité, ni le roi son oncle, ni le roi son beau-père qui lui rendaient hommage, ni les serviteurs dévoués qui l'admiraient, ne pénétrèrent, je le crois, le secret passionné de cette âme héroïque. La maternité lui manqua. Elle vécut et mourut connue de Dieu seul.

Lorsque, à l'issue de la réception chez le roi, je fus présentée au Dauphin, que je n'avais jamais vu que de loin, mon étonnement fut extrême. Le contraste était brusque. En passant de la solennité, des grandes attitudes d'une cour nombreuse et brillante, on se trouvait, tout d'un coup, de biais, au détour d'une porte, en présence d'un petit homme presque seul, chétif, grêle et laid, embarrassé, contracté, agité d'un tic nerveux, qui clignotait, grimaçait des lèvres et des doigts, faisait effort pour parler, pour rester en place. Ce petit homme était le *héros du Trocadéro*, Son Altesse Royale monseigneur le Dauphin, fils aîné du roi Charles X, grand amiral de France. Il avait alors quarante-neuf ans, mais on n'aurait su quel âge lui donner, tant, par sa physionomie *ingrate*, par le trouble de son maintien, par le malaise de tout son être, il échappait à l'idée qu'on peut se faire de la jeunesse ou de la maturité. On a loué, et, je crois, très-équitablement, la droiture et la loyauté du duc d'Angoulême. On a dit qu'il était de bon conseil ; il a prouvé qu'il était capable de fermeté, de bonté parfaite. Mais, au point de vue féminin où je me place pour parler des cours et des salons, il paraissait disgracié et il produisait une impression qui n'inclinait pas du tout à lui rendre justice. En le voyant, il était difficile de ne pas se dire : que l'union d'un tel homme avec la fille de Louis XVI n'avait dû être, pour cette princesse malheureuse, qu'une occasion de plus d'étouffer en elle tout ce qui n'était le devoir.

Tout autre était le souvenir que laissait dans les imaginations le duc de Berry. Très-enfant que j'étais encore lorsqu'il fut tué par Louvel, je n'appris ce qu'avait été sa vie que dans les récits de sa mort. Mais ces récits pathétiques, celui de Chateaubriand surtout, qu'on dévorait, le peignaient sous des couleurs si touchantes à sa dernière heure, qu'on se persuadait l'avoir connu, et qu'on lui donnait des larmes.

La popularité du duc de Berry, depuis son mariage — 1816 — avec Marie-Caroline princesse des Deux-Siciles, était grande. La vie animée, communicative, que les jeunes époux menaient ensemble dans le joli palais de l'Élysée, disposait favorablement l'opinion. L'absence de toute étiquette autour du duc de Berry, l'ordre et la simplicité qu'il voulait dans sa maison, son goût pour les arts dont les autres princes n'avaient aucune idée, l'allure vive et franche de qualités, de défauts qu'il ne cherchait point à cacher, les faiblesses de l'amour, « ces faiblesses de François Ier et de Bayard, de Henri IV et de Crillon, de Louis XIV et de Turenne, que la France, écrivait Châteaubriand, ne saurait condamner sans se condamner elle-même, » faisaient au duc de Berry une physionomie distincte. Il attirait à lui une curiosité indulgente et les sympathies de la foule; il retenait après l'offense, à son amitié, brusque mais sincère, des hommes de cœur et d'honneur.

Ce fut six années après la mort du duc, à Dieppe, pendant la saison des bains, que j'eus l'occasion de voir madame la duchesse de Berry et de lui parler quelquefois. Elle me plut tout d'abord, et toujours davantage, à mesure que je la connus mieux. Elle n'était pas jolie régulièrement; ses traits n'offraient rien de remarquable; son regard était incertain, sa lèvre trop grosse et presque toujours ouverte; elle se tenait fort mal et les mieux disposés ne pouvaient lui trouver grand air. Mais cette blonde Napolitaine avait son charme: une splendeur de teint merveilleuse, de soyeux cheveux blonds, le plus joli bras du monde, des pieds qui, bien qu'*en dedans*, faisaient plaisir à

voir, tant ils étaient mignons et bien faits. Et puis :
« bonté, douceur, esprit, gaieté »[1], elle portait tout
cela sur son visage candide. Malgré la timidité qui la
faisait rougir et balbutier à propos de rien, on sentait
qu'elle désirait plaire, et on désirait de lui plaire.

Je viens de dire qu'elle était timide. On peut se
figurer par quelles épreuves la pauvre princesse avait
dû passer en venant seule, à dix-sept ans, trouver un
mari inconnu qui approchait de la quarantaine [2]; un
vieil oncle toujours assis, toujours auguste, surtout
en famille; une belle-sœur et un beau-frère qui,
n'ayant connu ni les joies de l'enfance ni les joies de
la maternité, ne pouvaient, quoi qu'ils fissent, ni deviner, ni excuser, encore moins chérir les ignorances,
les inadvertances, les inconséquences sans nombre
d'une enfant qui ne se connaissait pas elle-même. Ses
familiarités italiennes aux prises avec l'étiquette française et l'austérité de la duchesse d'Angoulême amenaient les conflits les plus drôles. On contait en ce
temps-là mille traits d'ingénuité de la pauvre Caroline,
mille espiègleries de son mari, mille malices du roi,
qui la jetaient toute en confusion et divertissaient la
cour. On savait que les dames de la Dauphine s'o   s-

1. Chateaubriand. Lettre du duc de Berry à Marie-Caroline.
2. « Je suis toujours effrayé de mes trente-huit ans, lui écrivait
le duc de Berry; je sais qu'à dix-sept ans, je trouvais ceux qui
approchaient de la quarantaine bien vieux. » 31 mai 1816.
Chateaubriand, *Mémoire sur le duc de Berry*.

quaient de ses corsages trop peu épinglés, de ses bas de fil trop à jour, de ses yeux trop distraits pendant vêpres, de son cierge trop agité dans sa main, à la procession, et d'où la cire découlait sur sa jupe, beaucoup trop courte; mais, puisque son mari s'arrangeait de tout cela, il n'y avait trop rien à dire, et lorsqu'on les vit heureux ensemble, à leur façon, bienveillants et bienfaisants envers tous, en toutes circonstances, lorsqu'ils donnèrent, dans les frais jardins de l'Élysée, des bals de printemps où tout respirait la joie, on cessa de parler des inconséquences de la princesse. Néanmoins, tout en se taisant, on ne la considérait pas comme une personne sérieuse. Il fallut la nuit tragique où le poignard d'un assassin fit jaillir sur sa robe de fête le sang de son mari frappé au cœur, pour la montrer à tous ce qu'elle était : grande et simple en son courage, en son amour, en ses douleurs, inspirée dans les élans d'une âme vraiment bonne, et telle que personne, jusque-là, ne l'avait su ni comprendre ni deviner.

La naissance du duc de Bordeaux, célébrée par l'Église de France comme un miracle, donna à la duchesse de Berry, mère de l'héritier du trône, et rentrée au palais des Tuileries, une situation plus haute qu'elle ne l'avait eue auparavant. A l'avénement de Charles X, prenant le titre de *Madame*, elle eut aux faveurs royales une part qui lui permit d'obliger beaucoup de gens. Elle continua, comme elle l'avait fait avec le duc de Berry, à s'occuper des arts, à protéger les artistes. Peu à peu, elle reparut en public; on la revit au spectacle, elle se reprit aux amusements de son âge. Avec l'agrément du roi, elle patronna le théâtre du Gymnase, qui porta son nom. Une revue du monde élégant, *la Mode*, parut sous ses auspices. Elle fit dans les provinces de nombreuses excursions. Enfin elle prit goût à la plage de Dieppe. Elle y vint chaque année pour la saison des bains. Elle y attira beaucoup de monde. Loin des yeux de la Dauphine, elle osa s'émanciper davantage, être elle-même, c'est-à-dire enjouée, un peu frivole, mais bonne et charmante. On vit à ses côtés, et cela plaisait beaucoup, car le peuple aime presque également les faiblesses du cœur et ses générosités, les deux jeunes filles que son mari mourant lui avait léguées : les *filles de l'Anglaise*, comme on disait dédaigneusement à la cour. Elle ordonna des promenades en mer, des fêtes dans les ruines du château d'Arques; elle porta des bijoux sculptés dans l'ivoire et donna ainsi un élan d'émulation à l'industrie dieppoise. Bref, elle se fit aimer, chérir; elle eut là sa petite royauté, joyeuse et familière.

Une particularité de la plage de Dieppe, c'est la manière dont on y prend le bain. Point de petites voitures traînées dans la mer, comme à Ostende, mais des baigneurs attitrés, attachés au service de l'établissement, qui emportaient dans leurs bras les baigneuses, et, s'avançant dans l'eau jusqu'à une certaine distance, variable selon la marée, par delà les rudes galets, les plongeaient, tête première, et les remettaient debout, en équilibre, sur un sable fin, très-doux aux pieds. Nous faisions de laides grimaces pendant et après l'opération du plongeon, qui nous laissait les yeux, les oreilles, le nez, quelquefois la bouche, quand la peur nous avait fait crier, tout remplis d'eau salée. Le costume que nous portions était aussi fort laid : une coiffe ou *serre-tête* de taffetas ciré, qui enveloppait et cachait toute la chevelure, un pantalon et un sarrau de laine noire, sans aucun ornement, d'épais chaussons de lisière. Lorsqu'elle sortait du bain, dans sa gaîne collante et gluante, la plus jolie femme du monde semblait une monstruosité. On se baignait néanmoins en vue de la promenade et l'on permettait que les hommes, du haut de la terrasse, armés de lorgnettes d'opéra, assistassent à l'aller et au retour, parfois très-long, de la tente à la mer et de la mer à la tente, où l'on quittait et reprenait les vêtements de ville. C'était aussi malséant que possible. La princesse napolitaine ou bien n'y avait pas songé, ou bien n'avait osé risquer sa popularité en touchant à la coutume ; toujours est-il qu'elle n'échappait pas au sort commun, bien au contraire. Les lorgnettes croissaient et multipliaient de jour en jour aux endroits où elle s'ébattait dans les flots. Mais elle n'y prenait pas garde, et se divertissait avec ses dames, devant ce public curieux, à maintes espiègleries d'enfant.

Le jour de l'ouverture de la saison, au premier bain, l'étiquette voulait — qui l'avait établie? je l'ignore — que l'on tirât le canon au moment où la princesse entrait dans la mer, et que le médecin inspecteur y accompagnât l'Altesse Royale. Le docteur Mourgué — il se nommait ainsi, si j'ai bonne mémoire — gardait, pour cette grande occasion, son plus bel habit de ville, avec un pantalon neuf; il offrait à la princesse sa main droite gantée de blanc, comme pour le bal; c'était à mourir de rire. Ce premier jour passé, la princesse reprenait sa liberté; elle se baignait à sa mode et comme une simple mortelle, accostant ses voisines, les mettant de la partie. Cette partie consistait principalement en aspersions, en douches de toute espèce, que la petite main folâtre de l'Altesse infligeait de droite et de gauche, par surprise, à tout ce qui passait à sa portée. Elle exigeait qu'on le lui rendît. Attaques et ripostes, cela faisait tout un petit tapage maritime et de pensionnaires en vacances qui lui donnait du plaisir. Le baigneur de la princesse étant aussi le mien, j'avais plus souvent que d'autres l'honneur du bain royal. Jeune, blonde et blanche comme Marie-Caroline, comme elle hardie au jeu des lames et timide à l'entretien, point mariée, point *présentée*, je lui fus une compagnie à souhait avec laquelle elle se sentait tout à l'aise. Elle complimenta ma mère sur mes beaux cheveux, sur mes beaux yeux, et me mit ainsi *à la mode* pour toute la saison.

Du vivant de son mari, la duchesse de Berry voyait beaucoup avec lui la famille d'Orléans. Le cercle intime du Palais-Royal et de Neuilly, plus nombreux, plus jeune, moins grave que celui des Tuileries, leur plaisait à tous deux beaucoup. Ils témoignaient au duc de Chartres surtout tant d'amitié que le public supposait déjà un projet d'union entre le petit prince et la petite *Mademoiselle* encore au berceau. Après la catastrophe de l'Opéra, la duchesse de Berry continua de fréquenter les d'Orléans. Le duc de Chartres grandissant, devenu un beau jeune homme, lorsqu'on les vit ensemble ouvrir les bals à la cour et dans les ambassades, personne ne douta plus du lien nouveau qui resserrerait un jour leur parenté [1]. Au château des Tuileries, on en jugeait autrement. L'entourage du roi et surtout celui de la Dauphine ne voyaient pas d'un bon œil les relations de la mère du duc de Bordeaux avec le fils et les petits-fils de Philippe-Égalité. Le duc d'Orléans restait suspect aux *ultras*. L'émigra-

---

[1]. Comme je visitais un jour le château de *Randan*, — c'était en 1853, — j'y vis, au milieu des souvenirs de famille, une aquarelle représentant le château de Rosny, avec cette signature et cette date : *Marie Caroline fecit* 1823.

tion, fermée longtemps au soldat de Jemmapes et de Valmy, ne s'était rapprochée de lui que pour la forme. On n'aimait pas son attitude à la chambre des pairs, moins encore ses liaisons avec Talleyrand et Fouché ; on mettait à son compte la conspiration de Didier ; on lui faisait un crime d'ouvrir ses salons aux *buonapartistes* et aux libéraux. Lorsque parut, en 1827, la *Lettre au duc d'Orléans* [1] les soupçons qui se murmuraient éclatèrent. On parla tout haut d'un complot organisé pour substituer aux Bourbons de la branche aînée les Bourbons de la branche cadette. Les choses en étaient à ce point que, dans cette même année 1827, entrée, comme je l'ai dit, par mon mariage, dans l'entourage le plus proche de la Dauphine, je n'osai point, sans l'agrément de la vicomtesse d'Agoult, accepter une invitation qui m'était adressée pour un prochain concert au Palais-Royal. Et cette personne, si réservée d'ordinaire, était si agitée de soupçons à l'endroit des d'Orléans, qu'elle se trahit. « Je n'aime pas ces gens-là, » s'écria-t-elle avec un accent singulier ; puis, se reprenant aussitôt et se calmant, elle prononça qu'il n'y avait pas à balancer ; qu'on ne refusait pas de se rendre, quand on it prié, chez les cousins du roi ; que cette invitation, qui

---

1. Le duc d'Orléans désavoua cette lettre ; l'auteur, M. Cauchois-Lemaire, fut poursuivi devant les tribunaux et condamné à deux mille francs d'amende.

me prévenait gracieusement, devait être tenue, nonobstant certaines compagnies qui se rencontraient au Palais-Royal, à très-grand honneur; et qu'enfin Madame la duchesse d'Orléans était une personne fort pieuse.

Les réunions du Palais-Royal étaient, en effet, comme l'insinuait ma tante, fort mêlées et déparées de bourgeois que l'on ne voyait pas aux Tuileries. Le faubourg Saint-Germain se plaignait de ce mélange. J'entendis un jour la vieille duchesse de Damas dire, en revenant d'une de ces soirées : « *On n'y connaissait personne.* » Ce *personne* se composait d'une infinité de gens illustres déjà, ou qui devaient sous peu s'illustrer, et que la révolution prochaine allait porter au pouvoir.

Je me rencontrai au Palais-Royal avec toute cette haute bourgeoisie que le journalisme, le barreau, la tribune et les lettres signalaient et saluaient déjà comme l'élite de la nation. Je vis là, sans aucun doute, MM. Laffitte, Royer-Collard, Casimir Périer, Thiers, Guizot, Odilon-Barrot, les frères Bertin etc. Je dis *sans doute* parce que la société à laquelle j'appartenais, faisant toujours partout bande à part, affichant l'insolence suprême de la *non-curiosité* envers les gens nouveaux, je ne sus point mettre les noms sur les visages inconnus que je voyais passer, et n'osai les demander, de peur d'inconvenance. Le duc d'Orléans et sa sœur, Madame Adélaïde, causaient beaucoup, longuement, sérieusement, à ce qu'on pouvait croire, avec les hommes, dans ces grandes réunions dansantes ou musicales ; Madame la duchesse d'Orléans, entourée de son beau cortége d'enfants, faisait le tour des salons et disait à chacun un mot aimable.

Le duc de Chartres, avec ses dix-huit ans, s'essayait à *faire la cour* aux dames. On disait qu'il s'y prenait bien. On vantait sa bonne éducation, bien que faite en partie dans les colléges, ce qui semblait déplorable. Son abord prévenait en sa faveur. Grand, svelte, élégant, simple dans sa mise, réservé dans ses manières, le duc de Chartres, avec ses cheveux blonds, ses yeux bleus, son teint pâle, avait l'air d'un jeune gentleman plutôt que d'un prince français. Il causait déjà très-bien, d'un ton très-doux. Cette année même, il commençait d'aller dans le monde, chez les ambassadeurs, chez les ministres et dans quelques salons des deux faubourgs. Il y fut vite à *la mode*, comme on peut croire. Les femmes qu'il distinguait s'en firent honneur. On lui supposa des *bonnes fortunes*, et rien ne parut plus naturel.

Par un singulier hasard, il se rencontra que l'année même où le duc de Chartres paraissait pour la première fois dans le faubourg Saint-Germain, on y vit en même temps un autre jeune homme très-beau, très-élégant, bienvenu des femmes, lui aussi, d'un sang glorieux, d'une naissance romanesque, qui attirait à la fois la curiosité et la sympathie : c'était le fils de la belle comtesse Walewska, le jeune comte Walewski. De même âge, à quelques mois près, que le duc de Chartres — ils étaient nés tous deux dans l'année 1810 — il était un peu moins grand, mais, comme lui, mince et svelte. Il dansait à merveille. Il valsait comme un étranger, comme un Slave, avec une grâce innée, une verve que n'acquièrent jamais nos Parisiens. Cette qualité d'étranger le servait, sa naissance encore plus, ses beaux yeux bruns, son sourire rêveur et jusqu'à son léger accent quand il « DISAIT D'AMOUR ». Pendant plusieurs hivers, il partagea avec le duc de Chartres — plus tard duc d'Orléans — les bonnes grâces des femmes et l'empressement des salons. La mode hésitait entre ces deux jeunes rivaux, entre ces deux charmants cavaliers, à peine hors de page. La mort n'hésita pas. A quinze ans de là, elle fit son choix, sûr et rapide. En emportant le duc d'Orléans, elle emportait tout un règne.

III

Les douairières. — La princesse de la Trémoïlle. — La marquise de Montcalm. — Les Montmorency. — Les bals de jeunes filles au faubourg Saint-Germain.

Présentée à la cour, il fallait l'être ensuite aux vieilles dames douairières du faubourg Saint-Germain. C'était leur droit; elles le maintenaient et ne se laissaient point oublier. Les plus âgées n'allaient plus dans le monde depuis longtemps. Paralysées de tout, hormis de la langue, elles ne quittaient pas leur paravent, leurs chenets, leur *bergère* antique, leur chat familier, leur tabatière et leur bonbonnière. Elles ne recevaient en dehors de leur descendance, que de rares visites en de rares occasions. On allait là une fois en sa vie, en visite de noces; on y restait dix minutes, au plus, puis on n'y retournait pas. C'était assez; l'usage était satisfait. Les vieilles dames vous avaient vue; elles avaient salué de l'éventail les nouveaux époux. Sourdes et criardes, elles avaient prononcé, haut et dru, de leur voix rauque, sur les yeux, les dents, la gorge, la main, le pied, sur tout l'air de la mariée. Elles avaient dit : *elle est fort bien*, ou : *elle n'est pas bien*, et prévenu ainsi, de leur arrêt, l'opinion du monde.

Les plus jeunes entre ces dernières, celles qui n'étaient point infirmes et ne s'écartaient pas trop de la soixantaine, prenaient encore leur part du mouvement des plaisirs mondains. Elles avaient un *salon* et généralement un château, où elles voyaient du monde, hiver et été. Il fallait les fréquenter pour se mettre en bon renom. Quand on quittait les tentures éraillées, les boiseries enfumées, les vieux cadres poudreux de la douairière de Luynes, de la douairière d'Uzès, de la douairière de Duras [1], pour entrer chez la princesse de la Trémoïlle, chez la comtesse de Matignon, chez la princesse de Poix, chez la duchesse d'Escars, chez la duchesse de Narbonne, chez la duchesse de Céreste, on se sentait rajeuni d'un demi-siècle.

Le salon de la princesse de la Trémoïlle, outre son grand air d'ancien régime, avait un caractère politique très-prononcé. Ce salon était une *cour*. La princesse, mademoiselle de Langeron, exerçait de longue date,

---

[1] Belle-mère de l'auteur d'*Ourika*.

sur tout ce qui l'approchait, une domination entière.
Elle n'avait pourtant jamais dû être belle, du moins ne
voyait-on dans sa manière d'être et de dire, comme il
arrive aux femmes qui ont eu le don de plaire aux yeux,
aucuns restes de vanité ou de coquetterie féminine.
Toute sa coquetterie était d'esprit : virile, et visant à
la souveraineté. Avec ses petits yeux gris, bordés de
rouge, avec son *tour* de cheveux blonds, son gros ventre et la double maladie qui décomposait son sang —
le diabète et l'hydropisie — la princesse de la Trémoïlle, grande dame jusqu'à la moëlle des os, asservissait à ses volontés, par la force de son intelligence et
par la hauteur de son caractère, toute une masse de
clients, de familiers, de flatteurs et de parasites. Elle
savait aussi, bien que dédaigneuse, s'insinuer là où
elle ne pouvait s'imposer; caresser les amours-propres, quand elle ne les subjuguait pas tout d'un coup.

Aucunement dévote, instruite sérieusement, elle
avait pour elle-même une belle bibliothèque; pour les
autres, une table dont on parlait, abondante et recherchée. La politique était son goût, son occupation constante. Elle en avait, sinon le génie, du moins la sagacité et la vive pratique. La campagne, le tête-à-tête
avec son mari l'ennuyaient à mourir; elle ne s'en cachait pas. Jamais elle n'avait pu s'habituer ni à la
belle terre de *Pezeau* que le prince de la Trémoïlle
possédait héréditairement en Berry, ni même au châ-

teau de *Croissy*, bâti par Colbert, non loin des bords de la Marne, au milieu des riches campagnes de la Brie, récemment acheté par elle, en vue du voisinage de la ville. La princesse ne quittait plus guère Paris, son hôtel de la rue de Bourbon [1], son jardin en terrasse sur le quai. Dans sa bibliothèque en bois de citronnier, qu'on célébrait comme une merveille d'élégance et où elle recevait la cour et la ville, de son fauteuil en damas vert, d'où elle ne bougeait qu'à grand'peine, elle animait de sa verve intarissable, de ses piquantes *sorties*, de ses sarcasmes, un cercle perpétuellement renouvelé des personnes les plus marquantes de son parti. On y voyait tous les hommes de quelque valeur ou de quelque renom dans l'Église ou dans l'État, qui faisaient opposition au libéralisme : le cardinal de La Fare, M. de Bonald, M. l'abbé de Genoude, M. de Maistre, Mathieu de Montmorency, ou tout simplement *Mathieu*; le chancelier Dambray; les Polignac; les députés Labourdonnaye, Delalot, de Castelbajac, de Neuville, de Marcellus, toute la droite passionnée; quelques hommes de moindre condition, mais utiles : l'avocat Piet, M. Ferrand, M. de Lourdoueix, etc.

Dédaigneuse des choses nouvelles, elle qui possé-

---

[1]. A cette heure, rue de Lille. L'hôtel de la princesse de la Trémoïlle, très-rapproché du palais législatif, a disparu dans les nouveaux alignements.

dait des anciennes toute la fleur, la princesse raillait sans pitié la politique de transaction entre le passé et l'avenir [1]. La moindre concession l'offensait. Les Villèle, les Corbière, ne trouvaient pas toujours grâce devant ses yeux; les princes, bien moins encore. Elle n'allait pas chez eux, se sentant reine; jamais je ne l'ai vue avec personne sur un pied d'égalité. Son infirmité la servait en cela; la lourdeur de son corps lui donnait comme le droit de rester assise; elle en usait amplement pour accueillir du regard, du geste et du sourire, avec mille nuances de grande dame, les gens de sa cour.

Le salon de la marquise de Montcalm, politique comme celui de la princesse de La Trémoïlle, avait une physionomie différente. Il avait pris son importance au moment où le duc de Richelieu, frère de la marquise, était entré aux affaires.

« Le jour où mon frère a été ministre, disait-elle, non sans amertume, tout le monde s'est avisé que j'étais une femme d'esprit. » Elle l'était, cela ne pouvait se nier; et de plus, cultivée par le plus grand monde européen. D'un caractère noble, désintéressé, modeste au fond, comme son frère, et, comme lui, d'une

---

1. Elle se moquait beaucoup des moutons de la majorité qui suivaient docilement, en tous pâturages, la voix du ministre. « Eh bien, monsieur de Villèle, quelle bêtise allons-nous faire aujourd'hui? » disait-elle un jour, en contrefaisant un de ces ministériels, dont elle simulait l'entrée dans le cabinet du ministre.

admirable droiture; de grande naissance et de grand nom, comme madame de la Trémoïlle, toujours souffrante aussi; s'il se peut, moins dévote encore; moins exclusivement française, moins altière en ses opinions, plus curieuse de nouveautés, madame de Montcalm avait un cercle beaucoup plus étendu par les idées que ne l'était celui de la princesse. Couchée sur sa chaise-longue, où la retenaient les infirmités d'un petit corps contrefait et grêle, écoutant beaucoup, interrogeant de son grand œil noir plein de rayons et de sa parole pleine de bienveillance, madame de Montcalm n'exerçait pas une domination visible comme celle de madame de la Trémoïlle, mais son ascendant pénétrait bien plus avant. On sentait en elle la femme qui avait aimé, souffert, rêvé peut-être même une tout autre destinée. Elle ne commandait pas à la conversation; elle n'y lançait pas le *trait;* elle y maintenait sans effort l'élévation, le tour délicat, la nuance exacte et aimable. Les hommes qu'elle voyait journellement étaient les anciens collègues, les amis politiques du duc de Richelieu; beaucoup de diplomates étrangers: MM. Pasquier, Molé, de Barante, Mounier, Barbé-Marbois, Pozzo di Borgo, Capo-d'Istria, le duc de Raguse, le général de Lagarde, M. Lainé, etc.

Dans ce salon modeste et tranquille, point de discussions trop vives; des entretiens où la politique n'avait pas d'acrimonie et se mêlait avec souplesse aux intérêts du beau monde, des beaux-arts et des belles-lettres. Autour de cette femme couchée, souffrante, il régnait une sorte de clair-obscur, une douceur sérieuse. Madame de Montcalm ne voulait jamais ni briller, ni étonner, ni éclipser, ni intimider personne. Elle recherchait le mérite, devinait et faisait valoir les moindres talents. Auprès d'elle, les jeunes femmes s'essayaient à la conversation. Elle m'y encourageait plus que d'autres. Elle avait pour moi des indulgences extrêmes. Confidente des sentiments que m'avait voués l'un de ses plus chers amis, elle me portait un intérêt maternel et qui ne se démentit jamais. Je me plaisais chez elle infiniment. Quand je veux me rappeler une douce image de ma vie du monde d'autrefois, c'est à elle que je pense, à son entourage aimable, à son intimité noble et charmante.

Dans la maison de Montmorency-Matignon où j'allais aussi beaucoup, ce n'était pas un salon proprement dit; c'était chaque soir un cercle nombreux de parents et d'habitués. La vieille comtesse de Matignon le présidait. La duchesse de Montmorency, son fils Raoul, et sa bru, la baronne de Montmorency, ses deux filles, la princesse de Bauffremont et la jeune Alice, mariée plus tard au duc de Valençay, y paraissaient ensemble ou tour à tour. Assises à une grande table ronde, qu'éclairait une grande lampe suspendue, chargée de corbeilles à ouvrage, les dames, renommées dans cette famille pour leurs doigts de fées, travaillaient à des tapisseries, à des broderies délicates. Dans l'hôtel de la rue Saint-Dominique, non plus qu'au château de *Courtalain*, il n'était presque jamais question de politique. Les hommes que l'on recevait là étaient du meilleur monde, mais on s'y occupait peu des choses de l'esprit. Le ton de la maison était gai; les façons étaient simples et sans aucune morgue. Malgré la présence d'une jeune fille, la piété de la jeune baronne de Montmorency et la vertu conjugale fort célébrée de la princesse de Bauffremont, la conversation avait, à la manière d'autrefois, des allures très-lestes; vide d'idées, pauvre de sentiments, elle se nourrissait d'historiettes et de nouvelles du jour, de modes et d'ajustements; on y médisait du prochain; on y riait des maris trompés; on s'y moquait à l'envi de tout le monde. La vieille comtesse de Matignon n'avait jamais été ni prude ni dévote; ce n'était pas la mode en émigration, malgré le malheur des temps. Les abbés galants, les évêques mondains avaient été très en faveur, disait-on, auprès de la dame. On en faisait mille récits, les plus drôles du monde [1].

Dans ce salon venaient habituellement, le duc de

[1]. On prêtait entre autres à la comtesse de Matignon, très-jeune encore, un mot piquant. Une jeune femme de sa société pleurant une disgrâce de l'opinion : « Consolez-vous, ma chère, lui avait dit la comtesse, chez les grandes dames comme nous l'honneur repousse comme les cheveux. »

Castries, les Brancas, les Luxembourg, les Sabran, les Rosambo, les Sainte-Aldegonde, les Clermont-Tonnerre, les Béthune, les Castellane, les Talaru, les La Guiche, les Vérac, etc. Là se prenaient les *degrés* dans la considération et la mode. On disait bien quelquefois, tout bas, que madame la Dauphine ne voyait pas d'un bon œil la duchesse de Montmorency, mais celle-ci ne voulait pas s'en apercevoir. Elle tenait un si haut rang à la cour, la maison de Montmorency était d'ailleurs si puissante, que la critique avait beau mordre, la gloire du nom bravait tout.

En dehors de ces maisons brillantes de la noblesse de cour, où fréquentaient aussi les ambassadrices, lady Stuart, la comtesse Apponyi, qui avait introduit en France la grande nouveauté des *déjeuners dansants*, la baronne de Werther, le faubourg Saint-Germain comptait un nombre de familles moins illustres, moins titrées [1], moins dédaigneuses, plus mêlées à la noblesse de province, et dont les salons, moins retentissants, avaient un caractère de bonhomie tout à fait aimable.

Le fond de la société de ma mère, avant mon mariage, se composait plus particulièrement de celles-là. Elle voyait habituellement les anciens amis de mon père, émigrés ou vendéens, les Suzannet, les d'Andi-

---

1. Les *titrés* étaient les ducs, dont les femmes avaient droit, en cour, au *tabouret*.

gné, les d'Autichamp, les Bourmont; les députés de la droite, ultra-royalistes : les Villèle, les Castelbajac, les Delalot, les Labourdonnaye, les Kergorlay, etc. Depuis que mon frère était entré dans la diplomatie, ma mère invitait ses chefs et ses collègues, tout ce qui, gentilhomme ou bourgeois, tenait au *département*, à la *carrière*, c'est ainsi que les diplomates désignaient entre eux le ministère des affaires étrangères et les ambassades, où se prenait, selon l'opinion des salons, une sorte de noblesse. Les Pasquier, Hyde de Neuville, Bonnay, MM. de Caux, de Gabriac, de Bois-le-Comte, de Vielcastel, de Marcellus, Lagrenée, de Lagrange, de Latour-Maubourg, de Larochefoucauld, de Vaudreuil, de Bourgoing, venaient chez nous très-souvent. Les réunions, les soirées dansantes ou musicales qui se donnaient chez ma mère et chez ses amies, pour les jeunes filles, étaient sans apprêt. On n'y cherchait ni luxe ni étalage. Les pauvres pouvaient inviter les riches, on n'y regardait pas. Un piano, accompagné d'un violon, quelquefois d'un instrument à vent, d'un fifre quelconque, pour marquer le rhythme et la mesure, tenait lieu d'orchestre. En fait de souper ou de buffet, un bouillon, un riz au lait, un lait d'amandes: c'était là tout. Les danseuses se paraient de leur printemps. Une blanche robe de mousseline, un ruban bleu, rose ou lilas, flottant à la ceinture, une fleur dans les cheveux, elles ne connaissaient pas d'autres atours. Entre elles et les jeunes gens dont l'âge se rapportait au leur, aucune contrainte, aucune pruderie, mais une bienséance exquise; il régnait dans ces rapports une coquetterie naïve, une gaieté franche que tempéraient les discrètes habitudes de la vie de famille, la réserve naturelle à la première jeunesse et cette solidarité de l'honneur qui imprimait à la bonne compagnie d'autrefois un caractère totalement différent de celui de nos sociétés bourgeoises, telles que les fait, à cette heure, sans lien, sans tradition, pour quelques jours à peine, le hasard des affaires ou des rencontres.

IV

Les salons littéraires et les soirées de musique. — Rossini. — Madame Malibran. — Mademoiselle Sontag. — Madame Sophie Gay. — Delphine Gay. — Monsieur Émile de Girardin.

Il y avait aussi, sous la Restauration, quelques salons où l'on se faisait honneur d'aimer les arts et les lettres, d'accueillir les poëtes et de protéger les artistes. De ce nombre étaient le salon de la duchesse de Duras, auteur de plusieurs romans [1], ceux de la duchesse de Narbonne et de la duchesse de Maillé ; celui de madame Récamier, celui de madame du Cayla

---

1. *Ourika, Édouard, Olivier.* La duchesse avait pris pour thème de ses fictions les impossibilités que la nature ou la société opposent aux inclinations du cœur. La passion vraie ou supposée, partagée ou non, d'un jeune diplomate roturier pour la fille de l'illustre auteur, Clara de Duras, plus tard duchesse de Rauzan, passion que la différence des rangs ne permettait pas de couronner par le mariage, était le sujet d'un de ces romans

où le directeur des beaux-arts, Sosthène de Larochefoucauld donnait le ton. Quelques personnes, la marquise de Sassenay, le chevalier de Pinieux, gentilhomme de la chambre, etc., faisaient plus particulièrement état de dilettantisme musical. L'opéra italien et l'opéra français étaient alors dans leur plus grande splendeur et dans toute leur vogue. Rossini occupait les deux scènes. Bellini et Donizetti venaient après, dans un rang moindre, mais encore très-élevé.

En faveur à la cour, magnifiquement pensionné pour avoir écrit une cantate en l'honneur des noces du duc de Berry, et, à l'occasion du sacre de Charles X, le *Voyage à Reims*, le *Cygne de Pesaro*, c'est ainsi que les gazettes appelaient Rossini, avait pour exécuter ses œuvres anciennes et nouvelles, la *Sémiramide*, la *Donna del Lago*, *Matilda di Shabran*, la *Cenerentola*, la *Gazza Ladra*, *Otello*, le *Siége de Corinthe*, *Guillaume Tell*, etc., une merveilleuse compagnie d'artistes : la *Pasta*, la *Pisaroni*, la *Malibran*, mademoiselle *Sontag*, *Rubini*, *Tamburini*, *Pellegrini*, *Lablache*, *Nourrit*, etc. Jamais, je le crois, on ne rencontrera un concours plus extraordinaire de talents du premier ordre; une alliance de la beauté, de la puissance vocale et dramatique, telle qu'on la voyait dans la Pasta jouant le rôle de Tancrède [1]; une union du génie, de la grâce et du pa-

---

1. On racontait que Talma, admirateur enthousiaste du talent

thétique, comparable à ce qu'était la Malibran dans *Desdemona;* un éclat de virtuosité, de jeunesse, de force et de fraîcheur qui puisse égaler mademoiselle *Sontag* dans Rosine du *Barbier*.

L'enthousiasme était universel. Cependant les compositeurs et les chanteurs gardaient encore une place à part; ils ne paraissaient dans les salons, en dépit de l'empressement qu'on mettait à les y avoir, que d'une manière subalterne. Voulait-on, par exemple, donner un beau concert, on s'adressait à Rossini, qui, moyennant une somme convenue, assez minime, quinze cents francs, si j'ai bonne mémoire, se chargeait du programme et de son exécution, ôtant ainsi aux maîtres de maison tout embarras du choix, tout ennui des répétitions, etc. Le grand maestro tenait le piano toute la soirée. Il accompagnait les chanteurs. D'ordinaire il leur adjoignait un virtuose instrumentiste : Herz ou Moschelès, Lafon ou Bériot, Nadermann, le premier harpiste, Tulou, la première flûte du roi, ou la merveille du monde musical, le petit Liszt. Tous ensemble ils arrivaient à l'heure dite, par une porte de côté; tous ensemble ils s'asseyaient auprès du piano, tous ensemble ils repartaient, après avoir reçu les compliments du maître de la maison et de quelques *dilettanti* de profession. Le lendemain on envoyait à

---

de la Pasta, s'écriait un jour : « Quel malheur que cette femme-là s'obstine à chanter! »

Rossini son salaire et l'on se croyait quitte envers eux et envers lui. Dans quelques maisons plus modestes, dans les familles où la musique était cultivée par goût, non par simple convenance, les rapports entre les artistes et les gens du monde s'établissaient avec plus d'affabilité. Madame Malibran, après qu'elle avait chanté la romance du *Saule*, ou la cavatine de la *Gazza Ladra*, nous charmait par les grâces vives de son esprit. Le concert fini, elle restait volontiers après les autres artistes et s'animait à causer. Sa conversation était originale comme son talent. Elle ne laissait paraître aucune prétention, et je crois qu'elle n'en avait pas. Tout autre était mademoiselle Sontag. Gâtée par les adulations de l'Allemagne, entêtée d'aristocratie et de belles manières, avide de louanges, plus avide d'argent, et de fort peu d'esprit, elle essayait de jouer la grande dame et s'y prenait mal. Engagée pour un concert, elle arrivait à la fin, s'excusait à peine, chantait capricieusement, et n'avait pour ses admirateurs, s'ils n'étaient princes, ambassadeurs, banquiers, juifs ou directeurs des beaux-arts, qu'impertinence ou silence.

Dans les salons lettrés, où régnait encore Chateaubriand, on commençait à parler beaucoup du jeune Lamartine et du jeune Victor Hugo, sur qui le vieux René avait laissé tomber sa poétique bénédiction [1].

---

1. **Chateaubriand demandant un jour à M. Brifaut sa voix et son influence à l'Académie, pour la candidature de Victor Hugo :**

Alfred de Vigny, qui appartenait de naissance au faubourg Saint-Germain, et qui faisait partie de la maison militaire du roi, commençait aussi à se faire un renom de poëte. Je parlerai d'eux plus tard, n'ayant connu du troisième, au bal, où il était souvent mon cavalier, que ses distractions à la contredanse.

Quant à mademoiselle Delphine Gay, que je vis pour la première fois vers cette même époque, ce fut, à mes yeux ravis, un éblouissement. Dans l'année 1822, Delphine Gay avait fait, au faubourg Saint-Germain, une entrée brillante. Couronnée par l'Académie française, pour des stances où elle avait célébré le dévouement des sœurs de Sainte-Camille, la jeune muse s'était vue tout aussitôt l'objet d'un grand empressement de la part de toutes les femmes qui se piquaient d'esprit et de belles-lettres. La comtesse de Custine, la duchesse de Narbonne, la duchesse de Duras, la duchesse de Maillé, etc., l'avaient, à l'envi, caressée, choyée, vantée, protégée. Madame Récamier l'avait mise sous l'invocation du *Génie du Christianisme*. En retour de tant de faveurs, la jeune fille écrivait des vers dans les albums et déclamait dans les salons de ses illustres marraines. Elle leur dédiait ses chants. Elle célébrait la noble et triste *Ourika*; elle disait, en présence du vieux *René*, la *Confession d'Amélie*.

« Vous êtes comme Louis XIV, lui dit l'auteur de *Ninus*, vous voulez nous faire légitimer vos bâtards. »

A l'avénement de Charles X, à l'occasion de son sacre, Delphine Gay s'était enhardie à publier une *Vision* où Jeanne d'Arc lui apparaissait, la saluait *Muse de la patrie.* Le roi averti avait voulu voir cette muse française; il était resté charmé de ses grâces, et, la belle jeune fille n'ayant point d'autre dot, il l'avait gratifiée d'une pension sur sa cassette [1].

Vers le même temps, Delphine rencontrait en Italie le chantre d'Elvire. Des amitiés illustres, des bruits de mariage donnaient à son laurier virginal un nouveau prestige. Je ne sais si, d'elle-même, Delphine eût souhaité, eût cherché du moins tout ce retentissement. Elle avait une âme forte et portée à la grandeur. Elle était passionnée, capable d'ambitions hautes. Mais de bonne heure, tout enfant, avant que de naître, l'éclat et le fracas, dans la personne de sa mère, lui ouvraient sa place en ce monde et lui préparaient son berceau. Madame Gay était une célébrité des premiers beaux jours de l'empire. Elle en gardait le geste et

---

[1]. Le bruit avait couru, vers ce même temps, que Charles X, fidèle jusque-là au souvenir de madame de Polastron à ce point de n'avoir jamais voulu entendre à aucune négociation de mariage, et bien moins encore à aucune liaison galante, écoutait, sans les écarter, depuis qu'il avait vu la belle Delphine, les insinuations que lui faisaient les gens de sa maison au sujet du mariage de Louis XIV avec madame de Maintenon. Je n'ai jamais su si ces bruits avaient le moindre fondement.

l'accent, la rime *Gloire* et *Victoire*; le turban aussi, le turban des mamelouks, avec la harpe d'Ossian, où l'on chantait le refrain du beau Dunois : tout un air d'état-major, une poussière d'escadron, un éclair de sabre au soleil; quelque chose d'inouï et d'indescriptible!

Femme d'un receveur général, madame Gay avait eu un salon vers la fin du Directoire; sa beauté hardie, son esprit et ses romans lui avaient fait un nom. Accoutumée au bruit, lorsque vint la mauvaise fortune, elle ne voulut point rentrer dans le silence. Tout en elle était sonore, ses amours, ses amitiés, ses haines, ses défauts, ses vertus, car elle en avait : sa maternité le fut plus que tout le reste.

Sa fille, dès qu'elle la vit belle, dès qu'elle put deviner son génie, lui fut une occasion, un prétexte, une espérance, et bientôt une certitude exaltée de ramener à son foyer l'éclat. La production de la petite merveille, la mise en scène de ses talents précoces occupa et passionna les ambitions ranimées de madame Gay. Elle rêva de lauriers, de chars poudreux dans l'arène, de princes subjugués, d'époux illustres : souverains ou tout au moins grands hommes ; à la candide enfax que visitait la muse immortelle, elle enseigna l'art des salons, l'ode de circonstance, la strophe catholique et royaliste. Elle la voulut toujours à ses côtés dans les occasions fastueuses, déclamant ou déclamée, au tombeau de Charlemagne [1], au sacre de Charles X, au cap Misène, au Panthéon, au Capitole ; partout enfin, comme elle le faisait dire aux panégyristes, innocente et charmante, *jouant avec la gloire !* Chose étrange, toute cette gloriole, toute cette piaffe de Pégase, autour de l'enfant, ne servit qu'à la faire paraître, par contraste, plus sérieuse et plus modeste. Jamais je n'oublierai l'impression qu'elle fit sur moi la première fois que je la vis. C'était pendant l'hiver de l'année 1826. Ma mère donnait dans son appartement de la place Vendôme des soirées de musique. J'avais déjà, moi aussi, ma petite gloriole : un talent de piano qui, au faubourg Saint-Germain, passait pour extraordinaire. La première fois que je me fis entendre chez les Montmorency, la duchesse s'écria : « Elle joue mieux que la baronne ! » Mieux que la baronne, c'était un brevet d'excellence après quoi il n'y avait plus qu'à tirer l'échelle. Cependant je n'en étais pas là encore. J'étudiais sérieusement ; je venais de prendre des leçons de *Hummel* ; je jouais son fameux *septuor* avec une certaine virtuosité relative, comme on peut croire : virtuosité d'amateur et de noble demoiselle, mais qui, telle quelle, avec ma jeunesse,

---

1. Delphine Gay, née à Aix-la-Chapelle, sur la paroisse de Notre-Dame, fut en conséquence portée aux fonts baptismaux dans l'église impériale. De là cette interprétation pompeuse, suggérée aux journalistes, qui faisait baptiser la *Muse de la patrie* sur le *tombeau de Charlemagne.*

mes cheveux blonds bouclés, ma taille et mon air de *Loreley* ne laissait pas de produire sur mon auditoire prévenu un effet heureux. On parlait donc beaucoup de mon talent. Un de nos habitués, le docteur Koreff, médecin du prince de Hardenberg, familier chez le prince de Talleyrand, renommé pour son esprit caustique et ses épigrammes, dit à ma mère que madame Gay et sa fille désiraient de m'entendre et de lui être présentées. Il demandait, pour ces dames, une invitation à notre prochain concert. La pensée que j'allais voir cette glorieuse Delphine, que je jouerais devant elle, que je lui parlerais, m'exalta. Dès l'enfance, mon imagination allemande se passionnait pour le génie. Un poëte, c'était pour moi un être au-dessus de tous les autres. Un poëte m'apparaissant sous les traits d'une femme, d'une belle jeune fille, un poëte charmant qui désirait me connaître, qui peut-être me donnerait son amitié, c'était de quoi me faire perdre le sang-froid et le sommeil.

Le jour du concert arriva ; Delphine entra chez nous, grave et simple ; vêtue de blanc, le regard tranquille, le front sérieux ; ses longs cheveux blonds sans ornements, retombant des deux côtés de son beau visage en riches ondulations. Elle suivait en silence sa tapageuse mère. Je lui dis à peine quelques paroles ; on m'appelait au piano. Je jouai avec émotion, avec une puissance que je ne me connaissais pas ; je fus extrêmement applaudie. Le morceau terminé, madame Gay, se levant avec fracas, s'avança vers moi, et, de sa voix de théâtre : « Delphine vous a comprise », s'écria-t-elle. On nous regardait. Je restai tout interdite. Delphine, qui s'était approchée doucement, me tendit la main. Elle retint longtemps la mienne dans une affectueuse et forte étreinte.

A partir de ce moment notre amitié se noua. J'avais joué pour elle ; je lui demandai de dire pour moi des vers. Elle récita un fragment de son poëme de *Madeleine*. Elle disait bien, sans emphase ; son organe était plein et vibrant, son attitude décente, son air noble et sévère. Grande et un peu forte, la tête fièrement attachée sur un cou d'une beauté antique, le profil aquilin, l'œil clair et lumineux, elle avait, dans toute sa personne, un air de sibylle, accoutrée et quelque peu façonnée à la mode du temps. Il y avait en elle une puissance que l'on sentait bonne. On lisait à son front, dans son regard, une ouverture d'âme qui donnait confiance et enhardissait à l'aimer. Je sentis que je l'aimerais. Elle aussi ne retira point ce qu'il y avait de promesses dans sa main serrant la mienne. Nous continuâmes à nous voir, sans particulière intimité, mais toujours avec sympathie. Après notre mariage à toutes deux, nous fûmes, elle et moi, avec la belle duchesse de Gramont, les trois *blondes* à la mode dans le faubourg Saint-Germain.

Plus tard encore, après une longue absence, je la retrouvai, en pleine lutte de journalisme, telle que je l'avais vue pour la première fois dans le salon de ma mère, spontanée dans son élan vers moi, cordiale, et d'une effusion charmante. Son naturel n'était pas changé, mais son air et son maintien. Elle avait un peu, par rapport à son mari, dans le monde, le rôle que sa mère avait eu jadis par rapport à elle. Émile de Girardin, qu'elle avait épousé en 1831, restait dans les salons, quand on l'y voyait, concentré, taciturne. Ni chez elle ni chez d'autres, il ne prenait part à l'entretien. Dans le petit appartement qu'ils occupaient rue Laffitte, et où elle attirait toutes les célébrités littéraires, Lamartine, Victor Hugo, Balzac, Théophile Gautier, Eugène Sue, etc., le rédacteur en chef de la Presse avait pris et fait accepter une habitude singulière. Dès après le repas, qu'il y eût ou non des convives, il s'enveloppait d'un grand châle et, dans un coin du salon, il sommeillait jusqu'à l'heure où le soin de son journal l'appelait à l'imprimerie. Il disparaissait alors sans bruit, sans prendre congé de personne; la conversation ne s'interrompait pas. Commencée sans lui, elle s'achevait de même, ou plutôt elle ne s'achevait pas, car l'esprit, plus brillant de jour en jour, la verve étincelante de madame de Girardin, devenue, dans l'intérêt du journal, le piquant *vicomte de Launay*, était intarissable et ne souffrait pas de repos.

La poétique et réservée jeune fille avait fait place au romancier, au feuilletoniste hardi et paradoxal, à l'auteur du *Lorgnon*, de la *Canne de M. de Balzac* et des *Lettres parisiennes*. Excitée par la lutte où elle était entrée à la suite de son mari, affranchie de la contrainte des salons qui longtemps l'avaient retenue, elle se montrait ce qu'elle avait toujours été au fond, vaillante et véhémente ; elle se laissait voir telle qu'elle était devenue dans les traverses d'une vie très-agitée et très-contrariée : toujours bonne en ses premiers élans, mais aisément irritée, sans mesure dans ses dépits, sans frein dans ses colères ; vindicative par éclair, quoique noble et généreuse ; aussi désintéressée que dans sa première jeunesse de tout ce qui n'était pas la gloire, mais la voulant à cette heure, immédiatement, impérieusement, cherchant les échos sonores, la louange, le bruit, tout ce qui trompe le vide de l'âme, tout ce qui peut distraire un esprit sérieux qui ne s'est pas satisfait lui-même.

Vers le soir de sa vie, si tôt tranchée dans des souffrances physiques supportées avec une rare constance, Delphine avait repris le charme et le sérieux attrait de sa première jeunesse. Plus assurée dans le légitime ascendant de son cœur et de son esprit, elle était redevenue entièrement elle-même : la grave Delphine d'autrefois, la Delphine que j'avais aimée, aussi belle, plus belle encore sous le rayon d'automne à ses cheveux d'or; aussi bonne et plus touchante dans la générosité désabusée d'une expérience sans fiel et sans rancune. Je ne parle de ces derniers temps que d'après autrui [1]. Lorsque Delphine mourut, je ne voyais ni elle, ni son mari depuis longtemps. Entre les esprits d'une certaine trempe, il se produit des chocs que ne connaissent point les âmes sans ressort. Entre gens sans fierté ou sans loyauté, on s'explique, on ment, on se réconcilie. Delphine et moi, nous n'étions pas de ceux-là. Avec des qualités très-semblables et des défauts opposés, nous devions nous attirer et nous repousser fortement. A sa mort, je compris ce que j'avais perdu en elle, ce que je ne retrouverais plus ailleurs. La mort est plus vraie que la vie. Elle nous montre, dans son funèbre miroir, ce que nous aurions dû être, ce que nous aurions pu être. Elle nous fait sentir, sous les disgrâces et les ruptures passagères, le lien éternel : nos tendresses, nos amitiés, non telles que les fit le sort, mais telles que les avait voulues la nature.

[1]. D'après Alfred de Vigny, entre autres, qui lui adressait, en 1848, cette pièce de vers : PALBUR, *à madame Delphine de Girardin.*

V

Les approches d'une révolution. — La première représentation de Guillaume Tell. — La comtesse du Cayla. — Le prince de Polignac.

Ni avant ni après mon mariage, je ne m'étais occupée de politique. Quand j'en entendais parler dans le faubourg Saint-Germain, cela me paraissait extrêmement ennuyeux. La perspective de la survivance dans la charge de dame d'atours de la vicomtesse d'Agoult, qui aurait dû m'intéresser, m'associer en quelque sorte aux fortunes de la branche aînée des Bourbons, ne me souriait guère. Je n'imaginais pas, à la vérité, que l'on pût décliner l'honneur de se tenir debout derrière le fauteuil de la Dauphine de France, mais ce que j'avais vu de son intimité ne m'attirait pas, et j'y pensais le moins possible. Allant peu au Palais-Royal, je n'entrevoyais que vaguement les ambitions de la famille d'Orléans. J'ignorais jusqu'à l'existence des sociétés et des journaux qui préparaient l'avénement de la branche cadette. Jamais il n'était question chez nous ni des cours de MM. Guizot, Cousin, Villemain, ni de la société *Aide-toi le Ciel t'aidera,* ni de la *Minerve,* ni du *National,* ni de rien d'approchant. Prévenue par le souvenir de mon père et par toutes nos amitiés, je me serais reproché aussi, comme une sorte de félonie, de prendre trop de plaisir aux conversations libérales auxquelles j'assistais, soit chez madame de Montcalm, soit chez la marquise de Dolomieu, première dame d'honneur de madame la duchesse d'Orléans, soit dans quelques salons du faubourg Saint-Honoré: chez madame de la Briche, belle-mère de M. Molé, chez madame Pasquier, etc. Lorsque dans ce temps-là on parlait au faubourg Saint-Germain des libéraux, lorsqu'on nommait Lafayette, Benjamin Constant, etc., c'était avec un accent de dédain ou de persiflage tout semblable à celui que j'ai retrouvé plus tard, en 1848, sur les lèvres de ces mêmes libéraux parlant des démocrates.

Il n'y avait donc pas trop moyen pour moi de savoir, autrement que d'une manière très-sommaire et très-insuffisante, de quoi il s'agissait en politique; et comme je n'ai jamais eu le goût de m'occuper des choses que je ne puis pas entendre, je tournais les curiosités de mon esprit vers d'autres objets.

La première pensée d'une révolution possible s'offrit à moi d'une manière étrange. Le 1er du mois d'août de l'année 1829, j'assistais à la première représentation de *Guillaume Tell*, à l'Opéra, dans la loge des premiers gentilshommes de la chambre. Madame du Cayla y vint. Elle était, à son habitude, très-parée, très-plâtrée, mais elle avait l'air soucieux. Dans un entr'acte, comme je lui parlais de la musique, elle m'interrompit, et, d'une voix altérée, elle m'apprit ce qu'elle venait d'apprendre elle-même à l'instant, une nouvelle qui paraissait lui causer un véritable effroi : l'arrivée à Paris du prince de Polignac. J'avoue à ma honte que je ne compris pas bien pourquoi une telle nouvelle jetait madame du Cayla en si vive anxiété. Je ne connaissais M. de Polignac que par ce qu'en avait dit mon frère, qui se trouvait depuis un an environ sous ses ordres, en qualité de second secrétaire d'ambassade à Londres. Mon frère aimait beaucoup son nouveau chef; il le disait très-bon, très-aimable, et se louait infiniment de sa bienveillance. Aussi n'en pouvais-je croire mes oreilles en entendant madame du Cayla s'écrier que la venue d'un tel homme était un grand malheur, une calamité. Je la regardais avec un étonnement qu'elle prit sans doute pour de la consternation, car, en se levant pour quitter la loge, où son inquiétude attirait les regards, elle me prit la main vivement, me la serra avec force, et se penchant vers moi : « Madame d'Agoult, *j'ai peur* », murmura-t-elle avec un accent sinistre et en me regardant d'un air qui me fit peur à mon tour. Ses joues qui pâlissaient sous son fard, son sein agité qui soulevait ses diamants en feu, son étreinte fébrile, son œil étincelant me restent dans la mémoire intimement unis aux accords de *Guillaume Tell* et aux premiers pressentiments de la révolution qui devait éclater à un an de là.

On sait comment cette année fut remplie : le cabinet formé par M. de Polignac, l'adresse des 221, la dissolution de la Chambre, l'entrée au ministère de l'intérieur de M. de Peyronnet, la prise d'Alger, l'irritation publique menaçante, l'ouverture des collèges électoraux, etc. A peine ministre, M. de Polignac avait appelé à Paris son jeune secrétaire d'ambassade pour lui confier les fonctions de sous-directeur de l'une des directions du ministère des affaires étrangères ; mais ce n'était pas, cela va sans dire, pour le mettre ni de près ni de loin dans ses secrets. Mon frère, d'ailleurs, était à ce moment distrait de la chose publique par les négociations et les apprêts de son prochain mariage avec mademoiselle de Montesquiou-Fezensac. Le jour de la bénédiction nuptiale, quand je vis, pour la première fois, le malheureux ministre qui allait, à si peu de temps de là, précipiter son roi, la dynastie et lui-même dans un affreux désastre, rien, absolument rien, ni dans la physionomie ni dans la conversation de M. de Polignac, n'aurait pu faire soupçonner à l'observateur le plus attentif qu'il dût y avoir dans son esprit une préoccupation quelconque.

Selon l'habitude anglaise qui depuis lors est venue aussi chez nous en usage, mon frère avait voulu s'exempter de toute représentation le jour de son mariage, et il avait décidé de partir ce jour-là même pour la Touraine, avec sa jeune femme.

Le prince de Polignac, qui était témoin de mon frère, vint au déjeuner de famille qui se donna chez nous après la messe. Il fut d'une bonne grâce parfaite et de la plus agréable humeur, avec une pointe de gaîté. Il causa familièrement de toutes choses et de toutes gens. Il s'occupa longtemps de ma petite fille Louise, alors âgée de deux ans et demi, et, l'aidant à ranger sur la table les animaux d'une belle *arche de Noé* dont sa nouvelle tante venait de lui faire présent, il lui expliqua avec une complaisance charmante la différence que le bon Dieu avait voulu mettre entre un chameau et un dromadaire. Je me rappelle que le président du conseil, venant, je ne sais plus par quel hasard, à parler des élections, nous conta comme quoi il venait d'envoyer en Auvergne l'un de ses fils — un enfant de douze ans — avec son précepteur, afin d'y travailler, disait-il en souriant, l'esprit public — les colléges électoraux étaient convoqués pour le 23 — et de se faire envoyer *de bons députés*.

Je m'étonnais bien un peu, à part moi, de voir un homme d'État traiter si légèrement ces matières politiques, qui me semblaient, sans y entendre, devoir être fort sérieuses ; mais je trouvais cela aimable ; et d'ailleurs je me sentais toute gagnée à la manière paternelle dont l'homme d'État jouait à *l'arche de Noé* avec mon enfant.

Le prince Jules de Polignac était beau. Fils de cette ravissante duchesse de Polignac qui avait partagé l'impopularité de Marie-Antoinette, il avait, comme sa mère, la taille haute, mince et souple, le visage long, les traits nobles. Il ressemblait au roi, de qui, dans le peuple, on le disait fils.

Plus Anglais que Charles X dans ses manières, il avait, comme lui, le sourire affable et un peu banal, l'entretien facile et insignifiant, la physionomie très-douce.

Dans l'isolement de la prison où il était resté dix années, depuis le complot de *George* jusqu'à la chute de l'empire, son imagination, peu nourrie d'histoire ou de science, avait pris un tour mystique. Il s'était exalté dans la dévotion. Son grand cœur et son intelligence étroite s'étaient ensemble *illuminés* d'une foi visionnaire. Il ne doutait pas de l'intervention directe de Dieu dans les affaires humaines. Le surnaturel ne l'étonnait pas; rien ne lui paraissait plus simple qu'un miracle en faveur de la *bonne cause*. Il en vint insensiblement, bien qu'il fût exempt de toute infatuation, à sentir en lui une vocation divine. Lui aussi, il entendit ses *voix*, il eut ses conversations intérieures avec la Vierge et les saints. Il se crut appelé à sauver son roi et son peuple, et se tint prêt au martyre.

Je n'ai vu le prince de Polignac, dans cette unique circonstance dont j'ai parlé, que pendant deux heures à peine, mais il m'a laissé un souvenir plein de respect. Dès l'abord on sentait en lui quelque chose de simple, de vrai, de bon; quelque chose aussi de fixe, d'inébranlable et d'impénétrable. Plus tard, quand je rencontrai son fils, celui-là même qu'il avait envoyé, disait-il gaiement, en *tournée électorale*, la révolution qu'il avait déchaînée avait fait son œuvre.

VI

L'hôtel de Mailly. — Pendant les journées de juillet. — « Il y avait une fois un roi et une reine. »

Mais je reviens à l'année 1830. Mon frère, comme je l'ai dit, ayant quitté Paris le jour même de son mariage, mon mari étant en Bourgogne pour la vente d'une forêt qu'il avait près de Chagny, la vicomtesse d'Agoult à Vichy avec la Dauphine, nous nous trouvions seules, ma mère et moi, dans l'appartement que nous occupions ensemble rue de Beaune, lorsque parurent au *Moniteur* — 26 juillet 1830 — les fameuses *ordonnances*.

Ma mère avait quitté la place Vendôme afin de pouvoir demeurer avec moi. Nous nous étions partagé le rez-de-chaussée de l'ancien hôtel de Mailly [1] où mon

[1]. Cet hôtel, situé rue de Beaune, à l'angle du quai Malaquais, avait appartenu au xviii° siècle au marquis de Nesles, de la famille de Mailly. Il n'existe plus.

frère venait aussi de louer un étage, de sorte que nous allions y être tous réunis. L'hôtel de Mailly était une fort belle demeure avec cour, avant-cour et arrière-cour, étages très-élevés, ayant vue sur le pont Royal, le palais et le jardin des Tuileries, grand jardin dont la terrasse longeait et dominait le quai Malaquais. L'ombre des vieux marronniers donnait bien quelque fraîcheur à notre rez-de-chaussée, mais l'usage des calorifères, récemment importé de Russie, en ôtait l'humidité. Le chant des merles et des autres oiseaux qui nichaient en multitude dans les bosquets du jardin, les lierres qui tapissaient les murs, les touffes écarlates du géranium sur les vases de la terrasse, le parfum des fleurs de toute sorte dont on émaillait les plates-bandes avaient, à mes yeux, un charme singulièrement mêlé de tristesse et de douceur. C'est de ce lieu agréable que j'ai vu passer la première des révolutions à laquelle j'ai pu comprendre quelque chose. C'est sur cette terrasse du quai Malaquais que, assises, ma mère et moi, dans la matinée du 26 juillet, nous apprîmes, par des amis, la nouvelle du *Moniteur*. Nous en fûmes fort troublées. On pensait que des protestations violentes allaient se produire à Paris et dans les départements, et nous appréhendions de nous voir séparés les uns des autres sans pouvoir peut-être nous rejoindre. Ces craintes, quant à mon frère, furent bientôt dissipées. Le 27 au matin, non sans quelques difficultés, il rentrait dans

Paris, tout abasourdi de ce qui se passait, n'en ayant rien su, rien pu soupçonner dans le silence toujours souriant de son chef. A peine nous eut-il embrassées, que Maurice courut au ministère des affaires étrangères.

M. de Polignac était à Saint-Cloud. Ce fut l'un des directeurs, M. de Vielcastel, notre ami, qui dit à mon frère, avec beaucoup de tristesse, ce qu'il savait, ce qu'il redoutait : la baisse effrayante des fonds publics, l'agitation populaire, la protestation des journalistes, l'incertitude où l'on était quant aux mesures prises pour réprimer les désordres, etc.

Revenu vers une heure à l'hôtel de la rue des Capucines, mon frère y trouva cette fois son chef. En rentrant au ministère, la voiture du prince de Polignac avait été accueillie à coups de pierres; il avait été hué, mais il n'en semblait guère ému. Il reçut Maurice le sourire aux lèvres, comme d'habitude. Il eut même, en lui parlant, un petit accent goguenard, comme se réjouissant d'avoir été si secret, si profond, si homme d'État. Il lui apprit qu'il venait de signer l'ordonnance qui confiait au maréchal Marmont le commandement supérieur des troupes; puis, en lui serrant la main avec une affection paternelle : « Allez rassurer votre femme et votre mère, lui dit le ministre; il n'y a plus rien à craindre, toutes nos mesures sont prises. Je n'ai plus besoin de vous ici, ajouta-t-il; le conseil va se réunir aux Tuileries. Rentrez chez vous tranquillement; quand il y aura quelque chose à faire pour vous, je vous ferai avertir. »

Et comme mon frère essayait de lui faire entrevoir ses doutes touchant la facilité de la répression, le sourire du prince prit une expression compatissante, mystérieuse, illuminée, qui ne permettait plus que le silence. Mon frère revint à la maison moins rassuré et moins rassurant que son chef. Sur son chemin, il avait vu beaucoup de choses qui n'étaient point en accord avec la sécurité du ministre : les groupes populaires, de plus en plus nombreux, agités, où l'on proférait des menaces, des cris « à bas Polignac! »; une fermentation qui, loin de s'apaiser sur le passage des troupes, semblait les provoquer au combat. En entrant dans le salon de ma mère, où plusieurs de nos amis ultra-royalistes se réjouissaient bruyamment de « la *bonne râclée* » qu'allaient recevoir les révolutionnaires, il nous fit part de ses impressions et nous apprit la nomination du maréchal. On fit une exclamation de surprise et de mécontentement : — « Raguse! un homme si peu *sûr*, à la tête des troupes! ce n'était pas possible; il y avait quelque chose là-dessous! » — Et l'on se dispersa pour aller aux nouvelles.

La chaleur était accablante. J'allai dans le jardin chercher un peu d'ombre et de fraîcheur. Ceux de nos amis qui n'étaient pas sortis vinrent avec moi. Nous

nous assîmes sous les marronniers. La conversation bruyante avait fait place à de rares propos, inquiets et tristes.

Il était environ cinq heures. Tout à coup un bruit sourd et lointain, un bruit inaccoutumé, frappe mon oreille : « Qu'est cela, m'écriai-je? » et je me levai pour courir vers la terrasse. On me retint. « C'est un bruit d'armes à feu, dit l'un de nos amis. — C'est un feu de peloton, dit un autre. — Pauvres gens ! m'écriai-je, pensant aux hommes du peuple sur qui l'on tirait sans doute.

Nos amis me regardèrent d'un air stupéfait. — « Les pauvres gens, madame ! mais ce sont d'infâmes gueux, qui veulent tout saccager, tout piller !.. » Je m'étonnai à mon tour. Sur ces entrefaites, mon frère, étant allé à la découverte, nous apprit que, rue des Pyramides, un détachement d'infanterie venait de faire feu sur un attroupement qui n'avait pas obéi aux sommations; un homme, disait-on, était tombé. Les autres avaient pris la fuite, en criant : « aux armes ! »

Ma mère, très-alarmée, craignant pour le lendemain une bataille des rues, proposa de me faire partir pour Bruxelles — j'étais dans un état de grossesse très-avancée. — Mon frère l'en dissuada, me jugeant beaucoup moins exposée à Paris que partout ailleurs.

Pendant que nous délibérions ainsi, les troupes se

déployaient dans les rues; la garde, la ligne, les suisses, la cavalerie, l'artillerie prenaient position sur la place Louis XV, au Carrousel, sur la place Vendôme, sur les boulevards. Dans le même temps, des barricades s'élevaient de tous côtés. Chose incroyable, disait-on, le peuple criait : « vive la ligne », et la ligne hésitait à tirer sur le peuple! Vers le soir, les rumeurs devinrent plus inquiétantes encore. Nos amis, nos voisins, nos gens, tout effarés, entraient et sortaient, chacun avec sa nouvelle sinistre. C'était l'heure où le duc de Raguse, dans son rapport au conseil, déclarait que *la tranquillité était rétablie.*

De toute la nuit, je ne pus fermer l'œil; notre quartier était silencieux pourtant, mais ce silence avait quelque chose de lugubre. De grand matin, je me levai. A peine habillée, je courus au jardin. Ma mère était là déjà, interrogeant un de nos amis qui apportait les bruits du dehors. C'était le même qui, la veille, s'était réjoui si haut de la « *bonne râclée* » qu'allaient recevoir les émeutiers. Il ne se réjouissait plus; il parlait bas maintenant; il était pâle. Partout, sur son chemin, il avait vu les écussons, les enseignes aux armes royales, les panonceaux fleurdelisés des notaires ôtés ou brisés. Vers dix heures, mon frère alla au ministère. Il revint au bout d'une heure, n'ayant pas vu M. de Polignac, qui était à Saint-Cloud. On assurait dans les bureaux que l'état de siége allait être proclamé. Il n'y avait plus de temps à perdre, disait-on; l'émeute gagnait du terrain. Le peuple avait abattu le drapeau blanc et hissé le drapeau tricolore à l'hôtel-de-ville; on ne criait plus seulement : « *A bas les ministres !* mais: « *à bas les Bourbons ! Vive Napoléon II ! Vive la République !* » Comme Maurice en était là de son récit, nous entendîmes tout à coup sonner le tocsin. Je ne connaissais pas plus ce bruit-là que celui des décharges. On m'expliqua ce qu'il signifiait; au frisson qui courut dans mes veines, je sentis pour la première fois le souffle des révolutions.

Vers une heure de l'après-midi, les nouvelles qui nous vinrent avaient un autre accent. Nos amis étaient rassurés. L'état de siége était proclamé; *Foucauld* (le vicomte de Foucauld, colonel de gendarmerie) avait l'ordre d'arrêter Lafayette, Laffitte, Mauguin, Salverte, etc. Quatre colonnes de troupes commandées par Talon, Saint-Chamans, Quinsonnas et Wall, étaient en marche pour arrêter l'insurrection. Le canon allait balayer les rues.

Mon cœur se serra, je ne saurais trop dire sous l'empire de quels sentiments. Je n'avais aucune peur personnelle. Je ne songeais pas aux princes, je ne faisais assurément pas de vœux pour l'insurrection, dont je ne connaissais ni le but ni les chefs, mais j'étais émue d'une grande pitié à la pensée de ceux qui allaient mourir, et, sans bien savoir ce qu'il voulait, je ne pouvais me défendre d'une chrétienne sympathie pour le courage et le malheur du peuple.

La paix régnait encore autour de nous, aucune lutte n'était engagée sur la rive gauche. On n'y avait pas élevé de barricades. Nous passâmes la journée du mercredi 28 sans apprendre grand'chose. Les bruits étaient confus et contradictoires. Où était le roi? Où était le prince de Polignac? Que faisait le maréchal? On ne savait trop. A six heures du soir, en nous mettant à table, nous apprîmes par des amis de M. de Vitrolles que celui-ci allait et venait incessamment de Paris à Saint-Cloud, de Saint-Cloud à Paris, pour arracher au roi quelques concessions et les faire agréer des insurgés. Tout allait mal, nous dirent-ils; l'insurrection était partout victorieuse. Le maréchal demandait du renfort et n'en pouvait obtenir!...

Quant aux desseins des libéraux, quant à ce qui se passait dans les réunions publiques, nous demeurions dans une ignorance complète.

On ne parlait pas chez nous du duc d'Orléans. L'absence de la Dauphine et de la vicomtesse d'Agoult nous laissait sans nouvelles directes des princes, et nous en étions réduits aux conjectures. Une longue nuit se passa encore dans cet état. Le lendemain jeudi 29, notre quartier s'agitait; des colonnes d'étudiants et d'ouvriers, parties de l'Odéon, assaillant les postes, s'avançaient par les quais et la rue du Bac, vers le Louvre et les Tuileries. Nous entendions le canon et la fusillade ; l'attaque du Louvre commençait. Les gardes-suisses postés sous la colonnade, aux fenêtres du palais, sous le guichet qui fait face à l'Institut, repoussaient les combattants qui menaçaient de passer le pont des Arts ; on ne me permettait plus d'aller sur la terrasse. Des fenêtres du pavillon de Flore et de la caserne du quai d'Orsay, on tirait contre le pont Royal, où les insurgés essayaient de construire une barricade et de planter leur drapeau.

Des bruits de tous genres et des plus sinistres nous arrivaient d'heure en heure : Marmont trahit ; deux régiments de ligne ont passé à l'insurrection ; un armistice est proclamé, etc. Des fenêtres du second étage, nous voyons un spectacle inouï : le jardin des Tuileries rempli de troupes qui fuient en désordre ; des soldats qui sautent par les croisées du rez-de-chaussée et se précipitent par la grande allée du milieu vers le pont tournant ; des cris, des clameurs, des carreaux brisés avec fracas, des meubles jetés par les croisées, un bruit de mer orageuse ; le drapeau tricolore enfin, hissé sur le pavillon de l'Horloge ; la monarchie en déroute [1] !

---

1. Dans le *Journal d'un poëte*, publié en 1867, je lis quelques notes curieuses d'Alfred de Vigny, écrites, comme les miennes, à l'heure même des événements : « *Vendredi* 30. Pas un prince n'a paru. Les pauvres braves de la garde sont abandonnés sans ordres, sans pain depuis deux jours, traqués partout et se battant toujours. — O guerre civile, ces obstinés dévots t'ont amenée! »

Dans la soirée qui suit ces scènes incroyables, les royalistes se forgent des chimères plus incroyables encore. Selon les uns, Marmont a trahi, mais Bourmont est en route ; il arrive. Avec lui, le Dauphin marche sur Paris. Déjà l'on conseille à ma mère de faire ses approvisionnements en cas de siége ; selon d'autres, plus raisonnables, M. de Polignac se retire ; M. de Mortemart est nommé président du conseil et va tout arranger.

Le lendemain au matin — vendredi 30 — on lit sur toutes les murailles des placards invitant le peuple français à donner la couronne au duc d'Orléans. Les nouvelles se précisent et se précipitent. Coup sur coup, on apprend que le Dauphin remplace le duc de Raguse dans le commandement des troupes ; que le roi a quitté Saint-Cloud, Trianon ; qu'il part pour Rambouillet ; qu'il y est rejoint par la Dauphine ; qu'il retire les ordonnances ; qu'il nomme le duc d'Orléans lieutenant-général du royaume ; qu'il abdique ; que le Dauphin abdique, etc.

Cependant les jours s'écoulent. La session a été ouverte par le duc d'Orléans — 3 août. — On s'inquiète, dans Paris, de savoir le roi si proche, à la tête de troupes nombreuses et fidèles. On se porte tumultuairement, en armes, sur Rambouillet ; quand la multitude y arrive, le drapeau tricolore flotte sur le château. Les princes l'ont quitté. On se félicite ; on a hâte de rapporter à Paris la bonne nouvelle ; on s'empare des fourgons, des carrosses de la cour ; on monte dedans, dessus, derrière. Sous le fouet des cochers improvisés, les beaux chevaux des écuries royales franchissent ventre à terre la distance de Rambouillet à Paris. De ma fenêtre, je vois passer au galop ce bizarre cortége. On ne savait ce que c'était. Ces attelages somptueux couverts de poussière et d'écume, ces hommes en blouses, en vestes, en uniformes d'emprunt, coiffés de képis, de bonnets à poil, de casquettes, armés de carabines, de sabres, de piques, avinés, enroués, chantant, hurlant à tue-tête, quelques-uns couchés, endormis sur les coussins de satin blanc ! Jamais je n'oublierai ce grotesque grandiose !

L'aspect de Paris était désolé. Au tumulte de l'émeute, au bruit des charges de cavalerie, aux roulements des tambours, au son du canon et du tocsin, succédait soudain un silence morne. Les rues dépavées, les reverbères brisés, les boutiques fermées, et, quand venait le soir, les lampions des bivouacs populaires, toutes ces choses, avec l'incertitude qui planait au-dessus de nous, nous jetaient en grande tristesse.

Enfin toute incertitude se dissipa.

Une royauté disparaissait, une autre prenait sa place [1]. Le 9 août, je vis de ma terrasse passer dans

---

[1]. « 10 août. Couronnement de Louis-Philippe Ier. Cérémonie grave. — C'est un *couronnement protestant*. — Il convient à

une voiture découverte Louis-Philippe et sa famille. Ils revenaient du Palais-Bourbon, où les deux chambres avaient proclamé le *roi des Français*.

« Il y avait une fois un roi et une reine, » dis-je à la marquise de Bonnay qui regardait avec moi le modeste cortége royal. Elle sourit; nous avions toutes deux la même impression. Cette royauté qui passait nous faisait un peu l'effet d'un conte. Nous ne la prenions pas au sérieux. Elle n'avait à nos yeux ni consécration ni prestige. De notre point de vue chrétien, selon nos idées de famille, elle était la triste récompense d'une triste félonie. Je me rappelais le mot de la vicomtesse d'Agoult : « Je n'aime pas ces gens-là. » Je pensai qu'elle avait raison [1].

Cependant nous apprîmes que la famille royale avait quitté la France, et que la vicomtesse d'Agoult, malgré son âge, malgré les instances de la Dauphine qui ne voulait pas accepter ce nouveau et définitif sacrifice de toutes ses affections, de toutes ses habitudes, refusait de quitter sa royale amie et reprenait avec elle

---

un pouvoir qui n'a plus rien de mystique, dit le *Globe*. J'y trouve le défaut radical que le trône ne s'appuie ni sur l'appel au peuple ni sur le droit de légitimité; il est sans appui. » (Alfred de Vigny, — *Journal d'un poète*.)

1. Mes opinions en se formant peu à peu me firent plus tard considérer la révolution de 1830 d'un autre œil et sous un autre aspect; mais elles ne me ramenèrent point à cette opinion que la quasi-légitimité de la royauté bourgeoise était la forme définitive et parfaite du gouvernement qui seul convenait à la démocratie française.

le dur chemin de l'exil. De retour à Paris, mon mari prenait sa retraite. Il s'y croyait obligé d'honneur, bien que personnellement il n'eût point d'attaches aux princes de la branche aînée. Né en 1790, d'un père qui n'émigra point, il était entré à dix-sept ans au service, et avait fait toutes les campagnes de l'empire, en Allemagne, en Pologne, en Espagne, jusques et y compris la campagne de 1814. Il avait été grièvement blessé d'un coup de feu au combat de Nangis, en faisant à la tête de son régiment, une charge de cavalerie contre un carré d'infanterie russe, et il en restait boiteux. En fait de souverain, M. d'Agoult ne connaissait que Napoléon, en fait de régime, que l'empire militaire. Comme toute sa génération, et malgré ses origines, il ignorait les princes exilés. En 1814, il fut tout surpris d'apprendre par son oncle, l'évêque de Pamiers, que *Buonaparte* était un *usurpateur*; qu'il y avait un roi légitime qui se nommait Louis XVIII; que la fille de Louis XVI vivait encore; qu'elle avait eu pour ami, pour compagnon d'exil, qu'elle ramenait avec elle le frère de l'évêque, l'oncle de mon mari, le vicomte d'Agoult.

Présenté par l'évêque à ces parents ignorés, M. d'Agoult fut accueilli d'abord par eux avec une certaine réserve. Cette blessure reçue en combattant les alliés qui ramenaient *nos princes*, cette croix de la légion d'honneur, bien que jointe à la croix de Saint-Louis, et toutes deux gagnées, non par faveur, mais sur les champs de bataille, n'étaient pas une recommandation : peu à peu cependant le nuage se dissipa, les relations devinrent extrêmement cordiales. On tâcha d'entamer les préventions de la Dauphine. On l'intéressa même à la jeunesse, égarée, mais restée pure, au fond, de ce bon royaliste. J'ai raconté comment la princesse avait voulu me voir et m'avait donné l'espoir d'une survivance auprès d'elle. Mais là se borna l'effet de ses bonnes grâces.

Mon mari, en continuant de servir, par amour du métier des armes, ni ne demanda ni n'obtint jamais la moindre faveur et ne s'attacha jamais non plus personnellement à aucun des princes. Quant à moi, je reçus, comme on l'imagine, après la révolution, une infinité de condoléances au sujet de la dignité que je perdais. « On l'a mise sur les genoux de la Dauphine », avait-on dit, lors de mon mariage, dans le faubourg Saint-Germain. On m'estimait fort à plaindre d'en être ainsi arrachée. Je n'entrais pas trop dans ces regrets, ne me sentant pas très-propre aux fonctions qu'on m'avait destinées; et cependant, malgré l'accueil gracieux que j'avais reçu au Palais-Royal, je n'allai point au palais des Tuileries.

A peu de temps de là, j'achetai du prince de La Trémoïlle le château de Croissy, j'y passai la plus grande partie de l'année, et j'eus bientôt oublié la cour et les princes.

VII

La bouderie du faubourg Saint-Germain. — Le salon de la duchesse de Rauzan. — La Sappho de la rue Boudrot et la Corinne du quai Malaquais. — Le château de Croissy. — La comédie. — Les concerts. — Une lecture d'Alfred de Vigny. — Une femme d'esprit. — L'ambition du salon. — Le grand homme du salon.

La révolution de 1830, dont je ne parle ici que dans ses rapports avec la bonne compagnie, jeta un très-grand trouble à la traverse. La discorde se mit dans les familles et dans les amitiés. Entre ceux qui restaient fidèles à la royauté déchue et ceux qui suivirent la fortune du nouveau règne, il n'y eut plus trop moyen de se rencontrer. M. Guizot a très-bien expliqué dans ses *Mémoires* pourquoi le *juste milieu* n'eut point de salons proprement dits, du moins dans les premières années. Quant au faubourg Saint-Germain, il se replia sur lui-même, il *bouda*, selon l'expression du temps.

On perdait des charges, des places, des honneurs; on affecta de paraître ruiné, on resta très-tard dans les châteaux, on s'habilla pauvrement, on fit des économies. A l'endroit des *parvenus*, on prit le ton goguenard. On appela le duc d'Orléans « grand poulot », on se divertit aux dépens du souverain des bourgeois, qui s'en allait bourgeoisement à pied, par les rues, sa femme sous le bras, son parapluie à la main.

Le procès des ministres, le choléra, qui fit en 1832 sa première invasion, les tumultes de la superstition populaire, peu après la tentative armée de la duchesse de Berry, sa prison, achevèrent de tout brouiller et portèrent une grave atteinte à la vie des salons.

Peu à peu néanmoins, lorsqu'on vit que le nouveau régime durait et qu'on n'en avait pas raison par la *bouderie*, on s'ennuya de bouder. Les salons du faubourg Saint-Germain se rouvrirent. Mais ils se trouvèrent fort amoindris. La mort avait fermé pour toujours celui de la duchesse de Duras et celui de la princesse de la Trémoïlle; celui de madame de Montcalm finissait avec elle. Le salon de madame Récamier se ressentait de la vieillesse morose de Chateaubriand. Les salons de la duchesse de Maillé, de la marquise de Bellissen, de la duchesse de Rauzan, de la marquise Arthur de la Bourdonnaye, etc., reprirent bien une apparence de mouvement et d'amusement, mais ce ne fut qu'une apparence.

N'allant point à la cour, ne voyant plus ni les princes ni les hommes en place, ni les personnes en faveur ou en crédit, avec des fortunes suffisantes, mais rien au delà, nous n'avions plus guère d'importance en réalité ; nous n'exercions qu'une sorte d'influence négative de critique et de raillerie qui ne pouvait pas nous mener loin, et ne faisait illusion qu'à nous-mêmes, encore tout au plus.

Une chose cependant était favorable, sinon à l'importance, du moins à l'amusement de la jeune noblesse légitimiste, — c'est le nom qu'on donna après 1830 aux royalistes fidèles à la branche aînée, pour les distinguer des royalistes orléanistes : — n'étant plus sous les yeux de la Dauphine et de nos vieilles douairières, nous nous sentions délivrées d'une surveillance qui ne nous avait pas permis jusque-là d'ouvrir nos salons à des personnes nouvelles, à des hommes de condition moindre, bourgeois, anoblis, écrivains, artistes, dont la célébrité commençait à nous piquer de curiosité.

La duchesse de Rauzan fut la première, je crois, à secouer le préjugé. Du vivant de sa mère elle ne passait pas pour femme d'imagination, bien au contraire ; au moment de la grande vogue d'*Ourika*, faisant allusion à son peu d'esprit, un mauvais plaisant avait dit que la duchesse de Duras avait trois filles : *Ourika*, *Bourika* et *Bourgeonika* [1]. Le sobriquet avait fait for-

[1]. Par allusion au teint couperosé de la belle et spirituelle

tune. La belle Clara l'avait-elle su? je l'ignore. Toujours est-il qu'elle raffolait du bel esprit, s'adonnait à tous les arts, faisait incessamment de la petite peinture et de la petite musique, griffonnait soir et matin des petits billets précieux. Les artistes, les hommes de lettres, les étrangers étaient les bienvenus chez elle, et fort gracieusés. On y voyait, avec quelques reliquats du salon de sa mère, le baron d'Eckstein, dont un certain mystère enveloppait l'existence et les origines [1]; le docteur Koreff, médecin du prince de Hardenberg; l'avocat Berryer, Narcisse de Salvandy, etc.; un jeune homme arrivant de la province, le vicomte de Falloux, patronné par madame Swetchine, qu'on donnait pour un modèle du bien dire et du bien faire, et que nous appelions *Grandisson*. La duchesse ne craignait pas du tout les excentricités du romantisme qui commençaient à faire du bruit. Elle attirait à ses soirées MM. Sainte-Beuve, Eugène Sue, Liszt, etc. Forte de sa bonne renommée de mère de famille, de sa régularité dans la pratique de ses devoirs grands et petits, elle autorisait les empressements, la *cour* d'une foule d'*adorateurs*, c'est ainsi que l'on parlait

Félicie de Duras, d'abord princesse de Talmont, puis comtesse de Larochejacquelein, et au peu d'esprit qu'on attribuait à la duchesse de Rauzan, sa sœur.

1. On le disait fils naturel d'un souverain du Nord. Il était, mais il en faisait grand secret dans nos salons, correspondant de la *Gazette d'Augsbourg*, où il signait : ✝.

alors ; elle mettait à la mode la fiction de l'amour platonique, qui accommodait agréablement les plaisirs de la coquetterie avec les avantages de la vertu. Les étrangères qui, vers cette époque, vinrent beaucoup chez elle, la comtesse Delphine Potocka, la baronne de Meyendorff, madame Apponyi elle-même qui, malgré sa relation officielle avec la cour, affichait sa préférence pour nous et restait de notre bord, contribuaient par une manière d'être très-différente de celle qu'on nous avait apprise, par des curiosités plus vives, plus de talents, plus de lecture, plus de laisser aller, à modifier le ton et l'allure de nos salons. Quand le pur faubourg Saint-Germain vit chez madame de Rauzan, chez madame de la Bourdonnaye, chez madame de La Grange, chez moi, toute cette invasion de bel esprit et de romantisme, quand on sut que nous assistions, d'un air d'autorité littéraire, aux premières représentations de *Henri III*, d'*Antony*, de *Chatterton*, — 1835 ; — quand on vit sur notre table *Indiana*, *Lélia*, les *Poésies de Joseph Delorme* [1], *Obermann* [2], ce fut matière de persiflage. On nous déclara *bas bleus*. On nous appela : madame de la Bourdonnaye, la *Sappho de la rue Boudrot*, moi, la *Corinne du quai Malaquais*, etc., mais cela r

---

1. Les *Poésies de Joseph Delorme* avaient paru en 1829.
2. La première édition d'*Obermann*, par Sénancour, avait paru en 1804. Une seconde édition paraissait en 1833, avec une préface de Sainte-Beuve. *Indiana* et *Valentine* avaient paru coup sur coup dans l'année 1832 ; *Lélia* fut publié en 1833.

nous fâchait pas beaucoup, et nous prenions même quelque plaisir à ce qui nous semblait effet d'envie.

Entre les maîtresses de maison qui se permettaient ces nouveautés, j'étais, peut-être, la plus hardie; j'étais à coup sûr la plus spontanée. Les circonstances qui me donnaient dans le voisinage de Paris une belle habitation favorisaient pour moi la formation d'un salon, en me permettant de ne pas interrompre l'été les fréquentations de l'hiver. Le château de Croissy, que nous venions d'acheter au prince de la Trémoïlle, n'était distant de Paris que de six lieues et sur une grande route. Il avait été bâti par Colbert dans les campagnes un peu tristes, mais très-opulentes, de la Brie. C'était une demeure seigneuriale, disposée pour y recevoir grande compagnie. Le principal corps de logis, très-long, flanqué de quatre tourelles en briques, était entouré de larges fossés, autrefois remplis d'eau, à cette heure revêtus de lierre, semés de gazon, habités d'un troupeau de daims qui servait à nos récréations, étant fort apprivoisés et dociles à la voix. La distribution intérieure du château se ressentait des habitudes du siècle où il avait été construit. Il y restait des magnificences de Colbert de beaux vestiges. Sa couleuvre s'y voyait partout sculptée. On entrait, par un pont en pierres de taille, dans un vestibule à six fenêtres, orné de tableaux et d'autres objets d'art. Du vestibule on passait dans la salle de billard, dont les belles boiseries étaient décorées de peintures d'Oudry. Le salon, également à six fenêtres et boisé, avec ses consoles en albâtre oriental, ses vases de porphyre, son lustre en cristal de roche, don de Louis XIV à Colbert, avait une très-grande tournure. Au delà de la tourelle, une bibliothèque octogone, où des médaillons fort bien peints représentaient, dans des encadrements sculptés, des sujets tirés des fables de La Fontaine.

A la gauche du vestibule, une sal'e à manger avec toutes ses dépendances, et l'appartement de la maîtresse de la maison, complétaient le rez-de-chaussée. Le premier étage, divisé en appartements plus ou moins spacieux, était consacré entièrement à l'hospitalité. Des fenêtres du salon, la vue s'étendait sur une vaste pelouse qui descendait en pente douce jusqu'à un étang ; par delà, on apercevait la route et le village. D'épais massifs de chênes, de hêtres séculaires, un immense potager à la *Montreuil*, des basses-cours considérables, achevaient de donner à cette belle habitation un caractère grandiose.

Le pays, très-plat, et, comme je l'ai dit, un peu triste, avait aussi sa grandeur : de longues avenues droites, plantées de vieux ormes, traversaient d pâturages et des champs d'une admirable fertilité. La forêt d'Armainvilliers, le cours de la Marne, un grand nombre de châteaux dans un voisinage très-rapproché : *Ferrière*, à M. de Rothschild, *Noisiel*, à la duchesse de

Lévis, *Guermantes*, habité par la marquise de Tholozan et ses charmantes filles, mesdames de Dampierre et de Puységur ; *Rentilly, Armainvilliers*, rendez-vous de chasse de Sosthènes de La Rochefoucauld, donnaient des motifs très-agréables de promenades à cheval ou en voiture [1].

Pendant une saison, nous jouâmes à Croissy la comédie, pas trop bien, il en faut convenir, mais avec une bonhomie parfaite. On faisait aussi chez moi, à Paris et à la campagne, de bonne musique ; on y jouait les compositions nouvelles du romantisme musical : la *Symphonie fantastique* de Berlioz, arrangée pour le piano par Liszt ; les *Mazourques* de Chopin, les *Études* de Hiller. On chantait les *Lieder* de Schubert, la *Captive* de Berlioz. On y mêlait des compositions moindres, mais fort en vogue : le *Lac* de Niedermayer, des romances plus insignifiantes encore, des *soli* de harpe ou de guitare, etc., car le propre des gens du monde c'est d'accueillir également bien tout ce qui peut servir à l'amusement : le beau et le médiocre, le mauvais et le pire. La jeune duchesse de la Trémoïlle, la com-

---

[1] Je n'ai connu dans le monde que bien peu de femmes aussi distinguées d'esprit et de manières que la baronne James de Rothschild. Quant à la marquise de Dampierre, malgré son étrange état nerveux, elle était si vivement, si vraiment aimable et spirituelle, qu'on s'accoutumait aisément à ses excentricités involontaires, et qu'on finissait, quand on n'en était pas trop victime, par y trouver un attrait de plus.

tesse de Niewerkerke, la marquise de Gabriac, avec leurs belles voix et leurs beaux visages, avaient de grands succès dans ces concerts. Quant aux lectures, c'était le plaisir par excellence des *Sappho* et des *Corinne*. Sur ce point, madame Récamier l'emportait sur nous victorieusement dans les matinées de l'*Abbaye-au-Bois*, où on lisait les *Mémoires* de Chateaubriand et son *Moïse*; mais nous ne nous laissions pas décourager. Nous avions les *Fables* d'Elzéar de Sabran, les *Nouvelles* du duc de Fezensac, les vers de la marquise du Lau, les poésies de Guiraud, de Soumet, d'Émile Deschamps.

Un jour, chez moi, par très-amicale exception, car il savait à quoi s'en tenir sur le bel esprit des marquises, Alfred de Vigny consentit à lire un de ses poëmes inédits : *la Frégate*. Je l'en avais prié vivement, indiscrètement. J'en eus bien de la mortification. La lecture, à laquelle j'avais convié toute la fleur aristocratique, les plus jolies femmes de Paris : la princesse de Bauffremont, la comtesse de Montault, sa sœur, la marquise de Castelbajac, sa gracieuse belle-sœur, la comtesse Frédéric de la Rochefoucauld, la comtesse de Luppé, mesdames de Caraman, d'Orglandes, la duchesse de Gramont, etc., ne fut point du tout goûtée. Un silence consternant accueillit l'œuvre et l'auteur. « Ma frégate a fait naufrage dans votre salon », me dit, en se retirant, Alfred de Vigny. « Ce monsieur est-il un amateur? » venait de me demander l'ambassadeur d'Autriche.

Cette lecture malheureuse me mit à l'avenir fort en garde; mais, pas plus que le médiocre succès de la comédie à Croissy, elle ne porta préjudice à l'opinion qu'on se faisait de moi et de mon salon.

C'est ici peut-être le lieu de dire quelle était cette opinion.

Dès mon entrée dans le monde, on m'y avait fait une réputation d'esprit. Il fallait qu'on en eût bien bonne envie, car, autant que je puis croire, mon esprit ne se montrait guère dans la conversation. Je n'ai jamais eu ni verve, ni trait, ni saillies, ni reparties, ni même, à tout prendre, un très-grand souci de ce que je puis dire. On ne pouvait pas citer de moi le moindre *mot*. En revanche, j'écrivais passablement les lettres. La vicomtesse d'Agoult, la première, s'en était aperçue. Pendant une excursion que je fis dans le midi, aussitôt après mon mariage, elle s'était enchantée de ma correspondance; elle en avait lu des passages à sa princesse. On le savait. Il n'en avait pas fallu plus pour me mettre en renom de Sévigné. On célébra sur ouï-dire mes descriptions, mes *morceaux* : le *Pont du Gard*, la *Maison-Carrée*, les *Aliscamps*, le château de *Montelier*, bâti par la fée Mélusine, le château de *la Vache*, au comte de Maccarthy, une fête qui m'avait été donnée par l'amiral la Susse, à bord du *Conquérant*, en rade de Toulon. Voyant cela, la duchesse de Rauzan, qui était un peu chercheuse d'esprit et qui tenait à renouveler son salon, m'attira chez elle. Comme je lui trouvais, sous ses affectations, un mérite vrai et solide, je répondis à ses empressements. Nous allâmes beaucoup ensemble dans le monde. Elle y confirma ma réputation d'esprit. Cela lui convenait et ne me disconvenait pas. Bientôt il fut entendu que j'étais une *femme supérieure*, et que je devais avoir un *salon*. En dépit des qualités et des défauts qui, chez moi, ne s'accordaient guère à ce rôle, on s'obstina à m'y faire entrer. On s'y est obstiné constamment partout. En tous temps, en tous pays, en toutes circonstances, sans le chercher, sans y prétendre, malgré moi très-souvent et malgré Minerve, je me suis vue le centre d'un cercle choisi, d'un salon ; d'où vient cela ? Je vais tâcher de le démêler ; mais, disons d'abord un mot du *salon* en général.

Le *salon* était alors, il serait encore aujourd'hui, si les circonstances s'y prêtaient, l'ambition suprême de la Parisienne, la consolation de sa maturité, la gloire de sa vieillesse. Elle y visait alors de longue main. Elle y appliquait toute son intelligence, y sacrifiait tous ses autres goûts, ne se permettait plus, du moment qu'elle en avait conçu le dessein, aucune autre pensée ; ni distraction, ni attachement, ni maladie, ni tristesse. Elle n'était plus ni épouse, ni mère, ni amante que secondairement. Elle ne pouvait plus avoir en amitié qu'une préférence : la préférence pour l'homme le plus considérable, le plus influent, le plus illustre : un Chateaubriand, un Pasquier, un Molé, un Guizot. Pour celui-là, pour l'attirer, en faire montre et s'en faire honneur, il fallait renoncer à être soi-même, se vouer tout entière au culte du *grand homme;* y vouer les autres, quoi qu'ils en eussent; veiller incessamment, inquiète, attentive, à renouer tous les fils qui, de toutes ces vanités divergentes, devaient revenir au même point et former autour d'une vanité exaltée le nœud d'admiration qui la retenait captive. N'avoir pas pour centre d'attraction, pour pivot de son salon un homme influent, c'était une difficulté, une infériorité véritable. Il fallait alors le prendre de moins haut, caresser, flatter en détail beaucoup plus de gens, perdre beaucoup plus de temps, se donner beucoup plus de peine. Dans l'un ou l'autre cas, il fallait une application soutenue de la volonté, une étude, une tension d'esprit avec une souplesse dont je n'aurais jamais été capable, du moins en de telles visées. Mon esprit et mon caractère, mes ambitions, si j'en ai eu, étaient autres. Je ne voudrais pas nier cependant que par certains dons assez rares, je ne dusse paraître très-propre à cet empire du salon, que l'on voulait bien me décerner, et que mes contemporaines m'ont envié par-dessus toutes choses. Avec une femme illustre [1], j'ai pu m'aperce-

---

1. Madame Roland.

voir, moi aussi, que le *degré où je me trouve n'est pas fort surchargé de monde*. Mon esprit n'est pas vulgaire. Il forme, avec mon imagination et mon sentiment, un tempérament singulier où se mêlent, où se combinent souvent d'une manière imprévue les qualités françaises et allemandes. La douceur est en moi, l'humeur égale et la bienveillance, avec une manière d'être, de penser, de dire, où se marque tout d'abord l'entière loyauté. De pédantisme, aucun; de vanité, moins encore; ni prétentions, ni affectations, ni impertinences d'aucune sorte. Une candeur qu'on peut dire extraordinaire, quand elle n'est pas l'effet de la jeunesse et survit au désabusement. Je puis être éloquente aussi, mais rarement, et seulement quand la passion m'enlève à moi-même. D'habitude, ma passion, quelle qu'elle soit, creuse au dedans; elle se concentre; elle ne luit que par éclairs, rapides et pâles; elle se tait, dans la crainte de se trop livrer. Je dois paraître alors d'une froideur glaciale; « six pouces de neige sur vingt pieds de lave », a-t-on dit de moi, et non sans justesse. Si l'on ajoute à cette disposition passionnée, mais contenue, l'horreur du *lieu commun* avec l'impossibilité d'emprunter l'esprit d'autrui, on comprendra que ma conversation ne soit pas du tout ce qu'il faudrait pour remplir le vide d'un cercle et pour amuser un *salon*. J'ai pourtant le désir de plaire, mais seulement à qui me plaît, et encore pas à toute heure. Bien qu'une longue habitude m'ait fait de la politesse une seconde nature, je n'ai pas appris l'art de feindre ce que je n'éprouve pas. Je ne sais pas composer avec ce qui m'ennuie. Les sots, les fats, les bavards, les précieux et les glorieux de toute sorte me causent un déplaisir mortel. Ils sentent confusément, à un je ne sais quoi qui les déconcerte, mon esprit distrait. Sans le vouloir, je les inquiète dans la bonne opinion qu'ils ont d'eux-mêmes. Ils me quittent mécontents; ils n'ont pas *fait d'effet*, ils s'en sont aperçus; ils s'en prennent à moi; ils m'en gardent rancune : les voilà mes ennemis. Quant au mérite modeste que je voudrais accueillir, il m'arrive, quoi que je fasse, de l'intimider beaucoup trop, de le laisser trop à distance. Je n'en sais pas bien le motif, mais là encore je constate en moi un défaut, le plus opposé du monde à la vie de relations.

Réservée avec excès, lente en mes épanchements, aisément froissée par les familiarités hors de propos; voulant trop qu'on me devine, craignant trop qu'on se méprenne; trop sérieuse et trop spontanée pour ne pas paraître un peu étrange dans un monde où tout est factice et futile; trop nonchalante aussi, trop fière pour les avances et les insistances; prompte à laisser aller ce qui s'en va, à laisser passer ce qui passe; sans aucun souci de l'utile, et mauvaise gardienne des apparences; appréhendant beaucoup de blesser, mais ne songeant jamais à flatter les amours-propres; ne témoignant qu'indirectement, en nuances, l'attrait qu'on m'inspire, je suis, à tout prendre, précisément le contraire de la femme du monde, telle qu'on la veut.

Le protectorat de l'homme illustre n'a jamais non plus aidé mon insuffisance. Incapable des sacrifices et des complaisances par lesquels ce protectorat s'achète, je n'aurais pas été sensible aux avantages qu'il procure. J'avais pour cela trop de fierté ou trop peu de vanité.

« Il ne vous manque plus que le *grand homme* », me disait un jour, en souriant, un ami qui me parlait avec bienveillance des agréments de mon cercle intime. « Il me manquera toujours, » lui dis-je, et je disais bien. Le *grand homme* des salons n'est pas mon idéal ; ou plutôt : je ne suis pas l'idéal de ce grand homme.

VIII

Les mères et les commères de l'Église. — La princesse Belgiojoso, Madame Récamier et l'Abbaye-au-Bois. — M. Brifaut. — La femme et le salon dans l'État démocratique.

Dans l'année 1835, je quittai la France. Lorsque j'y revins cinq ans après, je n'allai plus dans le monde et je ne vis que d'un peu loin ce qui s'y passait. Je remarquai que les salons dont on parlait le plus étaient les salons de quatre étrangères : celui de la princesse de Lieven, celui de madame Swetchine, celui de la princesse Belgiojoso et celui de madame de Circourt : trois dames russes et une italienne. Ce n'était p bien bon signe, à mon avis, pour l'esprit français. Par une suite de causes et d'effets qui m'échappaient, la dévotion aussi était en affiche. Là où l'on s'était contenté, sous la Restauration, malgré l'influence de la

Dauphine, d'être, sans en parler, régulière, on affectait, à cette heure, les habitudes dévotes. Dans les antichambres, les laquais ne disaient plus « madame est sortie », mais « madame est à vêpres; madame est au sermon du père un tel, » etc. Les belles dames, quand elles avaient de la voix, chantaient dans les églises, au *mois de Marie*. Celles qui se persuadaient savoir écrire publiaient de petits livres d'édification; celles à qui l'on avait enseigné le latin embrassaient la théologie. Elles étalaient à grand bruit, chez les libraires, des traités sur *la Chute*, sur *la Grâce*, sur *la Formation des dogmes*, etc. Les goguenards appelaient ces dames théologiennes : les *Mères de l'Église*. Le spirituel curé de la Madeleine, l'abbé Deguerry, impatienté de tout ce zèle, demandait qu'on le délivrât de ces *commères de l'Église*. Les plus galantes étaient les plus touchées de la grâce. Chacune mettait son grappin, qui sur un prélat, qui sur un *déchaux*, qui sur un dominicain, qui sur un père. Les hommes du monde se piquaient à ce jeu dévot. Nourris au suc des fleurs du paradis mondain de madame Swetchine, tout un essaim de convertis convertisseurs se répandaient dans le monde et l'emplissaient d'un bourdonnement pieux. Comme ils avaient la grâce congrue, ils se jetaient vivement aux tentations de la chair. On les voyait au bal, au théâtre, poursuivant de leur zèle les belles pécheresses. Ils avaient chacun son *œuvre* particulière qui voulait les entretiens à deux, les tendres billets, les confidences, les rendez-vous à *Saint-Roch*, à l'*Assomption*, à *Saint-Thomas d'Aquin*, les soupirs et les repentirs, les rosaires et les scapulaires : tout un catholicisme de boudoir, tout un galimatias séraphique dont nos mères auraient bien ri. D'autre part, et comme pour faire contraste, en réaction sans doute contre le « comme il faut » trop monotone du faubourg Saint-Germain, il s'était produit après 1830, parmi les jeunes femmes, un dédain des bienséances de leur sexe, une recherche de l'excentricité tapageuse, qui, se rencontrant avec les premiers essais de *clubs* et de *sport*, avec l'invasion du cigare, avaient créé un type nouveau : la *lionne*. A l'imitation des héroïnes de George Sand, la *lionne* affecta de dédaigner les grâces féminines. Elle ne voulut ni plaire par sa beauté, ni charmer par son esprit, mais surprendre, étonner par ses audaces. Cavalière et chasseresse, cravache levée, botte éperonnée, fusil à l'épaule, cigare à la bouche, verre en main, toute impertinence et vacarme, la *lionne* prenait plaisir à défier, à déconcerter en ses extravagances un galant homme. Incompatible avec l'élégance tranquille des salons, elle les quitta. Le vide se fit à la place qu'elle avait dû occuper et personne ne se présenta pour le remplir [1].

---

[1]. Qui leur donna, où prirent-elles ce nom de *lionnes*? Je ne sais. Vers la fin du XVIe siècle, une demoiselle Paulet, dont parle Tallemant des Réaux, l'avait porté, « à cause, dit-il, de l'ardeur

Dans la vie retirée que je menais, le rugissement des lionnes arrivait à peine. Mais, vers cette même époque, j'eus occasion de voir d'assez près deux personnes qui, d'une autre manière, occupaient les entretiens : la princesse Belgiojoso et madame Récamier.

La princesse Belgiojoso était alors au plus aigu de sa crise théologique. Lorsqu'on lui rendait visite dans son petit hôtel de la rue d'Anjou, on la surprenait d'ordinaire à son prie-dieu, dans son oratoire, sous le rayon orangé d'un vitrail gothique, entre de poudreux in-folio, la tête de mort à ses pieds; un saint homme la quittait, le prédicateur en vogue, l'abbé Combalot ou l'abbé Cœur.

Avant que d'arriver à l'oratoire, on avait traversé une chambre à coucher tendue de blanc, avec un lit de parade rehaussé d'argent mat, tout semblable au catafalque d'une vierge. Un nègre enturbanné, qui dormait dans l'antichambre, faisait en vous introduisant dans toute cette candeur un effet mélodramatique. Jamais femme, à l'égal de la princesse Belgiojoso, n'exerça l'art de l'*effet*. Elle le cherchait, elle le trouvait dans tout; aujourd'hui dans un nègre et dans la théologie; demain dans un Arabe qu'elle couchait dans sa calèche pour en ébahir les promeneurs du Bois; hier dans les conspirations, dans

avec laquelle elle aimait, de son courage, de sa fierté, de ses yeux vifs, et de ses cheveux trop dorés. »

l'exil, dans les coquilles d'œufs de l'omelette qu'elle retournait elle-même sur son feu, le jour qu'il lui plaisait de paraître ruinée. Pâle, maigre, osseuse, avec des yeux flamboyants, elle jouait aux effets de spectre ou de fantôme. Volontiers elle accréditait certains bruits qui, pour plus d'*effet*, lui mettaient à la main la coupe ou le poignard des trahisons italiennes à la cour des Borgia. Quoi qu'il en soit, lorsqu'elle vint me voir, elle ne put cacher son dépit. On m'avait dit mourante, elle accourait à mon chevet; elle venait me donner des soins, me disputer à la mort, me convertir à la foi : c'eût été un *effet* de sœur de charité ou de Mère de l'Église. Par malheur, je n'étais qu'enrhumée. Je la reçus debout. Comme elle vit que l'*effet* n'était ni en moi ni autour de moi, elle cessa de me rechercher, et tout se borna, entre nous, à un rapide échange de politesses.

Quant à madame Récamier, l'occasion de nous voir fut plus simple et plus sérieuse. Nous avions des amis communs. L'un d'eux, M. Brifaut, lui ayant parlé d'un travail sur madame de Staël, que je me proposais de faire, l'amie de *Corinne* me fit dire obligeamment qu'elle tenait à ma disposition des correspondances qui pourraient, peut-être, me servir. Nous convînmes avec M. Brifaut d'une visite à l'*Abbaye-au-Bois*. A quelques jours de là — c'était vers la fin du mois de mars 1849 — une après-midi, je montais les degrés humides et sombres de l'escalier en pierre qui conduisait au premier étage d'un corps de logis isolé dans la cour du couvent de la rue de Sèvres, où logeait cette beauté merveilleuse, qui avait ébloui de son éclat plus d'un quart de siècle. Je la trouvai dans un salon assez grand et d'un aspect vieux, assise à l'angle de la cheminée, sur une causeuse en soie bleue qu'enveloppait un paravent de couleur grise. Elle se leva pour venir à ma rencontre et s'avança vers moi avec l'hésitation d'une personne dont la vue est obscurcie. Elle était svelte encore et d'une taille élevée. Elle portait une robe et un mantelet noirs ; son bonnet blanc, orné de rubans gris, encadrait son visage pâle, des traits fins, un *tour* en faux cheveux bruns, frisés à la mode ancienne. Sa physionomie était douce, sa voix aussi ; son accueil fort gracieux, quoique embarrassé. En murmurant quelques paroles confuses sur le plaisir de me voir, elle me faisait asseoir à ses côtés ; et tout en regardant vers M. Brifaut, comme pour chercher une contenance, elle entama l'entretien sur le sujet qui m'amenait. C'était un bien grand sujet, celui-là, dit-elle ; aucun critique n'y avait encore réussi complétement, pas même M. X. ; cela m'était réservé. Mon talent était à la hauteur d'un tel sujet. Ce talent était grand, bien grand ; M. Brifaut l'avait dit, et aussi M. Ballanche, et M. Ampère encore ; M. de Chateaubriand en avait parlé un jour. Elle avait depuis longtemps le désir de me connaître ; j'avais apprécié *son pauvre Ballanche*[1]; ç'avait été entre elle et moi un premier lien. « Les tendances de M. Ballanche étaient en accord avec vos idées, » reprit-elle d'une voix insinuante et hésitante. Je répondais de mon mieux; elle se disait charmée. Quand je la quittai, elle insista de la manière la plus aimable pour fixer tout de suite l'heure d'une prochaine séance de lecture. Je vins le surlendemain, et cette fois je vins seule. Son valet de chambre m'attendait au bas de l'escalier. Les lettres de madame de Staël, dont je devais prendre connaissance, étaient disposées, par ordre de dates, sur un guéridon; deux fauteuils auprès. Elle me fit asseoir sur l'un; je l'aidai à s'asseoir sur l'autre.

Elle semblait plus à l'aise, et comme soulagée de n'avoir pas là un tiers pour l'observer. Elle se plaignit de sa vue très-affaiblie, et caressant de sa petite main effilée mon manchon d'hermine, dont la blancheur attirait sans doute son regard: « J'ai mis mes lunettes pour tâcher de vous voir un peu, me dit-elle; j'entrevois une ravissante apparition, une figure pleine d'élégance... Voudriez-vous lire haut? ajouta-t-elle avec un accent affectueux, que j'aie du moins, ne pouvant vous voir à mon gré, le plaisir de vous entendre. » Impossible de mieux dire. Je commençai cette lecture qui ne dura pas moins d'une heure, fréquemment interrom-

---

[1]. Chateaubriand disait, lui aussi, « mon pauvre Ballanche ». (Alfred de Vigny, *Journal d'un poëte*).

pue par de douces paroles sur le charme de ma voix, sur ses inflexions qui lui rappelaient mademoiselle Mars, etc.

A quelques questions que je lui fis sur les relations de madame de Staël avec M. de Narbonne, avec Benjamin Constant, etc.: « Oh, me dit-elle, il ne faudrait pas parler de ces choses-là dans un *éloge*. Il ne faudrait pas toucher à ce côté *romanesque* de sa vie [1]. Madame Necker de Saussure en a dit tout ce qu'il en faut dire. » Un peu surprise de cette épithète de *romanesque* appliquée à la vie de madame de Staël, je me rabattis sur les détails de famille. Madame de Broglie aimait et respectait passionnément sa mère, me dit madame Récamier. Elle craignait toujours de ne pas lui plaire assez. Le mariage avec M. de Rocca, déclaré à M. de Broglie dans la dernière maladie, aurait pu l'être beaucoup plus tôt. Il n'eût pas soulevé une objection, etc. Madame Récamier me parla ensuite de personnes et de choses diverses. Elle s'informa de ma fille, obligée d'être une personne distinguée, me dit-elle courtoisement ; de mes travaux. Le nom de Lamartine arriva. Elle m'assura qu'elle l'aimait beaucoup ; qu'elle le *défendait* constamment

---

1. M. Brifaut me dit plus tard que des lettres de madame de Staël à madame Récamier, très-intimes, très-confidentielles, avaient été déposées entre les mains de madame X. La famille, paraît-il, s'en inquiéta, les réclama. M. Brifaut les croyait détruites ; il le regrettait infiniment.

auprès de ses amis, trop sévères à son égard. « C'est un artiste, » ajouta-t-elle d'un ton qui signifiait : « il ne faut pas trop le prendre au sérieux. » Quand je pris congé d'elle, elle me fit promettre de venir souvent à l'Abbaye. Je n'y retournai plus qu'une fois. J'avais vu à sa conversation qu'il n'était pas temps de dire la vérité, du moins telle que je la voyais, sur madame de Staël; qu'il y avait dans le cercle de l'*Abbaye-au-Bois* une Corinne de convention et selon le monde, très-inférieure à l'autre, à la grande, à la vraie Corinne, mais à laquelle on ne pourrait toucher sans offenser beaucoup de personnes fort respectables. N'ayant aucun motif pour le faire, je renonçai à ce travail [1]. Madame Récamier mourut peu après. Elle me laissait un souvenir agréable. Pourtant je n'avais pu, en la voyant et en l'entendant, m'empêcher de faire cette réflexion qui n'était pas tout à son avantage : c'est qu'il ne fallait rien apparemment de bien extraordinaire pour avoir le salon le mieux fréquenté de Paris et pour charmer les *grands hom-*

---

1. On m'a conté récemment une particularité assez piquante touchant ce travail projeté et abandonné. Quand les *Éloges* de madame de Staël (1849) furent soumis aux académiciens, il y en eut un, le n° 12, qui parut supérieur aux autres. On allait lui décerner le prix, lorsque Alfred de Vigny crut reconnaître que ce travail était de moi; il le dit et vanta mon style avec une très-grande vivacité. Aussitôt les immortels se ravisèrent; et, dans la crainte de donner le prix à Daniel Stern, ils en privèrent très-injustement un excellent écrivain, et le plus académique du monde : M. Caro.

mes. Non-seulement je ne trouvais pas à madame Récamier d'esprit, au sens propre du mot, mais rien de particulier à elle [1], ni de bien intéressant. Pour langage, un petit gazouillement; pour grâces, la cajolerie; rien de nature et rien non plus d'un art supérieur; rien surtout de la grande dame assurée en son maintien et qui porte haut son âge : l'hésitation dans la voix, l'hésitation dans le geste, et tout un embarras de pensionnaire vieillie [2].

Le salon de madame Récamier allait bientôt se fermer. Elle mourut dans cette même année 1849, d'une atteinte de choléra [3]. Déjà la révolution de 1848 avait eu son effet sur la vie du monde, et cet effet n'était pas, comme on peut croire, très-favorable.

Après la proclamation de la république démocratique, les salons du *juste milieu* prirent l'attitude qu'avaient eue les salons du faubourg Saint-Germain après la proclamation de la royauté bourgeoise. On

---

1. Un mot me revient qui me donnerait tort. « Madame Récamier est arrivée à faire de la coquetterie une vertu », dit un jour un homme d'esprit. C'est à coup sûr une originalité curieuse et que j'aurais dû étudier avec plus de soin.

2. Je demeurai touchée néanmoins d'un mot, le seul, qu'elle me dit très-simplement. Comme elle cherchait à se rappeler je ne sais plus quelle circonstance de sa vie d'autrefois : « C'est triste de vieillir, me dit-elle en s'interrompant ; les souvenirs deviennent confus ; mais ils *restent aussi douloureux* », ajouta-t-elle avec un accent profond de vérité.

3. Elle était âgée de soixante et onze ans.

bouda; on eut peur; on resserra les dépenses. Les hommes du gouvernement nouveau n'avaient ni le loisir ni la faculté d'improviser des salons. Madame de Lamartine, qui seule l'aurait pu, n'en avait pas le désir. A supposer qu'elle l'eût eu, elle était entourée d'un cercle de dames légitimistes qui lamentaient chez elle sur le malheur des temps, et ne l'auraient point aidée à reprendre les allures de la belle conversation. Quand vint le coup d'État, il n'y avait plus grand'chose à faire pour achever de déconcerter et de disperser la bonne compagnie.

Lorsque, au bout de quelques années, l'empire ramena le luxe et les fêtes, on s'aperçut que nos mœurs avaient entièrement changé, et que rien ne serait plus impossible que de faire revivre en France l'ancien esprit français.

Le monde d'autrefois n'existait plus. Se formerait-il un monde nouveau? il n'y avait guère apparence. Sans parler des circonstances particulières à l'empire, qui s'opposaient à la formation des salons : la vie politique très-amoindrie, une cour sans ancienneté et plutôt cosmopolite que française [1]; la condition générale des mœurs, l'instabilité des fortunes, le triompl

---

[1]. Sans vouloir donner aux bruits de ville plus d'importance qu'ils n'en méritent, il faut bien dire que l'aspect de Napoléon III n'avait absolument rien de français, et que ses manières tenaient de l'Angleterre ou de la Hollande beaucoup plus que de la France.

des parvenus, le *milieu* ne donnait plus cette fleur délicate des loisirs aristocratiques, sans laquelle point de compagnies exquises : la grande dame.

Ni la bourgeoisie privilégiée du règne de Louis-Philippe, ni la démocratie égalitaire qui, à partir de la république, envahit et absorbe chez nous toutes choses, n'avaient le secret, le don inné, qui avaient fait de la grande dame française, pendant deux siècles, la reine des élégances européennes.

Sous le règne de Louis-Philippe, la bourgeoisie parvenue l'imita, mais gauchement; l'importation des habitudes anglo-américaines : le *club*, le *sport*, le *cigare*, la *lionne*, hâtèrent la déconvenue des salons. Sous l'empire, dans le bouleversement des traditions, dans la déroute de toutes les anciennes fiertés, la femme qu'on ne sait comment qualifier, la femme qu'on appelle du demi-monde entra brusquement en scène, avec fracas. Ce fut elle qui donna le ton; et quel ton! A la place des intimités discrètes et des fines galanteries, elle apporta une familiarité brusque et criarde; à la place du langage choisi, un argot; à la place des élégances, les tapages de la richesse; à la place des raffinements de l'esprit, les grossièretés de la chair!

Quant à l'impératrice Eugénie, elle avait dans sa tenue et dans sa conversation le mouvement et la familiarité des dames espagnoles, mais non du tout la manière d'être et de dire de la grande dame française.

Quand un tel monde prendra fin, et il ne saurait durer si la décadence de l'esprit français n'est pas chose fatale, on sera stupéfait du néant qu'il laissera après lui. Les habitudes sérieuses d'une saine démocratie remplaceront un jour ces déviations, ces déréglements de notre goût national; elles seront à leur tour en honneur, je n'en fais pas doute; mais les grâces de la vie aristocratique, l'élégance des châteaux et des salons ne refleuriront point, telles que je les ai vues.

La démocratie française, en eût-elle un jour le loisir, ne chercherait point à les retrouver. Dans notre pays, tout ce qui est du passé semble très-vite absurde ou ridicule. A nos générations révolutionnaires, les nobles traditions sont suspectes, la courtoisie semble une gêne, la politesse une hypocrisie, l'influence des femmes dans un salon paraîtrait un renversement des lois. Le démocrate français honore, en principe et dans ses écrits, la mère et l'épouse, mais, en réalité, dans sa maison, il la veut subalterne, et sans autre contenance que celle de ménagère. La femme du démocrate ne sait à cette heure ni ce qu'elle pourrait ni ce qu'elle devrait être et vouloir.

Trop humble ou trop roide, trop soumise ou trop guindée, un peu apprêtée toujours, la bourgeoise n'a point encore l'allure simple et gracieuse que donne le sentiment héréditaire d'une valeur et d'une liberté incontestées. Il faudrait beaucoup de choses que l'on n'entrevoit pas encore pour qu'elle prît à son tour une importance dans la société nouvelle, pour qu'elle y exerçât son ascendant et qu'elle ramenât en nos mœurs l'aménité. Elle le souhaite tout bas, bien qu'elle ose à peine le dire. La femme a le sentiment inné des délicatesses sociales. Même inculte, elle devine la coquetterie de l'esprit, elle inventerait le salon si on la laissait faire. J'ai vu, même au village, des finesses d'instinct, des grâces naturelles qui m'ont charmée. L'*Éternel-féminin* du poëte germanique ne disparaîtra jamais entièrement du milieu de nous; mais combien il sera lent, n'y étant point aidé par un esprit chevaleresque, à pénétrer la rudesse de nos mœurs industrielles et la pesanteur de nos calculs!

FIN.

APPENDICE

A

(Page 3)

Ce qui suit est extrait de la Bible Guiot de Provins.

    Certes molt orent pris et los
    Bérars et Guillaume li Gros.
    . . . .
    Onques certes deça la mer
    Ne vi un si cortois baron
    Qui fut Morises de Troon
    Et qui fu Renauz de Nevers?
    Biaus et cortois, droits et apers
    Qui fut Henri de Fousigney,
    Qui furent *cil de Flavigny?*

    . . . .

B

(Page 4)

Je joins ici une intéressante communication sur mon ancêtre, que je dois à l'obligeance de M. Castan, bibliothécaire de la ville de Besançon, membre correspondant de l'Institut.

NOTICE

DE

NICOLAS DE FLAVIGNY

Archevêque de Besançon.

(1227-1235)

L'archevêque de Besançon Jean Halgrin venait d'être appelé à Rome par le pape Grégoire IX, son ancien condisciple, et créé cardinal-évêque de Sabine (1227); il s'agissait de lui donner un successeur. Les chanoines n'ayant pu tomber d'accord pour ce choix, le pape nomma lui-même à l'archevêché de Besançon Nicolas de Flavigny, doyen du chapitre de Langres, savant théologien et éloquent prédicateur.

Le diocèse était alors en proie à la guerre civile : le comte Étienne, qui représentait la branche cadette des anciens souverains de la province, avait soulevé une grande partie de la noblesse du pays contre Othon de Méranie qui était, par une alliance, substitué aux droits de la branche aînée de ces mêmes princes. Pendant deux années, Nicolas de Flavigny ne put songer à prendre possession de son siége.

Au printemps de 1229, il résolut enfin de se faire sacrer. La cérémonie aurait dû s'accomplir dans la cathédrale de Saint-Jean et par le ministère de l'évêque de Lausanne, premier suffragant du siége de Besançon. Mais l'évêque de Lausanne était mort; ceux de Bâle et de Belley, également suffragants, étaient malades et refusaient d'ailleurs de se trouver ensemble, parce qu'ils étaient ennemis. En outre, l'un des seigneurs du diocèse, Henri de Vienne, détenait prisonnier l'archevêque de Lyon, Robert d'Auvergne, ami intime du nouveau prélat. Dans de telles circonstances, Nicolas de Flavigny jugea convenable de ne pas provoquer une cérémonie pompeuse et accompagnée de démonstrations de joie. Il demanda donc à son chapitre l'autorisation de se faire sacrer, sans bruit, dans une église ou chapelle des plus modestes, ce qui lui paraissait plus conforme à la douleur qu'il ressentait et aux calamités dont il était le témoin.

La guerre venait de finir, et il y avait à réparer beaucoup de dégâts et de déprédations : Nicolas s'y employa avec vigueur. Son premier acte d'autorité fut de contraindre par l'excommunication Huon, seigneur de Belvoir, à restituer ce qu'il avait pillé, en 1228, dans deux villages du domaine de l'archevêché.

Nicolas se rendit, en 1230, à Ulm, où le roi des Romains tenait sa cour; il y reçut l'investiture de la seigneurie temporelle de Besançon. A son retour, il dut encore user des foudres spirituelles contre quelques citoyens de la ville qui avaient enlevé les bestiaux et ravagé les moissons des habitants de Bregille, hommes de l'archevêque.

Au mois de septembre de la même année, le prélat fit, à Salins, la cérémonie de la levée du corps de saint Anatoile, patron de cette ville, qui dès lors fut exposé dans une châsse à la vénération des fidèles.

La commune de Besançon, violemment anéantie par l'archevêque Jean Halgrin, essayait de renaître : Nicolas de Flavigny s'en émut; il se hâta d'accourir auprès de l'empereur Frédéric II, alors à Ravenne, et obtint de ce monarque, au mois de décembre 1231, la confirmation d'un diplôme antérieur par lequel toute association politique avait été interdite aux citoyens de sa ville archiépiscopale.

A peine était-il de retour, qu'un incendie endommageait gravement l'église métropolitaine de Saint-Jean. Des quêtes eurent lieu dans les quatre diocèses de la province ecclésiastique de Besançon, et même dans celui de Genève, pour remédier à ce fléau.

Énergique et actif, l'archevêque Nicolas intervenait souvent, comme arbitre, dans les trop nombreux conflits qui s'élevaient entre les possesseurs de seigneuries situées dans son diocèse. Ce fut ainsi qu'au mois de mai 1233, il apaisa la querelle que les chanoines de Saint-Étienne de Besançon faisaient à Amédée de Neufchâtel-Comté, au sujet d'un château-fort construit par ce chevalier sur la hauteur de Montrond : il fut convenu que les deux parties auraient en commun l'usage de cette forteresse. Un mois plus tard, l'archevêque Nicolas excommuniait le comte de Montbéliard Thierry III, coupable d'usurpation sur les propriétés de l'abbaye de Lure qu'il avait mandat de protéger.

Non moins vigilant était notre archevêque quand il s'agissait de l'administration du temporel de son siége. Dans cette même année 1233, le prévôt héréditaire de Brégille avait, de son autorité privée, vendu le quart de certaines vignes qu'il tenait en fief du prélat. Celui-ci, se conformant aux usages féodaux, déféra le cas à trois juges choisis parmi les vassaux de l'archevêché : c'étaient Jean de Chalon, père du comte de Bourgogne; Henri, archidiacre et chambrier archiépiscopal; Hugues de Saint-Quentin, chevalier de Besançon. Ce tribunal déclara qu'aucun feudataire ne pouvait, sans le consentement de son suzerain, diminuer ou aliéner *la chose de son fief.*

Dans le cours des années 1234 et 1235, l'archevêque s'entremit encore nombre de fois pour faire restituer aux églises du diocèse des biens usurpés sur leur patrimoine.

En 1235, l'empereur Frédéric II avait convoqué à Mayence, pour le 15 août, une cour plénière. L'archevêque de Besançon s'y rencontra, avec les évêques de Bâle, de Strasbourg, de Metz, de Toul et de Verdun, comme lui princes de l'Empire. De graves questions furent traitées dans cette assemblée, celle, entre autres, de la déposition de Henri, roi des Romains, qui s'était révolté contre l'empereur, son père. On parla longtemps des splendeurs du festin champêtre que Frédéric II offrit, durant cette solennité, aux prélats et seigneurs qui avaient répondu à sa convocation.

Les fatigues de ce voyage portèrent une grave atteinte à la santé de Nicolas de Flavigny. Il s'empressa de regagner Besançon, mais ce fut pour y mourir, le 7 septembre 1235. Il laissait la mémoire d'un érudit ecclésiastique, d'un administrateur habile, d'un justicier sévère autant qu'équitable.

On conservait dans la bibliothèque de l'abbaye de Cîteaux la copie manuscrite d'une *Concordance des Évangiles*, qui était l'œuvre de Nicolas de Flavigny.

La sépulture de ce prélat se voyait devant le grand autel de l'abbaye de Bellevaux, avec une épitaphe ainsi conçue : HIC · BISVNTINVS · PRAESVL · NICOLAVS · PER · CVIVS · DOMINVS · DOCTRINAM · GLORIFICATVR. — « Ci gît l'archevêque de Besançon Nicolas dont la science glorifia le Seigneur. »

L'image de Nicolas de Flavigny tient son rang dans la série des portraits peints qui ornent le palais archiépiscopal de Besançon. Ces tableaux, exécutés vers 1780, sont, pour les périodes antérieures au XVIᵉ siècle, des images de pure fantaisie. En ce qui concerne Nicolas de Flavigny, l'artiste n'a pu s'inspirer pour le peindre que du caractère de ce prélat : il lui a donné la tête d'un vieillard à barbe blanche, capable de volonté et de réflexion, ayant quelque parenté avec les figures des papes Grégoire VII et Jules II. A l'un des angles supérieurs de la toile, on voit un écusson échiqueté d'or et d'azur.

Bibliothèque de la ville de Besançon, le 9 octobre 1875.

A. CASTAN.

C

(Page 9)

Je trouve dans ce Mémoire des pensées profondes et très-hardies pour le temps où elles furent écrites. Voici un passage de la dédicace :

Monseigneur,

Si les rigueurs de la fortune m'ont placé dans un état très-disproportionné à ma naissance et à l'éducation qu'on s'est efforcé de me donner, j'ai préféré néanmoins servir mon pays dans le moindre emploi plutôt que de servir une puissance étrangère dans un sort plus heureux; j'ai cru devoir vous exposer des réflexions que j'ai été plus à portée de faire que personne sur la désertion et sur la punition des déserteurs; je voudrais contribuer par là *à arracher à la mort tant de malheureuses victimes que leur inconséquence y dévoue.*

L'auteur du Mémoire, après avoir rappelé que M. de Choiseul a introduit de grandes réformes dans l'organisation de l'armée, qu'il a fait des ordonnances qui rétablissent la discipline, suppriment le trafic des engagements et des congés, détruisent le monopole des emplois, diminuent les dépenses, ose dire que cette législation, bonne à beaucoup d'égards, garde toutefois un défaut grave.

Avant 1762 le soldat français désertait beaucoup ; l'ordonnance de 1762, en rendant la discipline plus sévère, a augmenté encore le dégoût du service déjà très-grand. La désertion est une *maladie épidémique* dont on ne peut se garantir qu'en en détruisant la cause. Le Français déserte plus qu'aucun autre soldat de l'univers. La peine de mort est la *seule* punition infligée sans distinction à tous les modes de désertion, compliqués ou non. Il y a cependant deux classes de déserteurs. L'inquiète susceptibilité, la légèreté, l'insouciance, l'esprit de libertinage, l'excès de la débauche, la séduction forment la première et heureusement la plus nombreuse classe de désertion. La seconde est composée de scélérats qui ajoutent au crime de la désertion celui du vol, du meurtre et de la trahison en passant à l'étranger. Ceux de la première passent par les armes ; ceux de la seconde sont pendus. On peut ajouter à ces causes de désertion le peu de choix dans les recrues et le peu de précaution contre cette espèce d'escrocs appelés dans les régiments *bellardeurs*, dont le mérite est en proportion des vols qu'ils ont commis. Cinq à six mille hommes, année commune, devraient être exécutés comme déserteurs, soit à l'intérieur, soit à l'étranger, si la fuite, les lettres de grâce ou d'impunité, les amnisties, ne modifiaient ce chiffre effrayant.

Il faut rectifier ces erreurs de la jurisprudence criminelle. *La peine de mort n'est point nécessaire en France.* Elle ne donne que des exemples d'un effet momentané, elle frustre la société des services qu'elle aurait reçus en indemnité du dommage souffert par le fait du crime. Elle donne un spectacle barbare qui excite la compassion ou l'indignation des témoins, en suspendant en eux tout autre sentiment. Quand la loi est atroce, elle fait plaindre le coupable et préférer l'impunité. Mieux valent des impressions plus faibles, mais continues, que des impressions violentes, mais passagères. *Le frein du crime est plus dans la certitude d'être puni que dans la sévérité de la peine.*

La plupart des législateurs n'ont pas puni de mort la désertion, ils l'ont considérée comme un crime politique. La substitution de l'infamie à l'honneur leur parut le châtiment le plus juste et le plus efficace. Charondas, législateur des Locriens, ne condamnait les déserteurs qu'à porter pendant trois jours dans la ville des habits de femme.

D

(Page 19)

Lettres de naturalisation accordées par la République de Soleure à Sophie-Élisabeth Huguenin, vicomtesse de Flavigny, et à Alexandre-Victor-François de Flavigny, son fils.

I

A monsieur le Président et à messieurs du Conseil d'État.

Sophie-Élisabeth Huguenin, fille de Moïse-François Huguenin, né communier du Locle, banquier de Neufchatel et Valangin, et d'Élisabeth Guldimann, bourgeoise de Soleure, a l'honneur d'exposer à Vos Seigneuries :

Qu'étant née sujette de l'État, elle aurait perdu cette qualité par son mariage avec feu Gracien-Jean-Baptiste-Louis, vicomte de Flavigny, chevalier de Saint-Louis et lieutenant-colonel en France ; que pour faire recouvrer à ses enfants la qualité de Suisse à laquelle elle tenait infiniment, elle fut avec son époux s'établir à Genève, où elle donna le jour à un fils unique nommé Alexandre-Victor-François de Flavigny qui par le lieu de sa naissance acquit de fait et de droit cette qualité.

Qu'elle eut tout lieu dans la suite de s'applaudir de cette

mesure, puisqu'elle a procuré à son fils l'avantage d'obtenir comme Suisse une place d'élève au collége des Quatre Nations; et que depuis la révolution française il n'a point été envisagé comme émigré malgré sa rentrée en Suisse.

Que tenant toujours à sa patrie et à celle de ses pères, elle vient supplier Vos Seigneuries de lui rendre le bien qu'elle a perdu par son mariage en lui accordant pour elle et son fils des lettres de nationalité; persuadée qu'aucune raison politique ne contrariant la faveur qu'elle sollicite, Vos Seigneuries daigneraient avoir égard à sa position et à la notoriété des faits allégués qui sont connus de la plupart des membres de cet illustre gouvernement.

Elle se permettra de rappeler à Vos Seigneuries le souvenir mêlé de tendresse et de vénération qu'on conserve icy pour feu son oncle paternel le chancelier Huguenin, l'amitié qu'on y a eue pour son frère Casimir Huguenin, officier aux Gardes Suisses, qui réformé en 1763 obtint une reconnaissance de sa qualité de sujet et bourgeois dans cet État.

Enfin elle ose mettre en avant son attachement invariable pour la patrie de son père, sentiment aussi naturel que légitime, et dont elle ne parlerait point, si elle ne l'eût manifesté dans des tems plus heureux, par le désir de s'en rapprocher après son veuvage en 1784, désir toujours contrarié par de fâcheuses circonstances, mais qu'elle voit aujourd'huy la possibilité de satisfaire, si Vos Seigneuries, ainsi qu'elle l'espère de leurs bontés et de leur équité, lui accordent la grâce qu'elle sollicite avec instance en se répandant en vœux pour leur constante prospérité.

A Neufchatel, le 5 février 1797.

Signé : SOPHIE-ÉLISABETH HUGUENIN,
Vicomtesse de Flavigny.

Sur la requête cy-dessus, après avoir délibéré. Il a été dit que, vu le cas particulier, le Conseil accorde à la requérante et à Alexandre-Victor-François de Flavigny son fils la naturalisation; et ordonne qu'il lui en soit expédié des lettres en la forme ordinaire, et moyennant l'acquit de la finance ordinaire, lesquelles lettres deviendraient toutesfois sans effet, si la requérante et son fils ne prenoient pas entre cy et une année bourgeoisie ou communauté dans l'État. Au reste la chancellerie est autorisée par une suite du présent arrest à expédier une déclaration qui fasse constater de la qualité de sujets de l'État de la suppliante et de son fils. Donné en conseil tenu sous notre présidence au château de Neufchatel le 5 février 1797.

Signé : D'IVERNOIS.

Collationné par les notaires à Soleure soussignés, et pour copie conforme à l'original dûment signé et à l'instant rendu.

Soleure, ce 21 avril 1797.

H. J. WIRTZ, not.   LUTHY, not.

Nous Avoyer et Conseil de la Ville et République de Soleure en Suisse, attestons par ces présentes que les susnommés Lüthy et Wirtz sont notaires publics et jurés de notre dite Ville et que foi est ajoutée aux actes qu'ils reçoivent en jugement et dehors. Certifions en outre que non-seulement la Principauté de Neufchatel est en alliance avec les louables cantons de Berne, Lucerne, Fribourg et Soleure, mais que la ville de Landeron l'est en particulier avec notre République. En témoignage de quoi nous avons fait sceller icelles du sceau de notre République et signer par notre bien-aimé secrétaire d'État le 21 avril 1797.

DE ZELTNER, secrét. d'État.

(Sceau.)

II

Nous Charles-Guillaume d'Ivernois, moderne président du Conseil d'État, en l'absence de noble et généreux seigneur Louis-Théophile de Beville, chevalier de l'ordre du Mérite, lieutenant-général d'infanterie, gouverneur et lieutenant-général en cette souveraineté de Neufchatel et Valangin, pour et au nom de Sa Majesté Frédéric-Guillaume second par la grâce de DIEU Roi de Prusse, Margrave de Brandebourg, Archi-Chambellan et Prince Électeur du Saint-Empire Romain, etc., etc., etc., notre souverain Prince et Seigneur; savoir faisons à tous ceux qu'il appartiendra que Sophie-Élisabeth Huguenin, fille de feu Moyse-François Huguenin en son vivant bourgeois de Neufchatel et Valangin et communier de Locle, veuve de Gracien-Jean-Baptiste, vicomte de Flavigny, chevalier de Saint-Louis, et lieutenant-colonel au service de France; nous aiant exposé par une très-humble requête, que malgré qu'elle ait perdu par son mariage la qualité de sujette en cet État, elle n'en a pas moins conservé le plus vif attachement pour sa patrie, ainsi que le désir de s'y retirer un jour, et qu'ambitionnant de pouvoir en y rentrant redevenir participante de toutes les douceurs dont jouissent les sujets de cet État sous la paternelle et glorieuse domination de Sa Majesté, elle nous supplioit de lui accorder tant pour elle que pour son fils Alexandre-Victor-François de Flavigny les lettres de naturalité à ce nécessaires, offrant de payer la finance ordinaire, et de s'acquitter avec zèle de tous les devoirs qui le sont imposés par une suite de cette faveur; nous d'après les rapports avantageux qui nous ont été faits de la suppliante et de son fils, et eu égard à sa descendance d'une bonne et ancienne famille de ce pays, avons ensuite de l'avis de messieurs du Conseil d'État permis et octroié au nom de Sa Majesté, comme par les présentes nous permettons et octroions à la dite Sophie-Élisabeth de Flavigny née Huguenin, ainsi qu'à son fils Alexandre-Victor-François de Flavigny, tant pour lui, que pour les siens nés et à naître en loyal mariage à perpétuité de demeurer et s'habituer dans cette souveraineté de Neufchatel et Valangin, en tel lieu de la partie catholique de la souveraineté que bon leur semblera pour y jouir des priviléges, franchises, libertés et droits dont jouissent les sujets naturels et originaires de cet État, et pour y satisfaire réciproquement aux mêmes devoirs, charges et prestations auxquels sont tenus et obligés envers Sa Majesté ceux de ses sujets qui résident dans les lieux où lesdits Sophie-Élisabeth de Flavigny et Alexandre-Victor-François de Flavigny prendront leurs habitations ordinaires, à teneur du règlement fait à ces fins au conseil d'État le 28 décembre 1707, sans que cependant ladite Sophie-Élisabeth de Flavigny, ni ledit Alexandre-François de Flavigny, soit les siens, puissent en vertu des présentes ni dudit règlement prétendre jouir des bénéfices portés dans les concessions des abris, et de la dixme de la pose, et sans que ledit Alexandre-Victor-François de Flavigny, ni aucun des siens déjà nés, puissent prétendre à aucun employ civil, militaire ou ecclésiastique de cet État, non plus qu'à aucune des compagnies militaires avouées de cet État dans un service étranger, lesdits emplois et compagnies ne pouvant être possédés que par des naturels nés sujets et régnicoles de cette souveraineté, et étant en outre très-expressément réservé qu'aussi souvent et aussi longtemps que ladite Sophie-Élisabeth de Flavigny, et ledit Alexandre-Victor-François de Flavigny, soit les siens, seront habitués hors de cet État, ils ne pourront se prévaloir envers le souverain d'aucun des droits utiles, bénéfices et exemptions dont jouissent et ont accoutumé de jouir les sujets de l'État résidants et habitués dans icelui, et qu'ils n'y participeront qu'autant qu'ils auront un domicile fixe et permanent dans ce pays. Laquelle présente naturalisation nous leur avons ainsi accordée moyennant le serment qu'ils prêteront d'être fidèls et loyaux à Sa Majesté, notre souverain prince et seigneur, d'être soumis aux lois et à la Constitution de cet État, et de satisfaire aux conditions cy-dessus à eux imposées ainsi qu'à tous autres devoirs, redevances et prestations, auxquels tout bon et fidèl sujet de l'État est tenu, moyennant en outre qu'ils paieront à Sa Majesté en sa recette des parties usuelles une fois pour toute la somme de cent vingt livres tournois, et enfin que dans le courant d'une année à compter de ce jour, ils se procureront la qualité de bourgeois ou communiers dans quelque corps de bourgeoisie et de communauté ressortissant de la partie catholique de cet État, à défaut de quoy, en laissant écouler l'année sans avoir satisfait à cette clause et obligation expresse, les présentes lettres de naturalisation deviendront nulles et sans effet quelconque. Si donnons en mandement à tous châtelains, maires, justiciers et autres officiers en cette souveraineté qu'il appartiendra, qu'ils laissent et fassent jouir et user pleinement et paisiblement lesdits Sophie-Élisabeth de Flavigny et Alexandre-Victor-François de Flavigny de tout le contenu ès-présentes, de même que les hoirs et successeurs en loyal mariage de ce dernier, sans permettre qu'il leur soit fait ni donné aux uns et aux autres aucun trouble ni empêchement; car telle est notre intention au nom de Sa Majesté; en témoin de quoy il a été ordonné au soussigné conseiller d'État et chancelier en cette souveraineté d'expédier les présentes sous son seing ordinaire, et nous y avons fait apposer le grand sceau de Sa Majesté usité en cet État. Donné en conseil tenu au château de Neufchatel le sixième février mil sept cent quatre-vingt-dix-sept. 1797.

Signé : CH. GODEF. TRIBOLET.

Reçu la finance mentionnée cy-dessus due à Sa Majesté. A Neufchatel le 9 avril 1797.

Signé : CH. AUGUSTE DE PERROT.

Aujourd'hui troisième avril mil sept cent quatre-vingt et dix-sept, a été présentée en Conseil d'État la lettre de bourgeoisie du Landeron, qu'en obéissance à l'astriction portée dans les présentes, madame de Flavigny a sollicitée et obtenue pour elle et pour son fils. La dite lettre datée du 6 mars dernier et expédiée sous le sceau de la bourgeoisie et la signature du secrétaire d'icelle.

Signé : CH. GODEF. TRIBOLET.

Collationné par les notaires publics à Soleure soussignés et trouvé pour copie conforme à l'original, dûment scellé et à l'instant rendu. Soleure ce 21 avril 1797.

H. J. WIRTZ, not.   LUTHY, not.

NOUS AVOYER ET CONSEIL D'ÉTAT DE LA RÉPUBLIQUE DE SOLEURE EN SUISSE, attestons par ces présentes que les susnommés Luthy et Wirtz sont notaires publics et jurés de notre dite ville et que foi est ajoûtée aux actes qu'ils reçoivent en jugement et dehors. — Certifions en outre que non-seulement la principauté de Neufchatel en général est en alliance avec les louables cantons de Berne, Lucerne, Fribourg et Soleure, mais que la ville du Landeron l'est en particulier avec notre République. En témoignage de quoi nous avons fait sceller icelles du sceau de notre République et signer par notre bien-aimé secrétaire d'État le 21 avril 1797.

DE ZELTNER, secrétaire d'État.

(*Sceau.*)

(Page 22)

Visite à mademoiselle Lenormant.

J'allai chez mademoiselle Lenormant le 23 juin de l'année 1834, à la suggestion du célèbre romancier Eugène Sue qui me parlait d'elle comme d'une personne prodigieuse par sa puissance de pénétration et d'intuition. Mademoiselle Lenormant demeurait alors rue de Tournon et donnait ses consultations dans un cabinet très-sombre, très-sale, sentant fort le renfermé, et auquel, moyennant quelques artifices assez puérils, elle avait donné un air de nécromancie. Ce n'était plus le temps de sa brillante renommée, quand, par l'effet de sa prédiction à madame de Beauharnais, elle était venue en crédit auprès des plus grands souverains de l'Europe — on se rappelle que, au congrès d'Aix-la-Chapelle, Alexandre la visitait fréquemment et sérieusement; lord Wellington aussi la consulta pour connaître le nom de l'homme qui avait tenté de l'assassiner — 1818 —; elle était maintenant presque oubliée.

Peu de gens connaissaient le chemin de sa demeure. Vieille, épaisse, sordide en son accoutrement, coiffée d'un bonnet carré, façon moyen âge, elle se tenait à contre-jour dans un grand fauteuil en cuir graisseux, à sa table chargée de cartes cabalistiques; un gros chat noir miaulait à ses pieds d'un air de sorcière. Le regard prompt et perçant de la devineresse, jeté à la dérobée pendant qu'elle mêlait ses cartes — pour quelques francs en sus du prix commun c'était ce qu'elle appelait le grand jeu — lui révélait sans doute le genre de préoccupation et l'humeur du personnage qui la consultait et l'aidait à prévoir un avenir qui, après tout, pour chacun de nous, et sauf l'intervention très-limitée du hasard, est la conséquence de notre tempérament et de notre caractère. Ce qu'elle me dit m'étonna parce que je ne me connaissais pas moi-même alors, sans quoi j'aurais pu, jusqu'à un certain point, être mon propre oracle, et prévoir, sans consulter personne, quelle serait ma destinée.

Je pris note en rentrant chez moi de ce que m'avait dit mademoiselle Lenormant. Je le transcris ici pour les personnes curieuses de ces sortes de rencontres. « Un changement total dans votre destinée se fera d'ici à deux ou trois ans. Ce qui vous semblerait, à cette heure, absolument impossible se réalisera. Vous changerez entièrement de manière de vivre. Vous changerez même de nom par la suite, et votre nouveau nom deviendra célèbre non-seulement en France mais en Europe. Vous quitterez pour longtemps votre pays. L'Italie sera votre patrie d'adoption; vous y serez aimée et honorée. Vous aimerez un homme qui fera sensation dans le monde et dont le nom fera grand bruit. Vous inspirerez de vifs sentiments d'inimitié à deux femmes qui chercheront à vous nuire par tous les moyens possibles. Mais ayez confiance; vous triompherez de tout. Vous vivrez vieille, entourée de vrais amis, et vous aurez sur beaucoup de gens une influence heureuse. Faites attention à vos rêves qui vous avertiront des dangers que vous courrez. Défiez-vous de votre imagination qui s'exalte facilement et vous jettera en bien des périls, dont vous ne sortirez que par grand courage. Modérez votre bienveillance qui est aveugle. Comptez que votre esprit, qui est indépendant et sincère, vous fera beaucoup d'ennemis et que votre bonté sera méconnue. »

Je retrouve aussi dans ma correspondance avec Eugène Sue une lettre qui se rapporte à mademoiselle Lenormant, et je la joins ici pour compléter ce que j'ai conté de cet incident.

Lettre d'Eugène Sue.

Paris, 27 juin 1834.

« Je sors de chez notre devineresse, madame, et je ne saurais vous exprimer mon désappointement. Vous m'avez demandé de vous dire les prédictions qu'elle m'a faites, telles désagréables qu'elles soient : les voici. Vous verrez, madame, que la damnée sibylle varie du moins ses prophéties et que votre destinée brillante et européenne contraste cruellement avec la mienne.

» Après m'avoir reconnu pour un de ses croyants assidus, la maudite sorcière m'a fait quelques prédictions insignifiantes, m'en a rappelé d'autres, puis tout à coup, en s'arrêtant de mêler les cartes diaboliques, en attachant sur moi des yeux pénétrants et moqueurs : « Ho ho! me dit-elle, voici quelque chose de nouveau et de fatal. Vous éprouvez un sentiment auquel on ne répondra pas. » Je voulus nier; elle insista. Elle me parla d'esprit rare, de charme infini; elle me fit un portrait que je n'oserais retracer ici, mais qui n'était pas méconnaissable. Alors, me voyant si complétement deviné, je me tus, en me bornant à lui demander s'il n'y avait donc aucun espoir, si quelque carte n'avait pas été oubliée, si la combinaison était sans erreur. La vieille se remit à calculer avec une infernale complaisance. Hélas! madame, le résultat fut absolument le même : un sentiment profond, passionné, sans nul espoir, trouble mon présent et détruit mon avenir.

» Vous le voyez, madame, en rapprochant cette prédiction de celle qui vous a été faite, j'ai sujet doublement d'accuser le sort; car il est dit que l'homme dont vous partagerez la destinée sera célèbre, d'où je conclus que celui dont vous repousserez l'amour restera obscur. Eh bien, madame, j'ose vous l'avouer, cette gloire annoncée à l'homme que vous daignerez aimer, je la rêvais, je l'ambitionnais, je me sentais assez fort pour la conquérir; et maintenant qu'il m'est prédit que je ne dois pas être aimé, je retombe du haut de mes rêves et de mes ambitions dans la tristesse et le découragement, le néant du cœur et de l'esprit.

Agréez, etc.

F

(Page 23)

Goethe revient fréquemment dans ses écrits à cet élément mystérieux qu'il appelle das *dämonische*, lequel se manifeste, selon lui, — *Aus meinem Leben, Wahrheit und Dichtung*, IV^{ter} Theil, XX^{tes} Buch — d'une manière extraordinaire chez les animaux, mais bien plus encore chez l'homme, où il produit des phénomènes énigmatiques auxquels on a donné une multitude de noms divers, qu'on a décrits en vers et en prose, mais que n'ont pu expliquer encore aucune religion, aucune philosophie. Le grand poëte affirme avoir été à même d'observer plusieurs de ces phénomènes chez certains individus, qui exerçaient une puissance incroyable, non-seulement sur leurs semblables, mais encore sur les éléments. C'est en vain que la partie éclairée de l'humanité essaie de les rendre suspects en les qualifiant de dupes et d'imposteurs, la foule e.. a. tirée vers eux invinciblement. Goethe ajoute que dans sa propre existence il pourrait noter plusieurs faits étranges qui avaient tout au moins *une apparence démoniaque, einen dämonischen Schein.* Il a cherché à rendre sensible cet élément mystérieux dans plusieurs de ses fictions poétiques : *Mignon* et le joueur de harpe sont, selon son expression, des *figures démoniaques, dämonische Gestalten*. Le poëte polonais Miçkiewicz croyait, lui aussi, à cette puissance occulte qui réside en certains hommes et leur soumet l'esprit, le cœur et la volonté des autres. Croyant reconnaître chez moi à un certain degré cet élément mystérieux, il me disait un jour où nous avions beaucoup parlé de sa patrie, de la mienne, de leurs destinées futures, etc : « Si, vous et moi, nous fondions, dans un grand dessein, une association secrète, ne dût-il y avoir dans cette association que nous deux, ce serait un tel foyer d'électricité qu'il attirerait bientôt à soi les hommes de bonne volonté de tous les points du monde. »

Dans l'antiquité, l'emploi des mots *daimôn, daimonion, eudaimonion* est très-fréquent. On le trouve dans Homère, Pindare, Thucydide, Eschyle, Aristophane, Pausanias, Xénophon, Démosthène ; dans les écoles de Pythagore et de Platon. Il a généralement le sens de puissance psychique, invisible, incorporelle, dont la nature tient le milieu entre les dieux et les héros, inférieure aux premiers, supérieure aux derniers, et qui peut leur être tantôt secourable — c'est l'*agathodaimôn*, — tantôt défavorable — il se nomme alors *alastor daimôn*.

La croyance est universelle chez les anciens, que chaque homme, en venant au monde, y amène avec lui son bon et son mauvais démon. Le bon démon, l'*agathodaimôn* a ses dévots, les *agathodémoniastes* ; on lui consacre un jour dans le mois ; on lui voue sa maison ; on célèbre des fêtes en son honneur, on lui offre des sacrifices ; on associe son nom à celui de la Fortune propice — Tyché. — Arrivé proche de sa dernière heure, Platon rendait grâce à son démon et à Tyché d'être né en Grèce et contemporain de Socrate. Mais peu à peu ce démon bienfaisant, dont quelques empereurs recommandent encore le culte, recule et s'efface avec les divinités du paganisme. Chez les Juifs d'abord, puis dans le christianisme populaire, la notion du mauvais démon l'emporte. Le démon tentateur, le diable, finit par régner seul sur les imaginations, et le mot démon prend exclusivement le sens de puissance contraire à Dieu et aux hommes. (V. LEHRS, *Populäre Aufsätze aus dem Alterthum*, p. 123 à 174.)

G

(Page 77)

La paresse du prince de la Trémoïlle était, entre ses amis, un perpétuel sujet de gaîté. Je lis dans une lettre de M. d'Agoult datée de Pezeau, château près de Cosnes, 24 octobre 1828, ce passage quelque peu railleur sur la manière de chasser du prince de la Trémoïlle :

« M. de la Trémoïlle a eu la bonté de faire arranger hier une chasse pour moi, peu fatigante et autour de son château. Nous nous placions, et les gardes, avec quinze petits paysans, allaient ramasser le gibier et le jeter sur nous. Cependant notre chasse a été peu meurtrière et nos plaisirs n'ont pas fait de victimes. Voici pourquoi. Il faudrait se cacher dans les fossés, mais pour cela il faudrait se baisser ou se mettre à genoux, et cela nous eût trop fatigués, de manière que nous nous présentions bravement aux perdreaux qui s'élevaient alors jusqu'aux nues, et il n'en tombait point. Au reste, les préparatifs de la chasse m'amusaient beaucoup. Ce bon prince en fait une affaire d'État ; il est en habit complet de chasseur : veste en coutil, chapeau de jockey; autour du corps, cinq ou six poches en cuir ; un cordon pour attacher les chiens; un fouet pour les faire obéir; derrière lui son valet de chambre portant ses deux fusils, et autour de lui quatre gardes et les quinze petits batteurs avec dix ou douze chiens. Plus, le sous-préfet et moi qui riais un peu de tous ces apprêts. »

II

(P. g. 122)

Lettre de M. Maurice de Flavigny.

Londres, le 2 décembre 1817.

Je n'ai point encore reçu de tes nouvelles, ma chère maman ; cependant je ne crois pouvoir accuser que la grande distance qui nous sépare et les mauvais vents qui retardent souvent le passage des paquebots. Depuis ma dernière lettre j'ai fait une petite excursion dans l'intérieur de l'Angleterre. Un de mes amis m'ayant engagé à faire avec lui le voyage de Bath, je me suis laissé entraîner. C'est une ville charmante située de la manière la plus pittoresque, au milieu d'un véritable jardin anglais ; je n'y suis néanmoins resté que tout juste le temps nécessaire pour voir ce qu'il y avait de plus intéressant ; le temps était trop mauvais pour aller dans la campagne, et j'ai résisté aux instances que me faisaient les personnes pour lesquelles j'avais des lettres. J'ai été à Bath comme à Londres très-satisfait de l'hospitalité des Anglais ; plusieurs m'ont offert leurs maisons pour tout le temps que je voudrais rester aux eaux et tous m'ont reçu avec une bonhomie que je n'ai pas souvent rencontrée en France.

J'ai voyagé à la manière de mon oncle, c'est-à-dire seulement la nuit; les diligences anglaises sont excellentes et il y en a un si grand nombre qu'il en part à toutes les heures du jour pour tous les points de l'Angleterre.

Maurice de Luz... est à Plymouth. J'aurais été jusque-là, si c'eût été dans la belle saison et qu'on pût voyager sur l'impériale; mais dans l'intérieur on paye fort cher et on n'a pas l'agrément de voir le pays. J'ai bien regretté de n'avoir pas apporté mon parapluie avec moi. Ici, par le plus beau soleil, on ne peut pas sortir sans ce meuble qui est pour les Anglais comme un cinquième membre. Si vous n'avez pas de parapluie on vous regarde comme un imbécile ou un pékin. Comme il en coûte 36 ou 40 francs pour avoir la jouissance de porter cet instrument incommode, j'ai préféré n'être pas à la mode. Tout est horriblement cher, surtout les pourboires; on ne peut pas donner moins d'un schelling, si bien que je ne sais pas encore de quelle couleur est le cuivre de ce pays-ci. Cependant je vais le plus à pied que je peux; quand on prend un malheureux fiacre, il a le droit de vous demander ce qu'il lui plaît; et si par malheur il s'aperçoit que vous êtes étranger, c'est fait de vous. J'ai assez la tournure anglaise, il n'y a que le ramage qui quelquefois ne ressemble pas au plumage. Je crois néanmoins avoir fait des progrès sensibles; je commence à entendre ceux qui parlent intelligiblement; mais il y en a qui me désespèrent, car je crois que de ma vie je ne les entendrai. Je vais assez souvent au spectacle; j'en sais assez pour comprendre la majeure partie; ils ont de bons acteurs; mais les pièces ne me plaisent pas beaucoup.

J'ai été chez M. de Bourke; il m'a fort bien reçu, mais je n'ai pas encore l'avantage de connaître madame, attendu que toutes les fois qu'il m'a invité à dîner je me suis trouvé avoir d'autres engagements. Je te prierai de prévenir papa que j'ai touché vingt £ chez M. Baring le 29 novembre. M. Rotschild est ici le roi des banquiers. Ce qu'il y a de singulier, c'est qu'il ne dépense pas deux cents louis par an pour sa maison ; il a pour tout potage un mauvais petit bureau tout noir, dont la moitié, séparée du reste par un paravent, lui sert de salon et de salle à manger. Je crois qu'on lui fait son lit le soir sur les pupitres des commis. Madame est toujours assise en face de lui. Je ne te parlerai pas de politique, attendu que je lis fort peu les journaux ; d'ailleurs, tu n'ignores sans doute pas la note officielle remise par M. de Hardenberg au gouvernement français dans laquelle il se plaint du discours du Roi et de la réponse de la Chambre et demande une explication immédiate, et c'est tout ce que j'ai lu d'intéressant depuis quelque temps. On aime beaucoup Buonaparte ici, un grand nombre d'Anglais ont toujours son portrait dans leur poche et ils parlent de lui avec bien plus d'exaltation que l'armée de la Loire.

Je te prie de m'écrire l'époque à laquelle tu comptes revenir à Paris. Je m'arrangerai de manière à arriver peu de jours après. Adieu, ma chère maman, bien des choses à tout le monde.

Je t'embrasse.

MAURICE.

I

(Page 136)

Lettre de M. Maurice de Flavigny.

Strasbourg, le 6 octobre 1819.

Mon cher papa,

Comme tu l'as deviné, je n'ai pas dit un mot au ministre des promesses qu'on me faisait ailleurs ; 1° parce que dans ma lettre à M. de Cazes, j'avais manifesté le plus grand désir de suivre la carrière administrative, ajoutant que je renonçais sans regrets à des démarches pour entrer dans la diplomatie ; 2° parce que je ne pouvais pas aller demander au ministre comme à un ami : Que me conseillez-vous, cette carrière ou l'autre ? Il ne m'eût pas répondu, mais il eût pensé que je devais bien savoir moi-même ce que je voulais, que cela lui était bien égal, qu'ayant fait la politesse à mon oncle, il lui était fort indifférent que j'en profitasse. Et en effet, pourquoi aurait-il pris de l'intérêt à moi ? D'ailleurs, pour ne pas l'ennuyer, je me bornais à lui dire ce qui était strictement nécessaire et puis je faisais ma courbette. Je ne pouvais en outre pas compter beaucoup sur les promesses du G. D..

Dans l'instant je reçois une lettre de M. de Malartic qui m'assure que la chose est décidée, que je suis nommé à Londres.

Je vais faire en sorte que ma thèse soit prête pour les premiers jours de novembre. D'ici là le travail ne sera pas exécuté. J'aurai le temps de gagner davantage l'amitié de mon chef, et je pourrai lui faire mes aveux comme pour le consulter ; je lui demanderai d'abord quelles espérances je puis avoir dans la carrière administrative, et d'après sa réponse, je ferai en sorte qu'il me conseille ce qui me sera le plus avantageux. Je tâcherai aussi de me ménager une porte pour rentrer dans l'administration, s'il se présente une occasion avantageuse. Je pense que c'est la seule carrière où l'on puisse faire son chemin aujourd'hui ; elle est aussi une des plus agréables, puisqu'on n'est pas obligé de s'expatrier. Ce n'est pas sans regrets que je quitterais mon poste actuel. M. de Cazes est un homme extrêmement agréable, il est impossible d'être meilleur et plus prévenant ; jamais un mot plus haut que l'autre, ses subordonnés peuvent s'imaginer qu'ils sont ses camarades, ses égaux, il ne les traite pas moins bien.

Je ne t'en dis pas plus long, car je n'ai guère le temps et je n'aurai pas un moment à perdre pour finir ma thèse à temps.

Tout à toi.

MAURICE.

J

(Page 144)

Je trouve dans un petit volume d'*Henri Estienne*, publié en 1574, de très-curieux détails sur la foire de Francfort. L'auteur célèbre avec enthousiasme la grandeur et la variété de son marché, telles que « tous les autres marchés du monde y sont en quelque sorte contenus. Il vante l'affabilité des citoyens envers les étrangers, la vigilance, la sollicitude paternelle, qu'il appelle la *philoxénie*, des magistrats. Sur ce point, il égale la cité de Francfort à la cité d'Athènes. Il énumère complaisamment l'abondance des repas que l'on y sert aux hôtes, les vins du Rhin qui les égayent, les aromates, les jambons de Westphalie « *quæ falso Moguntinenses a nostratibus appellantur.* » Il assure le lecteur que la foire de Francfort lui offrira « une foule de produits auxquels il n'a jamais songé et dont il n'a jamais entendu parler », produits fabriqués en des merveilles de l'art du potier, des vases d'or et d'argent plus artistement ciselés que n'en eurent jamais Corinthe, Samos ou Naxos. Les ouvrages de sculpture et de peinture qu'il y voit exposés lui semblent « un concours entre les

Apelle, les Protogène, les Zeuxis, les Phidias et les Praxitèle. » Quant à la bonne foi des marchands, elle est du temps d'Astrée. Il n'en excepte pas les Juifs qui « oublient ici en quelque sorte l'esprit judaïque » et qui, « s'ils ne sont pas pour le marché un ornement, lui sont du moins d'un bon secours, particulièrement pour le change des monnaies ».

Mais ce que Henri Estienne exalte au-dessus de tout dans Francfort, c'est ce qu'il appelle *le Marché des Muses*, ou l'*Exposition universelle des lettres*, c'est-à-dire la réunion convoquée à l'époque des foires, des libraires, des typographes, des poëtes, des orateurs, des historiens, des mathématiciens, des philosophes venus en grand nombre des académies de Wittemberg, de Leipzig, de Heidelberg, de Strasbourg, de Louvain, de Padoue, d'Oxford, de Cambridge. Il se croit à Athènes et ne se sent pas d'aise à voir ainsi les Muses « en société amicale avec Mars, et logées sous des toits presque contigus aux siens ».

> Tecta colit Mavors quod nunc vicina Camœnis,
> Fallor ego, aut fausto hæc omine tecta colit.
> Bellorum pertæsus amat nunc ille camœnas,
> Quod se indigna videt perfida bella geri.
>   (*Francofordiensis Emporii encomium*,
>   ab Henrico Stephano scriptum.)

K

(Page 149)

Plus de quarante ans après, je ressentais encore cette influence. Au retour d'une excursion sur les bords du Rhin, j'essayai de rendre l'impression que j'avais eue, en revoyant à Francfort la statue de Goethe, dans le sonnet que voici :

C'était par un long soir de la saison puissante
Qui prodigue à la terre et le fruit et la fleur,
Emplit de gerbes d'or le char du moissonneur
Et gonfle aux ceps ployés la grappe jaunissante.

Les derniers feux du jour et leur calme splendeur,
Au loin, du mont Taunus doraient la cime ardente.
Le bel astre d'amour qui brille au ciel de Dante
Montait sur la cité de l'antique empereur.

Sur le haut piédestal où ta gloire s'élève,
D'un regard de Vénus, doucement, comme en rêve,
O Goethe! s'éclairait ton grand front souverain,

Tandis que de silence et d'ombre revêtue,
Craintive, je baisais au pied de ta statue
Le pli rigide et froid de ton manteau d'airain.

FIN DE L'APPENDICE.

TABLE

PREMIÈRE PARTIE

PREMIÈRES ANNÉES

Préface.. III

I. — Mon père. — Ses ancêtres. — La bible Guiot de Provins. — L'auteur des *Consolations*. — Le vicomte Gratien de Flavigny. — Mémoire sur la désertion et sur la peine des déserteurs en France. — Un docteur en Sorbonne. — L'ambassade de Parme. — L'échafaud de 93. — Fouquier-Tinville; la femme Flavigny, ex-comtesse des Vieux..... 1

II. — La maison Bethmann. — Prison et mariage de mon père. — Retour en France. — Ma sœur. — Mes frères. — Ma naissance. — Les *Enfants de minuit*. — Le démon. — Douceur de mon enfance. — La Touraine et le château du *Mortier* 15

III. — Plaisirs champêtres. — Familiarité avec les bêtes. — La volière. — Les lapins angoras. — Les marcassins. — — L'âne du jardinier. — *Généreuse*. — *L'allée souterraine*. — Les chenilles et les orchidées. — Vue précoce de la métamorphose. — Les glanes et le *halebotage*. —

La cuisine allemande. — Adelheid. — Marianne. — Mes jardins. — Première éducation allemande et française. — Le voyage en poste. — Ma *Minerve*. — Le retour des Bourbons. — Les Cent-Jours. — Départ pour Francfort et pour la Vendée.. 29

IV. — La famille Bethmann. — *La vieille dame.* — L'oncle. — Le *Basler-hof* et le *Vogel Strauss*. — *L'Ariane*. — Une présentation de madame de Staël. — Le tricot de ma grand'mère. — La tante Hollweg. — Un bas-relief de Thorwaldsen. — Suis-je catholique?................... 47

V. — La pension Engelmann. — Ma cousine *Cathau*. — Les galants. — La *simarre* cramoisie. — La bénédiction de Goethe... 65

VI. — Retour au Mortier. — Les Vendéens. — Les ultras. — Le prince de la Trémoïlle. — La chasse. — *Mylord* et *Figaro*. — La pêche aux écrevisses. — La chienne sauvage. — Le petit colporteur. — L'amitié parfaite........ 73

VII. — La première communion. — Mon aïeule paternelle. — Un pastel de Latour. — *Moron m'ennuie*. — Doutes sur la validité de mon baptême. — L'abbé Rougeot..... 89

VIII. — Éducation allemande et française. — Le maître à danser, M. Abraham. — La maîtresse d'armes, Mademoiselle Donnadieu. — Le cours de l'abbé Gaultier ; Fanny Sébastiani, Henriette Mendelssohn. — Mort de la duchesse de Praslin. — Le professeur Vogel. — La musique allemande... 99

IX. — Les lectures en cachette. — Mes compagnes : Esther et Adrienne. — Un secret d'amour. — Mon frère. — Mes jardins idéalistes et ses jardins réalistes. — M. Fiévée. — M. Théodore Leclercq. — La comédie. — La mort...... 117

X. — Francfort et les fêtes du *Bundestag*. — M. de Chateaubriand. — Préjugé francfortois contre les juifs. — *Le Ghetto*. — La visite de *Amschel Rothschild*. — Colère de la *vieille dame*.. 135

— L'hôtel Biron. — Le couvent du Sacré-Cœur. — Le père Varin. — Madame Eugénie de Gramont. — Madame Antonia... 151

XII. — Ma dévotion. — Les enfants de Marie. — Fanny de la Rochefoucauld. — Adelise de X***. — Le bouquet de madame Antonia. — Le prix de science et le prix de sagesse. — Le parloir. — Les sorties. — La princesse de la Trémoïlle. — Ma sœur Auguste. — Léon. — Mes adieux au couvent.. 167

XIII. — Mes seize ans. — Oppositions entre ma mère et moi. — Les lois du sang. — Ma dévotion. — M. Coëssin et sa secte. — L'abbé Gallard et les *puits d'amour*. — Mes romans évanouis.................................. 193

XIV. — Les mariages à la française................... 209

XV. — Ma valeur matrimoniale. — Les demandes en mariage. — Un amour vrai. — Le comte de Lagarde. — Un seul mot peut changer une destinée............... 223

XVI. — Mon chagrin. — Comment on essaie de me distraire. — Le chapeau de paille d'Italie. — Les mosaïques de Rome. — Le bois de Boulogne d'autrefois et d'aujourd'hui. — Le roman anglais........................... 237

XVII. — Mon mariage................................. 245

DEUXIÈME PARTIE

LE MONDE. — LA COUR ET LES SALONS. — LA MODE

Avant-Propos... 251

I. — La société du faubourg Saint-Germain............ 255

II. — Les princes de la maison de Bourbon. — Louis XVIII. — Charles X. — La présentation à la cour. — Madame la dauphine. — Les soirées intimes de la famille royale. — Le duc et la duchesse de Berry. — Le Palais-Royal. — Le duc de Chartres et le comte Walewski............... 261

III. — Les douairières. — La princesse de la Trémoïlle. — La marquise de Montcalm. — Les Montmorency. — Les bals de jeunes filles au faubourg Saint-Germain....... 289

IV. — Les salons littéraires et les soirées de musique. — Rossini. — Madame Malibran. — Mademoiselle Sontag. — Madame Sophie Gay. — Delphine Gay. — M. Émile de Girardin 301

V. — Les approches d'une révolution. — La première représentation de Guillaume Tell. — La comtesse du Cayla. — Le prince de Polignac 315

VI. — L'hôtel de Mailly. — Pendant les journées de juillet. — « Il y avait une fois un roi et une reine. » 323

VII. — La bouderie du faubourg Saint-Germain. — Le salon de la duchesse de Rauzan. — La Sappho de la rue Boudrot et la Corinne du quai Malaquais. — Le château de Croissy. — La comédie. — Les concerts. — Une lecture d'Alfred de Vigny. — Une femme d'esprit. — L'ambition du salon. — Le grand homme du salon................ 337

VIII. — Les mères et les commères de l'Église. — La princesse Belgiojoso, Madame Récamier et l'Abbaye-au-Bois. — M. Brifaut. — La femme et le salon dans l'État démocratique.. 353

Appendice 367

Paris. — Charles Unsinger, imprimeur, 83, rue du Bac.

www.ingramcontent.com/pod-product-compliance
Lightning Source LLC
Chambersburg PA
CBHW051837230426
43671CB00008B/995